短期完成

第2版

日本留学試験対策

速効　総合科目

ウイングネット

- 重要用語の出題頻度を3段階表示
- 中・韓・英訳　重要用語チェックリストを提供
  凡人社ホームページよりダウンロード
- 難しい経済分野を豊富な図表でわかりやすく解説

にほんごの凡人社
BONJINSHA

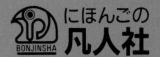

本書の特長

1 出題傾向にもとづいた出題頻度を3段階表示

本書は過去の出題傾向を分析し，出題頻度の高い用語を重点的にわかりやすく解説しています。さらに，出題頻度を頻度の高い順に③→②→①の3段階で本文の欄外に表示しています。

2 中・韓・英訳　重要用語チェックリストを提供

重要用語チェックリストには，日本語学習が初期段階のみなさんでも勉強しやすいよう，中国語・韓国語・英語の訳を用意してありますので活用してください。㈱凡人社のホームページより本書の「重要用語チェックリスト」を入手することができますので活用してください。（詳細はP174・P175）。

3 難しい経済分野をわかりやすく解説

「経済」は内容が難しく，かつ出題比率が高い分野です。本書では図表を用い，わかりやすく解説しています。その内容をしっかりと理解し，「経済」を総合科目の得点源として下さい。

「総合科目」短期完成学習法

1 出題頻度の高い用語からマスター

「総合科目」は幅広い範囲から出題されますが，まずはポイントを絞り，出題頻度が高い③②の用語をマスターすることから始めましょう。「要点整理」「資料のポイント」「重要事項年表」なども活用してマスターしましょう。

2 「経済」は理解，「地理」は統計資料の着眼点マスター

経済は理解することが大切です。理解せずに暗記しても得点につながりません。解説をじっくり読んでその内容を理解してください。地理は，統計資料における国の判別問題が多く出題されます。「資料のポイント」で着眼点をマスターすることが大切です。

3 過去問演習で得点力アップ

本書は巻末に「過去問」を掲載し，さらに本文中に，関連する過去問の問題番号と掲載頁を記載しています。重要用語を覚えた後，過去問演習をおこなうことで，よりいっそう，知識の定着を図ることができます。

4 「重要用語チェックリスト」で総整理

掲載されている重要用語は，そのひとつひとつの内容を説明できるまで，繰り返し学習し，本番の試験に臨んでください。

目次

I 政治・経済・社会

Ⅱ 地　理

1　地理的技能と世界の地理的環境

2　日本の国土と人々

目次

Ⅲ 歴 史

Ⅰ 政治・経済・社会

1　現代の社会

1　情報社会

マス・メディアの功罪

ラジオやテレビに代表《だいひょう》されるマス・メディアの発達《はったつ》は，生活《せいかつ》スタイルを均質化《きんしつか》させた。

現在《げんざい》では，インターネットも加《くわ》わり，24時間《じかん》，国内外《こくないがい》の情報《じょうほう》を瞬時《しゅんじ》に伝《つた》えられるようになっている。

マス・コミュニケーション（マス・コミ）は，世論《せろん》の形成《けいせい》に大《おお》きな影響力《えいきょうりょく》を持《も》っている。そのため，「**第《だい》4の権力《けんりょく》**」といわれる。公正《こうせい》な立場《たちば》から真実《しんじつ》である情報《じょうほう》を国民《こくみん》に提供《ていきょう》するという重大《じゅうだい》な役割《やくわり》が期待《きたい》される。

一方《いっぽう》で，国民《こくみん》は，様々《さまざま》なメディアからのメッセージを主体的《しゅたいてき》・批判的《ひはんてき》に読《よ》み解《と》く能力《のうりょく》である，**メディアリテラシー**を身《み》につけることが求《もと》められている。

さらに，国家権力《こっかけんりょく》とマス・コミの癒着《ゆちゃく》などにより，世論《せろん》を意図的《いとてき》に操《あやつ》ったり，創作《そうさく》したりするなど，**世論《せろん》操作《そうさ》**が行《おこ》なわれる危険性《きけんせい》も存在《そんざい》する。国民《こくみん》は，このような世論操作《せろんそうさ》に対《たい》して，注意《ちゅうい》を払《はら》わなければならない。

情報化社会の到来

マス・メディアからの情報《じょうほう》が重大《じゅうだい》な役割《やくわり》を果《は》たすようになった社会《しゃかい》のことを「**情報化社会《じょうほうかしゃかい》**」という。特《とく》に，情報技術《じょうほうぎじゅつ》の革新《かくしん》（ＩＴ革命《かくめい》）により，インターネット，携帯電話《けいたいでんわ》などが一般的《いっぱんてき》に利用《りよう》されるようになって情報《じょうほう》化社会《かしゃかい》は急激《きゅうげき》に発展《はってん》した。

個人情報の保護

情報化社会《じょうほうかしゃかい》の到来《とうらい》によって，経済《けいざい》・産業《さんぎょう》の効率化《こうりつか》や経済活動《けいざいかつどう》を中心《ちゅうしん》として国境《こっきょう》の壁《かべ》が低《ひく》くなった。人《ひと》・モノ・金《かね》に加《くわ》え，情報《じょうほう》が国境《こっきょう》を越《こ》えて自由《じゆう》に行《ゆ》き交《か》うようになった（ボーダレス化）。一方《いっぽう》で，情報化社会《じょうほうかしゃかい》によってもたらされた弊害《へいがい》も顕著《けんちょ》になってきた。

プライバシーの権利②
知る権利②

現代社会《げんだいしゃかい》において，マス・メディアの発達《はったつ》により，個人《こじん》の私生活等《しせいかつなど》の情報《じょうほう》が本人《ほんにん》の合意《ごうい》を得《え》ずに，公《おおやけ》にさらされるという問題《もんだい》が発生《はっせい》している。この問題《もんだい》に対《たい》し，個人《こじん》の**プライバシーの権利《けんり》**が主張《しゅちょう》されている。また，現代社会《げんだいしゃかい》において，個人情報《こじんじょうほう》を集中的《しゅうちゅうてき》に蓄積《ちくせき》する行政《ぎょうせい》機関《きかん》などに対《たい》して，国民《こくみん》が必要《ひつよう》な情報《じょうほう》の提供《ていきょう》を求《もと》める権利《けんり》である，**知《し》る権利《けんり》**も主張《しゅちょう》されるようになった。

個人情報保護法①

この動《うご》きに応《こた》える形《かたち》で，1988年《ねん》に，個人《こじん》のプライバシーを保護《ほご》することを目的《もくてき》として**個人情報保護法《こじんじょうほうほごほう》**が制定《せいてい》された。

情報公開法②

また，1999年《ねん》には，行政機関《ぎょうせいきかん》などに情報公開《じょうほうこうかい》を義務付《ぎむづ》ける**情報公開法《じょうほうこうかいほう》**が制定《せいてい》された。国民《こくみん》の「知《し》る権利《けんり》」は明記《めいき》されなかったが，外国人《がいこくじん》を含《ふく》めたすべての人《ひと》に開示請求権《かいじせいきゅうけん》を認《みと》め，国《くに》の行政機関《ぎょうせいきかん》に，**情報開示《じょうほうかいじ》**と**説明《せつめい》責任《せきにん》**（アカウンタビリティ）が義務付《ぎむづ》けられた。

資料　主要国のインターネットの利用状況

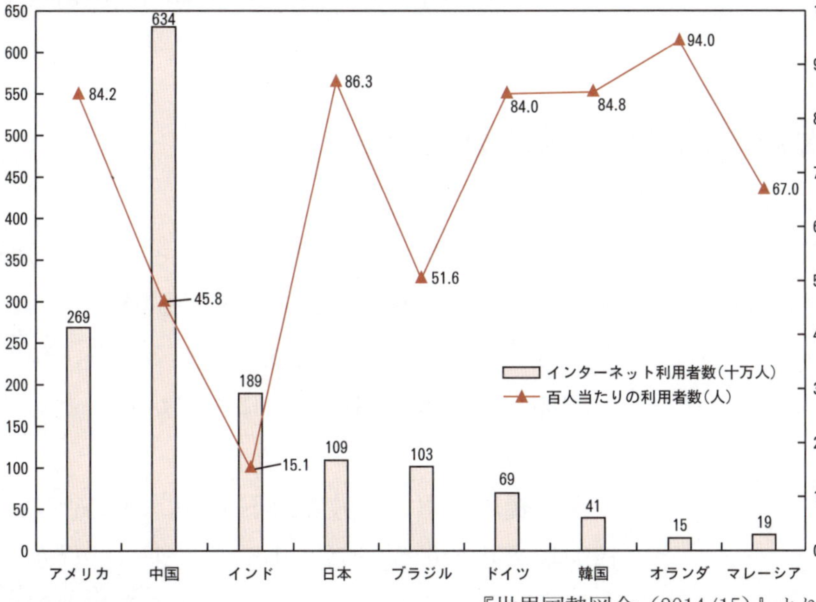

『世界国勢図会（2014/15）』より作成

資料のポイント

アジアでは，日本が百人当たりの利用者数が最も多い。

2 少子高齢社会

核家族化と高齢化の進展

大家族から核家族へ

高度経済成長❷

日本《にほん》では，1950年代中頃《ねんだいなかごろ》から1973年頃《ねんごろ》までの**高度経《こうどけい》済成長《ざいせいちょう》**によって，急激《きゅうげき》に都市《とし》への人口集中《じんこうしゅうちゅう》が進《すす》んだ一方《いっぽう》，農村地域《のうそんちいき》では過疎化《かそか》が顕著《けんちょ》になっていった。その動《うご》きのなかで，一組《ひとくみ》の夫婦《ふうふ》とその子《こ》どもから構成《こうせい》される**核家族《かくかぞく》**が増加《ぞうか》した。また，高齢者《こうれいしゃ》だけで生活《せいかつ》する世帯《せたい》も増《ふ》えることとなった。

進む高齢化

高齢化社会❷

高齢社会❷

高齢化社会《こうれいかしゃかい》とは，全人口《ぜんじんこう》に占《し》める**65歳以上《さいいじょう》の人口《じんこう》の割合《わりあい》が7%以上《いじょう》の社会《しゃかい》**のことをいう。**高齢社会《こうれいしゃかい》**とは，その割合《わりあい》が**14%以上《いじょう》の社会《しゃかい》**のことをいう。高齢化《こうれいか》は医療技術《いりょうぎじゅつ》が発達《はったつ》し，社会保障《しゃかいほしょう》の充実《じゅうじつ》した先進国《せんしんこく》で主《おも》に見《み》られる現象《げんしょう》である。

日本《にほん》の場合《ばあい》，欧米先進国《おうべいせんしんこく》に比《くら》べて高齢化《こうれいか》のスピードが速《はや》い。**2020年《ねん》**には，**高齢者《こうれいしゃ》の全人口《ぜんじんこう》に占《し》める割合《わりあい》が27%**にまで増《ふ》えると予想《よそう》されている。

少子高齢化がもたらす問題とその対策

高齢化に伴う社会負担

生産年齢人口❶

高齢化社会《こうれいかしゃかい》では，医療《いりょう》や介護《かいご》などにかかる費用《ひよう》の増加《ぞうか》によって，**生産年齢人口《せいさんねんれいじんこう》**（15～64歳《さい》）にかかる負担《ふたん》が大《おお》きくなることが懸念《けねん》される。そして，定年退職者《ていねんたいしょくしゃ》の増加《ぞうか》が，労働人口《ろうどうじんこう》の減少《げんしょう》につながることも問題視《もんだいし》されている。

福祉費用《ふくしひよう》の増大《ぞうだい》や**労働力不足《ろうどうりょくぶそく》**の問題《もんだい》に対処《たいしょ》するため，1994年《ねん》に年金《ねんきん》の受給者《じゅきゅうしゃ》の年齢《ねんれい》を従来《じゅうらい》の60歳《さい》から65歳《さい》に段階的《だんかいてき》に引《ひ》き上《あ》げた。また，**企業《きぎょう》の定年退職年齢《ていねんたいしょくねんれい》の引上《ひきあ》げ**などの施策《しさく》を行《おこ》なっている。

1997年《ねん》に制定《せいてい》された**介護保険法《かいごほけんほう》**では，40歳以上《さいいじょう》の全《ぜん》国民《こくみん》が加入《かにゅう》を義務《ぎむ》づけられた。

バリアフリー❶

今後《こんご》，**バリアフリー**の考《かんが》え方《かた》に基《もと》づいて，歩道《ほどう》の段《だん》差《さ》を無《な》くす，階段《かいだん》に手《て》すりをつける，などの対策《たいさく》を講《こう》じる必要がある。そして，障害者《しょうがいしゃ》や高齢者《こうれいしゃ》が人《ひと》として平等《びょうどう》に一般《いっぱん》の社会《しゃかい》で普通《ふつう》の生活《せいかつ》ができるように支援《しえん》する，という動《うご》きのさらなる活性化《かっせいか》も期待《きたい》される。

少子化にともなう社会負担

少子化❶

合計特殊出生率❷

今日《こんにち》の日本社会《にほんしゃかい》では，**少子化**《しょうしか》も大《おお》きな問題《もんだい》となっている。日本《にほん》の年間出生数《ねんかんしゅっしょうすう》は，1973年《ねん》をピークに減少《げんしょう》する傾向《けいこう》が続《つづ》いており，2009年《ねん》の**合計特殊出生率**《ごうけいとくしゅしゅっしょうりつ》は**1.37**となっている。少子化《しょうしか》の原因《げんいん》としては，**未婚化**《みこんか》や**晩婚化**《ばんこんか》，女性《じょせい》が仕事《しごと》を続《つづ》けながら**子育《こそだ》て環境《かんきょう》の未整備《みせいび》**などが考《かんが》えられている。

高齢化《こうれいか》とともに少子化《しょうしか》が進《すす》むことで，高齢人口《こうれいじんこう》や年《ねん》少人口《しょうじんこう》を扶養《ふよう》する15〜64歳《さい》までの生産年齢人口《せいさんねんれいじんこう》の割合《わりあい》が将来《しょうらい》にかけてさらに減少《げんしょう》することが予想《よそう》される。

資料　日本の若年人口比と老年人口比，合計特殊出生率の推移

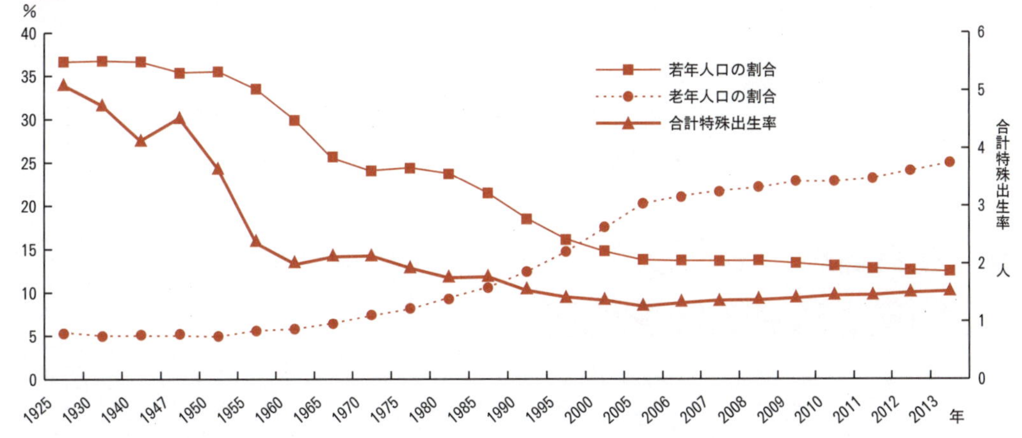

『日本国勢図会（2015/16）』より作成

資料のポイント

- 合計特殊出生率とは，１人の女性が生涯に生む子どもの数。日本の合計特殊出生率は，2005年に1.26と過去最低になった。2013年は1.43。
- 日本では，若年人口（０〜14歳）の割合が減少している。一方，老年人口（65歳以上）の増加が著しい。

3 多文化理解

多文化主義

多文化主義❶

多文化主義《たぶんかしゅぎ》とは，さまざまな人種《じんしゅ》，民族《みんぞく》，階層《かいそう》が独《どく》自性《じせい》をそれぞれに保《たも》ちながら，自身《じしん》とは異《こと》なる文化的《ぶんかてき》背景《はいけい》を持《も》つ他者《たしゃ》を積極的《せっきょくてき》に容認《ようにん》し，共存《きょうぞん》していこうとする考《かんが》え方《かた》である。

多民族《たみんぞく》・多言語国家《たげんごこっか》の**スイス**では，ドイツ語《ご》・フランス語《ご》・イタリア語《ご》を公用語《こうようご》とするなど，民族間《みんぞくかん》での不公平《ふこうへい》が生《しょう》じないための政策《せいさく》を行《おこ》なっている。

ベルギーでは，北部《ほくぶ》にオランダ系《けい》のフラマン人《じん》，南《なん》部《ぶ》にはフランス系《けい》のワロン人《じん》が分布《ぶんぷ》し，民族間《みんぞくかん》で不公《ふこう》平《へい》の生《しょう》じないよう考慮《こうりょ》している。

カナダでは，東部《とうぶ》に位置《いち》する**ケベック州《しゅう》**で，フランス語系《ごけい》の住民《じゅうみん》が約《やく》80%を占《し》めているため，英語《えいご》とフランス語《ご》の2言語《げんご》を公用語《こうようご》としている。

白豪主義❶

オーストラリアにおいても，「白人《はくじん》だけのオーストラリア」を目指《めざ》した**白豪主義《はくごうしゅぎ》**は1970年代《ねんだい》に廃止《はいし》され，多文化主義《たぶんかしゅぎ》が採用《さいよう》されている。

このようにスイス，ベルギー，カナダ，オーストラリアなどは民族間《みんぞくかん》の公平《こうへい》を考慮《こうりょ》している，多文化主義《たぶんかしゅぎ》国家《こっか》の典型《てんけい》と言《い》える。

4 生命倫理

生命倫理（バイオエシックス）の起源

1960年代以降《ねんだいいこう》，遺伝子研究《いでんしけんきゅう》の進展《しんてん》により，遺伝子操《いでんしそう》作《さ》を行《おこな》い，人間生活《にんげんせいかつ》に役立《やくだ》つ薬品《やくひん》の生産《せいさん》や農作物《のうさくもつ》の品《ひん》種改良《しゅかいりょう》が可能《かのう》となった。医療技術《いりょうぎじゅつ》の進歩《しんぽ》も著《いちじる》しく，バイオテクノロジーは病気《びょうき》の治療《ちりょう》や延命《えんめい》にも貢献《こうけん》した。

遺伝子研究《いでんしけんきゅう》や医療技術《いりょうぎじゅつ》の進歩《しんぽ》は，一方《いっぽう》で，人間《にんげん》が自《し》然《ぜん》の生命《せいめい》の営《いとな》みに対《たい》してどこまでの人為的操作《じんいてきそうさ》を加《くわ》えることが許《ゆる》されるのか，という**生命倫理《せいめいりんり》・道徳《どうとく》**（バイオエシックス）への関心《かんしん》を呼《よ》び起《お》こした。

脳死と臓器移植

近年《きんねん》では，脳《のう》の機能《きのう》が停止《ていし》した状態《じょうたい》にあっても，生命維持装置《せいめいいじそうち》を用《もち》いて心臓《しんぞう》や肺《はい》などを機能《きのう》させ，呼吸《こきゅう》や血液循環《けつえきじゅんかん》を維持《いじ》することが可能《かのう》となっている。この結果《けっか》，「脳死《のうし》」という状態《じょうたい》が考《かんが》えられることになった。

そこで，脳死《のうし》した人間《にんげん》からの臓器移植《ぞうきいしょく》が認《みと》められるのか否《いな》かが問題《もんだい》となった。日本《にっぽん》では，欧米諸国《おうべいしょこく》の考《かんが》えを受《う》け入《い》れ，1997年《ねん》に臓器移植法《ぞうきいしょくほう》が成立《せいりつ》。脳死《のうし》した人間《にんげん》からの臓器移植《ぞうきいしょく》が認《みと》められるにいたった。

臓器移植《ぞうきいしょく》にあたってはドナー（臓器提供者《ぞうきていきょうしゃ》）の**生前《せいぜん》の意思《いし》（リヴィング=ウィル）**が最大限《さいだいげん》に尊重《そんちょう》されるべきであるという考《かんが》えがある。本人《ほんにん》に臓器提供《ぞうきていきょう》の意思《いし》があるかどうかを書面上《しょめんじょう》で確認《かくにん》する。そして，本人《ほんにん》に提供《ていきょう》の意思《いし》がある場合《ばあい》には，そのことを記《しる》したカードである**ドナー=カード**が発給《はっきゅう》される。しかし，日本《にほん》では，遺族《いぞく》の同意《どうい》も必要《ひつよう》とされる。そのため，医師《いし》が行《おこな》う医療行為《いりょうこうい》について患者《かんじゃ》や家族《かぞく》に対《たい》してなされる説明《せつめい》と患者《かんじゃ》や家族《かぞく》による**同意《どうい》（インフォームド=コンセント）**が原則《げんそく》とされる。

2009年《ねん》には臓器移植法《ぞうきいしょくほう》の改正《かいせい》が行《おこな》われた。ドナー本人《ほんにん》の意思《いし》が不明《ふめい》な場合《ばあい》や，提供《ていきょう》を拒否《きょひ》していない場合《ばあい》も，家族《かぞく》の同意《どうい》で臓器提供《ぞうきていきょう》が可能《かのう》になった。また，それまでは制限《せいげん》されていた15歳未満《さいみまん》の子供《こども》からの臓器提供《ぞうきていきょう》が，家族《かぞく》の書面《しょめん》による承諾《しょうだく》を経《へ》ることで可能《かのう》になった。

「人間らしく死を迎える権利」

医療技術《いりょうぎじゅつ》の進歩《しんぽ》による延命《えんめい》により，意識《いしき》もなく，植物状態《しょくぶつじょうたい》のまま生《い》き続《つづ》けることが可能《かのう》になった。しかし，個人《こじん》としてそうした生《い》き方《かた》を拒《こば》み，人間《にんげん》らしく死《し》を迎《むか》える権利《けんり》が主張《しゅちょう》されるようになった。

尊厳死《そんげんし》とは，治癒《ちゆ》の可能性《かのうせい》のない患者《かんじゃ》に対《たい》して，患《かん》者本人《じゃほんにん》のリヴィング=ウィルに従《したが》って，延命措置《えんめいそち》を施《ほどこ》さないことにより，本人《ほんにん》が自然《しぜん》な死《し》を迎《むか》えられるようにする措置《そち》のこと。世界的《せかいてき》にも容認《ようにん》される傾向《けいこう》にある。

安楽死《あんらくし》とは，同《おな》じく治癒《ちゆ》の可能性《かのうせい》のない末期患者《まっきかんじゃ》に対《たい》して，苦痛《くつう》から解放《かいほう》するため，患者本人《かんじゃほんにん》のリヴィング=ウィルに従《したが》って，医師《いし》が薬剤《やくざい》を投与《とうよ》することなどにより積極的《せっきょくてき》に患者《かんじゃ》に死《し》を迎《むか》えさせる措置《そち》のこと。安楽死《あんらくし》は人為的《じんいてき》に患者《かんじゃ》の寿命《じゅみょう》を縮《ち぀》めるという性質《せいしつ》から慎重《しんちょう》に議論《ぎろん》されている。日本《にほん》では未《いま》だ法的《ほうてき》に認《みと》められていない。

5　社会福祉

弱者救済の理念の成立

資本主義体制《しほんしゅぎたいせい》の矛盾《むじゅん》が生《う》みだした労働者《ろうどうしゃ》や失業者《しつぎょうしゃ》などの社会的《しゃかいてき》・経済的弱者《けいざいてきじゃくしゃ》が出現《しゅつげん》すると，国家《こっか》は彼《かれ》らの最低限度《さいていげんど》の生活《せいかつ》を保障《ほしょう》すべきだという社会福祉《しゃかいふくし》の理念《りねん》が登場《とうじょう》した。

ビスマルク❷

19世紀後半《せいきこうはん》の**ドイツ**では，資本主義《しほんしゅぎ》の発展《はってん》の結果生《けっかしょう》じた貧富《ひんぷ》の格差《かくさ》などの諸矛盾《しょむじゅん》に対処《たいしょ》するため，宰相《さいしょう》**ビスマルク**が労働者救済《ろうどうしゃきゅうさい》などの社会政策《しゃかいせいさく》を行《おこな》った。

ベバリッジ報告❶

ナショナル=ミニマム❷

イギリスでは，1942年に社会権《しゃかいけん》としての社会保障《しゃかいほしょう》を明確《めいかく》にした**ベバリッジ報告《ほうこく》**が公表《こうひょう》された。その後《あと》，**“ゆりかごから墓場《はかば》まで”**というスローガンの下《もと》で，国民保険《こくみんほけん》の充実《じゅうじつ》と国民《こくみん》の最低限度《さいていげんど》の生活《せいかつ》（**ナショナル=ミニマム**）の保障《ほしょう》の実現《じつげん》が図《はか》られた。

社会保障に対する国民の負担

イギリスやスウェーデンなどに代表《だいひょう》される**北欧《ほくおう》**では，国民《こくみん》の最低限度《さいていげんど》の生活《せいかつ》の維持《いじ》を目標《もくひょう》として掲《かか》げている。**手厚《てあつ》い社会保障《しゃかいほしょう》の財源確保《ざいげんかくほ》のため，国民《こくみん》の租税負担《そぜいふたん》は大《おお》きくなっている。**

一方《いっぽう》，**アメリカ**では，公的医療保険《こうてきいりょうほけん》が十分《じゅうぶん》に整備《せいび》されていない。発達《はったつ》した民間《みんかん》の保険《ほけん》サービスが公的制度《こうてきせいど》を補完《ほかん》する形《かたち》となっている。**公的医療保険《こうてきいりょうほけん》への加入《かにゅう》が任意《にんい》**であることなど，**自己責任《じこせきにん》の原則《げんそく》**に基《もと》づく制度《せいど》となっている。しかし，公的保険《こうてきほけん》を充実《じゅうじつ》させようという動《うご》きも近年《きんねん》見《み》られる。

北欧《ほくおう》とアメリカの中間的《ちゅうかんてき》な理念《りねん》がみられる，ドイツ・フランスなどでは，社会保険制度《しゃかいほけんせいど》を軸《じく》としている。社会保障《しゃかいほしょう》に必要《ひつよう》な財源《ざいげん》を雇用主《こようぬし》・被保険者《ひほけんしゃ》・公費《こうひ》でおおよそ三等分《さんとうぶん》して賄《まかな》うという形《かたち》がとられている。

資料　国民負担率と社会保障・福祉への歳出

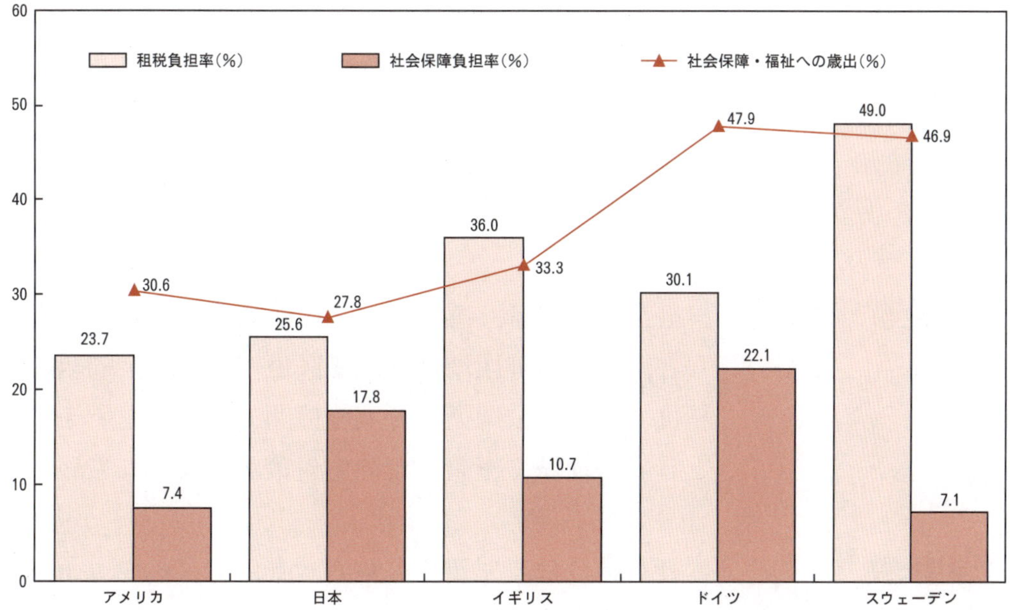

財務省のホームページより作成

資料のポイント

- 租税負担率＝国税＋地方税 / 国民所得
- 社会保障負担率＝各種社会保険の保険料 / 国民所得
- 社会保障・福祉への歳出は，国の歳出に占める割合
- **日本の場合，租税負担率が低く，そのぶん社会保障・福祉への歳出割合が少ない。**
- 社会福祉国家のスウェーデンは，租税負担率が高い。

日本の社会保障制度の体系

生存権❸

国民皆保険❷

国民皆年金❷

第二次世界大戦後《だいにじせかいたいせんご》，25条《じょう》において**生存権**《せいぞんけん》を保障《ほしょう》した日本国憲法《にほんこくけんぽう》のもとで，ナショナル=ミニマムを保障《ほしょう》すべく，社会保障制度《しゃかいほしょうせいど》の進展《しんてん》がみられた。1958年には，全国民《ぜんこくみん》が健康保険制度《けんこうほけんせいど》に加入《かにゅう》する**国民皆保険**《こくみんかいほけん》，1961年には20歳以上《さいいじょう》の全国民《ぜんこくみん》が年金制度《ねんきんせいど》に加入《かにゅう》する**国民皆年金**《こくみんかいねんきん》が実現《じつげん》した。

日本《にほん》の社会保障制度《しゃかいほしょうせいど》は**社会保険**《しゃかいほけん》・**公衆衛生**《こうしゅうえいせい》・**社会福祉**《しゃかいふくし》・**公的扶助**《こうてきふじょ》の4つの柱《はしら》からなる。

社会保険❷

社会保険《しゃかいほけん》は，日常生活《にちじょうせいかつ》において，困窮《こんきゅう》や困難《こんなん》をもたらす疾病《しっぺい》・障害《しょうがい》・老齢《ろうれい》・失業《しつぎょう》などに直面《ちょくめん》したときに，一定《いってい》の給付《きゅうふ》をうけることのできる公的《こうてき》な保険制度《ほけんせいど》である。医療《いりょう》・年金《ねんきん》・雇用保険《こようほけん》・労災保険《ろうさいほけん》・介護保険《かいごほけん》がある。

公衆衛生❷

公衆衛生《こうしゅうえいせい》とは，感染症《かんせんしょう》などの疾病予防《しっぺいよぼう》や寿命《じゅみょう》の延長《えんちょう》など，国民《こくみん》の健康増進《けんこうぞうしん》を図《はか》る医療技術《いりょうぎじゅつ》や社会的組織《しゃかいてきそしき》の総称《そうしょう》である。公衆衛生《こうしゅうえいせい》の実施機関《じっしきかん》である保健所《ほけんじょ》を中心《ちゅうしん》として各地域《かくちいき》に密着《みっちゃく》した衛生対策《えいせいたいさく》が行《おこ》なわれている。

社会福祉❷

社会福祉《しゃかいふくし》は，児童《じどう》や高齢者《こうれいしゃ》，身体障害者《しんたいしょうがいしゃ》や母子家庭《ぼしかてい》などの社会的《しゃかいてき》な弱者《じゃくしゃ》に対《たい》し，国《くに》や地方公共団体《ちほうこうきょうだんたい》が援助《えんじょ》などを行《おこ》なう。児童《じどう》の育成《いくせい》と養育《よういく》が困難《こんなん》な家庭《かてい》への給付《きゅうふ》である児童手当《じどうてあて》や，児童《じどう》や高齢者《こうれいしゃ》などの人々《ひとびと》に対《たい》して必要《ひつよう》な生活指導《せいかつしどう》などを行《おこ》なう福祉《ふくし》サービスなどがある。

公的扶助❷

生活保護法❶

公的扶助《こうてきふじょ》とは，生活《せいかつ》が困窮《こんきゅう》している人々《ひとびと》に対《たい》して，最低限度《さいていげんど》の生活《せいかつ》が営《いとな》めるよう，生活費《せいかつひ》などを給付《きゅうふ》する仕組《しく》みをいう。**生活保護法**《せいかつほごほう》に基《もと》づいて実施《じっし》される生活保護《せいかつほご》には生活扶助《せいかつふじょ》，医療扶助《いりょうふじょ》などがある。

トライ！ 過去問演習 問題1 ☞ P144

6 不平等の是正

平等権の原則

平等権《びょうどうけん》は自由競争《じゆうきょうそう》に参加《さんか》する資格《しかく》として、機会《きかい》の平等《びょうどう》を保障《ほしょう》するものと考《かんが》えられてきた。しかし，資本主義体制《しほんしゅぎたいせい》が発展《はってん》していくにつれて，社会的《しゃかいてき》・経済的《けいざいてき》な弱者《じゃくしゃ》が生《う》まれるようになった。そのため，社会経済生活《しゃかいけいざいせいかつ》における平等《びょうどう》の実現《じつげん》も国家《こっか》への要請《ようせい》として誕生《たんじょう》することとなった。

平等権の広がり

世界人権宣言❸

国際人権規約❷

1948年《ねん》に国連総会《こくれんそうかい》で採択《さいたく》された**世界人権宣言**《せかいじんけんせんげん》は，すべての国々《くにぐに》が達成《たっせい》すべき人権保障《じんけんほしょう》の基準《きじゅん》を宣言《せんげん》したものである。人権《じんけん》の尊重《そんちょう》は世界《せかい》における自由《じゆう》・正義《せいぎ》・平等《びょうどう》の基本《きほん》となるものであるとした。これに基《もと》づき1966年には**国際人権規約**《こくさいじんけんきやく》が国連《こくれん》で採択《さいたく》され，世界人権宣言《せかいじんけんせんげん》が条約化《じょうやくか》された。

第二次世界大戦後《だいにじせかいたいせんご》は世界的《せかいてき》に人権《じんけん》の保障《ほしょう》や不平等《ふびょうどう》の是正《ぜせい》を推《お》し進《すす》める動《うご》きが活発《かっぱつ》になった。

2　現代の経済

1　経済体制

経済体制

経済《けいざい》とは，毎日《まいにち》の生活《せいかつ》に必要《ひつよう》な商品《しょうひん》（財《ざい》・サービス）の生産《せいさん》・分配《ぶんぱい》・流通《りゅうつう》・消費《しょうひ》が，スムーズに行《おこな》われるしくみのことである。資本主義《しほんしゅぎ》や社会主義《しゃかいしゅぎ》など，特定《とくてい》の経済原理《けいざいげんり》が働《はたら》いている社会《しゃかい》の体制《たいせい》を，経済体制《けいざいたいせい》という。

資本主義経済の発展

資本主義経済《しほんしゅぎけいざい》とは，資本《しほん》（元手《もとで》）を使《つか》って，利潤《りじゅん》（儲《もう》け）を得《え》る目的《もくてき》で，生産《せいさん》や販売《はんばい》などの経済活動《けいざいかつどう》を行《おこな》うしくみである。資本主義経済《しほんしゅぎけいざい》は，イギリスにおいて産業革命《さんぎょうかくめい》を経《へ》て成立《せいりつ》し，その後《ご》，多《おお》くの国《くに》に広《ひろ》まった。

アダム・スミス③
国富論③

アダム・スミスは「**国富論《こくふろん》**」において，「市場《しじょう》での自由競争《じゆうきょうそう》を通《つう》じて『見《み》えざる手《て》』が作用《さよう》し，需要《じゅよう》と供給《きょうきゅう》が調整《ちょうせい》され，社会全体《しゃかいぜんたい》の利益《りえき》がもたらされる」と説《と》いた。産業革命後《さんぎょうかくめいご》の19世紀《せいき》のイギリスでは，生産者《せいさんしゃ》も消費者《しょうひしゃ》も自由競争《じゆうきょうそう》を行《おこな》い，国家《こっか》による統制《とうせい》や保護《ほご》は排除《はいじょ》された。そのため，政府《せいふ》は国防《こくぼう》や治安《ちあん》などの最小《さいしょう》限《げん》の仕事《しごと》を行《おこな》う，安上《やすあ》がりな「**小《ちい》さな政府《せいふ》**」が望《のぞ》まれた。

小さな政府③

20世紀《せいき》になると先進国《せんしんこく》では，自由《じゆう》な市場《しじょう》のもとで，強《つよ》い企業《きぎょう》は規模《きぼ》を拡大《かくだい》して弱《よわ》い競争相手《きょうそうあいて》を倒《たお》し，少数《しょうすう》の巨大資本《きょだいしほん》が市場《しじょう》を支配《しはい》するようになっていた。こうした経済《けいざい》を**独占資本主義《どくせんしほんしゅぎ》**という。

独占資本主義①
世界恐慌③
ケインズ③
雇用・利子及び貨幣の一般理論②
公共投資②
有効需要③

1929年《ねん》に**世界恐慌《せかいきょうこう》**が始《はじ》まると，アメリカで工業生産《こうぎょうせいさん》が半減《はんげん》するなど，世界《せかい》の資本主義経済《しほんしゅぎけいざい》は大《おお》きな打撃《だげき》を受《う》け，多《おお》くの人《ひと》が失業《しつぎょう》した。**ケインズ**は『**雇用《こよう》・利子《りし》及《およ》び貨幣《かへい》の一般理論《いっぱんりろん》**』において，「政府《せいふ》が積極的《せっきょくてき》に**公共投資《こうきょうとうし》**を行《おこな》い，貨幣《かへい》の支出《ししゅつ》をともなう**有効需要《ゆうこうじゅよう》**を増《ふ》やして失業《しつぎょう》をなくすべきだ」と主張《しゅちょう》した。

トライ！ 過去問演習　問題2 ☞P144

フリードマン❶

その一方《いっぽう》で，**第二次世界大戦後《だいにじせかいたいせんご》**，フリードマンは規制《きせい》のない自由主義経済《じゆうしゅぎけいざい》（自由放任主義《じゆうほうにんしゅぎ》）が理想《りそう》であると主張《しゅちょう》した。

社会主義経済体制

社会主義思想❶
マルクス❸
資本論❸

資本主義《しほんしゅぎ》を批判《ひはん》し，生産手段《せいさんしゅだん》の社会的所有《しゃかいてきしょゆう》を基礎《きそ》として，平等《びょうどう》な未来社会《みらいしゃかい》をつくることをめざす思想《しそう》を，社会主義思想《しゃかいしゅぎしそう》という。マルクスは，『資本論《しほんろん》』において，「恐慌《きょうこう》や失業《しつぎょう》，労使《ろうし》の階級対立《かいきゅうたいりつ》などの問題《もんだい》がある資本主義体制《しほんしゅぎたいせい》はやがてうまく機能《きのう》しなくなる」と主張《しゅちょう》し，マルクス経済学《けいざいがく》とよばれる新《あたら》しい経済学《けいざいがく》を創始《そうし》した。

社会主義経済❷
計画経済❷
ロシア革命❷

社会主義経済《しゃかいしゅぎけいざい》とは，生産手段《せいさんしゅだん》を社会的所有《しゃかいてきしょゆう》とし，計画経済《けいかくけいざい》によって平等《びょうどう》な社会《しゃかい》の実現《じつげん》をめざす経済《けいざい》のしくみである。計画経済《けいかくけいざい》とは，商品《しょうひん》の生産《せいさん》・流通《りゅうつう》・販売《はんばい》などについて，政府《せいふ》が計画《けいかく》を立《た》てて運営《うんえい》することである。ここでは私的《してき》な利潤《りじゅん》の追求《ついきゅう》や自由競争《じゆうきょうそう》は認《みと》められない。最初《さいしょ》の社会主義国家《しゃかいしゅぎこっか》は，1917年《ねん》のロシア革命《かくめい》によって誕生《たんじょう》したソ連《れん》（ソヴィエト社会主義共和国連邦《しゃかいしゅぎきょうわこくれんぽう》）であった。ソ連《れん》では，五《ご》カ年計画《ねんけいかく》が実施《じっし》され，計画経済《けいかくけいざい》が遂行《すいこう》された。

要点整理　主な経済学者と代表的な著書

学派	経済学者	代表的な著書名（刊行年）
古典学派	アダム＝スミス（1723～90）	『国富論』（1776）
古典学派	リカード（1772～1823）	『経済学及び課税の原理』（1817）
ドイツ歴史学派	リスト（1789～1846）	『政治経済学の国民的体系』（1841）
マルクス経済学	マルクス（1818～83）	『資本論』（1867）
近代経済学	ケインズ（1883～1946）	『雇用・利子及び貨幣の一般理論』（1936）
近代経済学	フリードマン（1912～2006）	『貨幣の安定を目指して』（1959）

2　価格と市場

商品市場

市場経済

財③
サービス③
需要③
供給③
市場経済②

商品市場《しょうひんしじょう》とは，財《ざい》（食糧《しょくりょう》・衣料《いりょう》・住宅《じゅうたく》など生活《せいかつ》に必《ひつ》要《よう》な有形《ゆうけい》なもの）・サービス（生活《せいかつ》に必要《ひつよう》な医療《いりょう》・教《きょう》育《いく》・福祉《ふくし》・修理《しゅうり》など無形《むけい》なもの）といった商品《しょうひん》の，買《か》い手《て》と売《う》り手《て》が出会《であ》う場所《ばしょ》である。買《か》い手《て》が市場《しじょう》から商品《しょうひん》を購入《こうにゅう》することを需要《じゅよう》といい，売《う》り手《て》が商品《しょうひん》を市《し》場《じょう》に提供《ていきょう》することを供給《きょうきゅう》という。市場《しじょう》では，需要《じゅよう》と供《きょう》給《きゅう》の関係《かんけい》によって商品《しょうひん》の価格《かかく》が決《き》まり，その価格《かかく》に応《おう》じて生産者《せいさんしゃ》は生産量《せいさんりょう》を，消費者《しょうひしゃ》は購入量《こうにゅうりょう》を決定《けってい》していく。このような経済《けいざい》のしくみを市場経済《しじょうけいざい》という。

需要と供給の法則

需要曲線③
供給曲線③

商品《しょうひん》の買《か》い手《て》は，「安《やす》いから買《か》う」という気持《きも》ちを持《も》っている。そのため，**価格《かかく》が安《やす》くなると需要《じゅよう》は増《ふ》え，価格《かかく》が高《たか》くなると需要《じゅよう》は減《へ》る**（**需要《じゅよう》の法則《ほうそく》**）。従《したが》って，需要量《じゅようりょう》と価格《かかく》の関係《かんけい》である需要曲線《じゅようきょくせん》は，右下《みぎさ》がりになる。（図《ず》1）

一方《いっぽう》，商品《しょうひん》の売《う》り手《て》は，「高《たか》い価格《かかく》でたくさん売《う》りたい」という気持《きも》ちを持《も》っている。そのため，**価格《かかく》が高《たか》くなると供給《きょうきゅう》は増《ふ》え，価格《かかく》が安《やす》くなると供給《きょうきゅう》は減《へ》る**（**供給《きょうきゅう》の法則《ほうそく》**）。従《したが》って，供給量《きょうきゅうりょう》と価格《かかく》の関係《かんけい》である供《きょう》給曲線《きゅうきょくせん》は，右上《みぎあ》がりになる。（図《ず》2）

図1

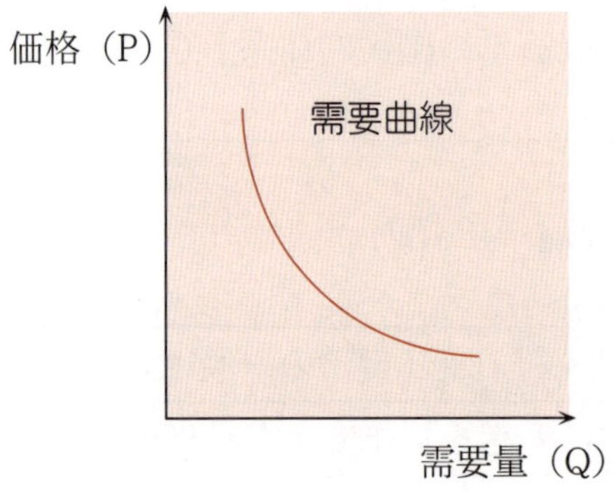

図2

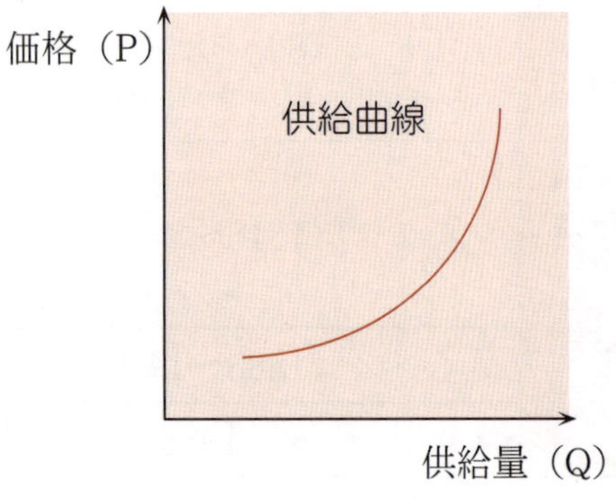

市場メカニズム

価格の決まり方

完全競争市場❶

買《か》い手《て》も売《う》り手《て》も多数存在《たすうそんざい》していて，皆《みな》が市場《しじょう》で決《き》まった価格《かかく》をもとに行動《こうどう》するような市場《しじょう》を，**完全競争市場**《かんぜんきょうそうしじょう》という。これは理論上《りろんじょう》の理想的《りそうてき》な市場《しじょう》である。完全競争《かんぜんきょうそう》市場《しじょう》では，供給量《きょうきゅうりょう》が需要量《じゅようりょう》を上回《うわまわ》ると，商品《しょうひん》は売《う》れ残《のこ》る。この状態《じょうたい》を**超過供給**《ちょうかきょうきゅう》という。反対《はんたい》に，需要量《じゅようりょう》が供給量《きょうきゅうりょう》を上回《うわまわ》ると，商品《しょうひん》は品不足《しなぶそく》になる。この状態《じょうたい》を**超過需要**《ちょうかじゅよう》という。

超過供給❶

超過需要❶

市場価格❶

市場《しじょう》で売買《ばいばい》が行《おこな》われている価格《かかく》を，**市場価格**《しじょうかかく》とよぶ。商品《しょうひん》の需要《じゅよう》と供給《きょうきゅう》が図《ず》3のように表《あらわ》される市場《しじょう》がある。

市場価格《しじょうかかく》がP_1のとき，買《か》い手《て》の需要量《じゅようりょう》は$Q(D)_1$，売《う》り手《て》の供給量《きょうきゅうりょう》は$Q(S)_1$である。このとき，**超過供給**《ちょうかきょうきゅう》となるので，売《う》り手《て》は売《う》れ残《のこ》りの商品《しょうひん》を売《う》るために価格《かかく》を下《さ》げる。

また，市場価格《しじょうかかく》がP_2のとき，買《か》い手《て》の需要量《じゅようりょう》は$Q(D)_2$，売《う》り手《て》の供給量《きょうきゅうりょう》は$Q(S)_2$である。このとき，**超過需要**《ちょうかじゅよう》となるので，売《う》り手《て》は値上《ねあ》げをしても商品《しょうひん》が売《う》れるので価格《かかく》を上《あ》げる。

均衡価格❶

均衡数量❶

こうして，価格《かかく》は需要曲線《じゅようきょくせん》と供給曲線《きょうきゅうきょくせん》が交《まじ》わるときのP_0に落《お》ち着《つ》く。この交点《こうてん》，つまり需要《じゅよう》と供給《きょうきゅう》が一致《いっち》する点《てん》を**均衡点**《きんこうてん》という。均衡点《きんこうてん》における価格《かかく》P_0を**均衡価格**《きんこうかかく》という。均衡点《きんこうてん》における取引量《とりひきりょう》Q_0を**均衡数量**《きんこうすうりょう》という。（図《ず》3）

価格の自動調整作用❷

見えざる手❶

以上《いじょう》のように，市場価格《しじょうかかく》が均衡価格《きんこうかかく》より低《ひく》ければ均衡価格《きんこうかかく》まで上昇《じょうしょう》し，市場価格《しじょうかかく》が均衡価格《きんこうかかく》より高《たか》ければ均衡価格《きんこうかかく》まで低下《ていか》する。このメカニズムを，「**価格**《かかく》**の自動調整作用**《じどうちょうせいさよう》（価格《かかく》メカニズム）」という。これはアダム・スミスが「**見**《み》**えざる手**《て》」と呼《よ》んだ市場《しじょう》の機能《きのう》である。

図3

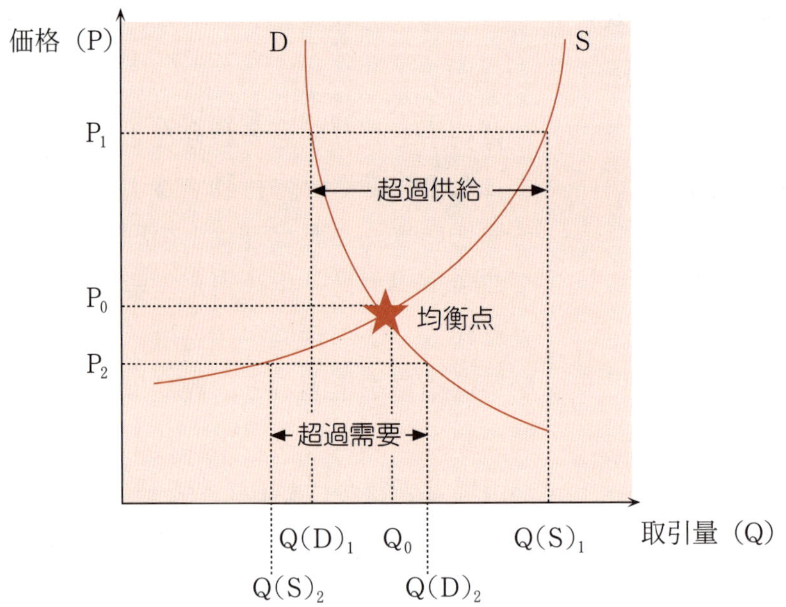

需要曲線と供給曲線のシフト

需要曲線《じゅようきょくせん》と供給曲線《きょうきゅうきょくせん》は，移動《いどう》することがある。

例《たと》えば，**商品《しょうひん》の人気《にんき》が上《あ》がった**とする。買《か》い手《て》は「商品《しょうひん》を高《たか》い価格《かかく》で買《か》ってもいい」と思《おも》うようになるので，**需要曲線《じゅようきょくせん》は右《みぎ》(上《うえ》)にシフト**する（D→D_1）。反対《はんたい》に，**人気《にんき》が下《さ》がった**とすると，**需要曲線《じゅようきょくせん》は左《ひだり》(下《した》)にシフト**する（D→D_2）。(図《ず》4・図《ず》5)

また，例《たと》えば，経済成長《けいざいせいちょう》によって賃金《ちんぎん》が上《あ》がったとする。売《う》り手《て》にとって供給量《きょうきゅうりょう》1単位《たんい》あたりのコストが上《あ》がる。このとき，売《う》り手《て》は「商品《しょうひん》をより高《たか》い価格《かかく》で売《う》りたい」と思《おも》うようになるので，供給曲線《きょうきゅうきょくせん》は左《ひだり》(上《うえ》)にシフトする（S→S_1）。反対《はんたい》に，賃金《ちんぎん》が下《さ》がったとすると，供給曲線《きょうきゅうきょくせん》は右《みぎ》(下《した》)にシフトする（S→S_2）。図《ず》4・5から分《わ》かるように，曲線《きょくせん》のシフトによって，均衡点《きんこうてん》は変化《へんか》する。

図4

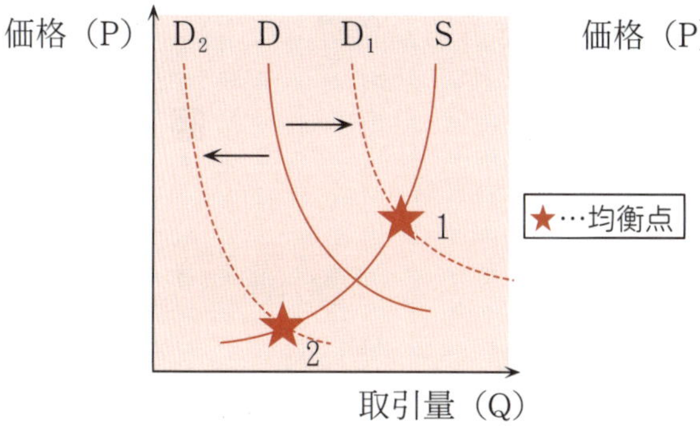

図5

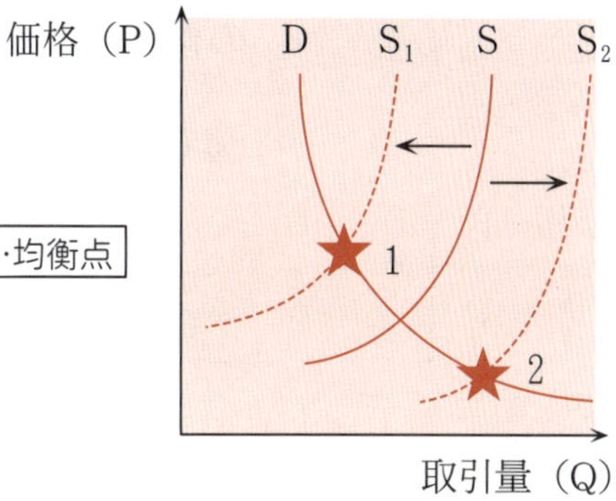

需要・供給の価格弾力性

需要の価格弾力性❷

価格《かかく》が変化《へんか》したときに，それに応《おう》じてどれだけ需要《じゅよう》量《りょう》が変化《へんか》したかを表《あらわ》す指標《しひょう》を，**需要《じゅよう》の価格弾力性《かかくだんりょくせい》**という。

需要の価格弾力性 ＝ $-\dfrac{\text{需要量の変化率}}{\text{価格の変化率}}$ （値はマイナスをつけることで正の値で示す）

例《たと》えば，**コメ**のような日常生活《にちじょうせいかつ》に必要《ひつよう》なものは，価《か》格《かく》が変化《へんか》しても需要量《じゅようりょう》があまり変化《へんか》しないので，**需要《じゅよう》の価格弾力性《かかくだんりょくせい》が小《ちい》さい**。このとき，**需要曲線《じゅようきょくせん》の傾《かたむ》きは急《きゅう》**である（図《ず》6のD_1）。反対《はんたい》に，**嗜好品《しこうひん》**のような贅沢《ぜいたく》品《ひん》は，価格《かかく》の変化《へんか》によって需要量《じゅようりょう》が変《か》わりやすいので，**需要《じゅよう》の価格弾力性《かかくだんりょくせい》が大《おお》きい**。このとき，**需要曲線《じゅようきょくせん》の傾《かたむ》きは緩《ゆる》やか**である（図《ず》6のD_2）。

供給の価格弾力性❷

また，価格《かかく》が変化《へんか》したときに，それに応《おう》じてどれだけ供給量《きょうきゅうりょう》が変化《へんか》したかを表《あらわ》す指標《しひょう》を，供給《きょうきゅう》の価格弾力《かかくだんりょく》性《せい》という。

供給の価格弾力性 ＝ $\dfrac{\text{供給量の変化率}}{\text{価格の変化率}}$

例《たと》えば，**野菜《やさい》**のような生産開始《せいさんかいし》から収穫《しゅうかく》までに時間《じかん》がかかるものは，価格《かかく》が変化《へんか》しても供給量《きょうきゅうりょう》を調整《ちょうせい》することが難《むずか》しいので，**供給《きょうきゅう》の価格弾力性《かかくだんりょくせい》が小《ちい》さい**。このとき，**供給曲線《きょうきゅうきょくせん》の傾《かたむ》きは急《きゅう》である**（図《ず》7のS_1）。反対《はんたい》に，**工業製品《こうぎょうせいひん》**のような日常的《にちじょうてき》に大量生産《たいりょうせいさん》されるものは，価格《かかく》の変化《へんか》によって供給量《きょうきゅうりょう》を調整《ちょうせい》することが簡単《かんたん》なので，**供給《きょうきゅう》の価《か》格《かく》弾力性《だんりょくせい》が大《おお》きい**。このとき，**供給曲線《きょうきゅうきょくせん》の傾《かたむ》きは緩《ゆる》やか**である（図《ず》7のS₂）。

図6

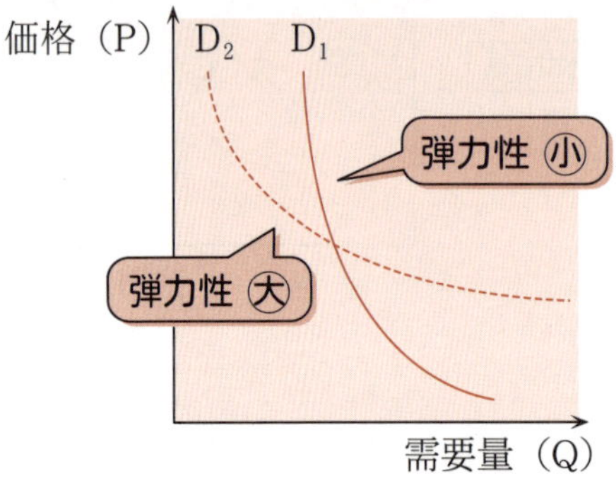

図7

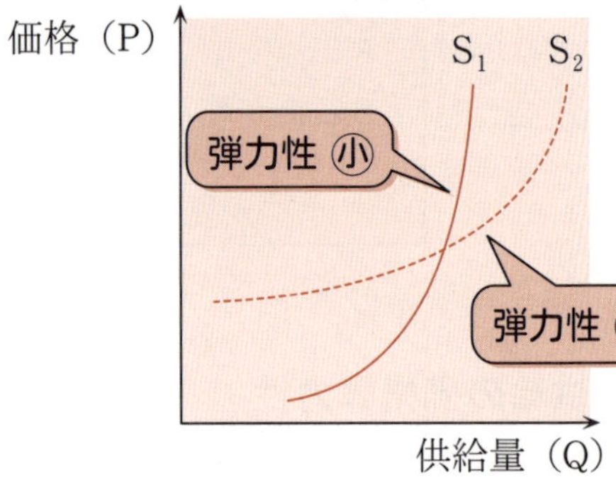

要点整理 **価格弾力性の補足**

需要の価格弾力性（図6の補足）

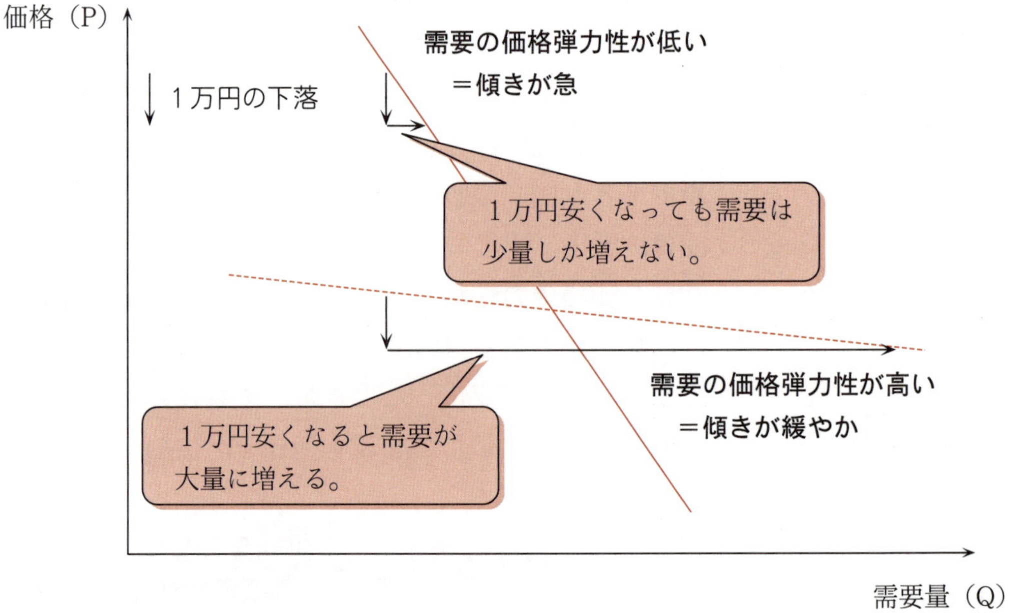

トライ！ 過去問演習 問題3 ☞ P145

供給の価格弾力性（図7の補足）

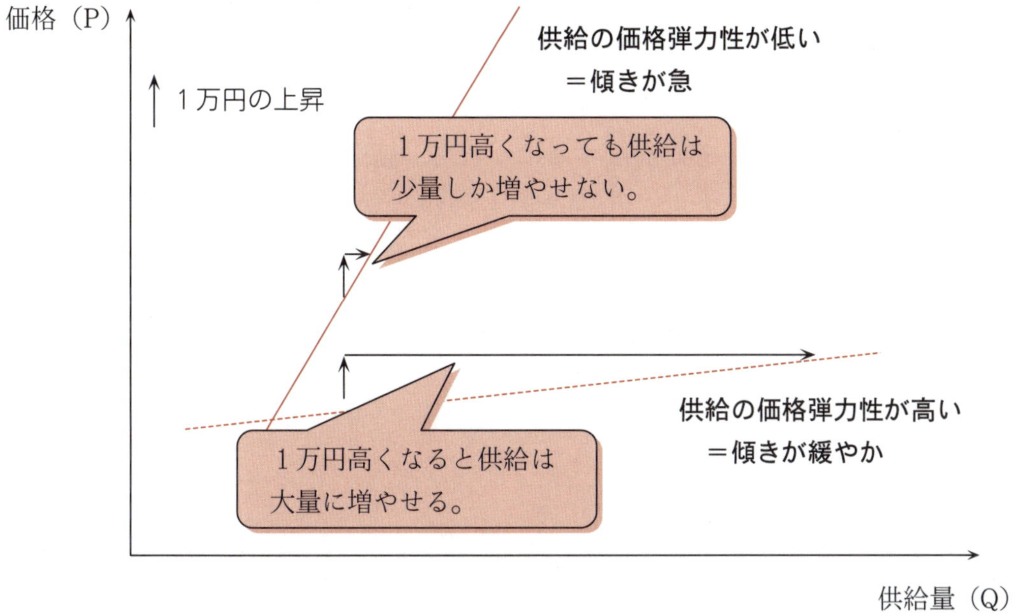

代替財と補完財

代替財❶

ある商品《しょうひん》の価格《かかく》が，他《ほか》の商品《しょうひん》の需要《じゅよう》と関連《かんれん》している場合《ばあい》がある。**ある商品《しょうひん》Aの価格《かかく》が上《あ》がったとき，他《ほか》の商品《しょうひん》Bの需要《じゅよう》が増《ふ》える**場合《ばあい》，「BはAの代替財《だいたいざい》である」という。例《たと》えば，うどんの価格《かかく》が上《あ》がった場合《ばあい》，買《か》い手《て》は「うどんは高《たか》くなったから，そばを食《た》べよう」と思《おも》うようになるため，そばの需要《じゅよう》が増《ふ》える。このとき，「そばはうどんの代替財《だいたいざい》である」という。

補完財❶

また，**ある商品《しょうひん》Aの価格《かかく》が上《あ》がったとき，他《ほか》の商品《しょうひん》Bの需要《じゅよう》が減《へ》る**場合《ばあい》，「BはAの補完財《ほかんざい》である」という。例《たと》えば，パンの価格《かかく》が上《あ》がった場合《ばあい》，買《か》い手《て》は「パンは高《たか》くなったから，パンと，パンと一緒《いっしょ》に食《た》べるバターを買《か》うのをやめよう」と思《おも》うようになるため，バターの需要《じゅよう》が減《へ》る。このとき，「バターはパンの補《ほ》完財《かんざい》である」という。

市場の失敗

市場の失敗❸

かつては，資本主義経済《しほんしゅぎけいざい》のもとでは市場《しじょう》の価格《かかく》メカニズムがうまく機能《きのう》し，適正《てきせい》な価格《かかく》や適正《てきせい》な取引量《とりひきりょう》が自然《しぜん》に決定《けってい》されると考《かんが》えられていた。しかし，資本主義《しほんしゅぎ》が発展《はってん》するにつれて，価格《かかく》メカニズムが機能《きのう》しなかったり，市場《しじょう》そのものが成立《せいりつ》しにくかったりすることもある，という事実《じじつ》が判明《はんめい》していった。これを**市場《しじょう》の失《しっ》敗《ぱい》**という。

市場《しじょう》は万能《ばんのう》ではないため，政府《せいふ》は市場《しじょう》の失敗《しっぱい》を政策《せいさく》的《てき》に調整《ちょうせい》しなくてはならない。市場《しじょう》の失敗《しっぱい》の例《れい》には，以下《いか》のようなものがある。

公共財

公共財❷
社会資本❷
公共サービス❶

自由競争《じゆうきょうそう》のもとで供給《きょうきゅう》されるのが難《むずか》しいものの例《れい》に，**公共財《こうきょうざい》**がある。公共財《こうきょうざい》とは，道路《どうろ》や橋《はし》などの**社会資本《しゃかいしほん》**や，消防《しょうぼう》・警察《けいさつ》・国防《こくぼう》などの**公共《こうきょう》サービス**のことである。これらは，料金《りょうきん》（税金《ぜいきん》）を払《はら》わないでも利用《りよう》できる消費者《しょうひしゃ》が不特定多数《ふとくていたすう》いるため，**市場取引《しじょうとりひき》が成立《せいりつ》しにくい**。そこで，政府《せいふ》が社会資本《しゃかいしほん》や公共《こうきょう》サービスを供給《きょうきゅう》している。

独占・寡占

独占❸
寡占❸

市場《しじょう》での競争《きょうそう》が進《すす》むと，競争力《きょうそうりょく》の強《つよ》い売《う》り手《て》が生《い》き残《のこ》り，生産《せいさん》や販売《はんばい》の規模《きぼ》をどんどん拡大《かくだい》していく。その結果《けっか》，**市場《しじょう》に売《う》り手《て》が一人《ひとり》あるいは一社《いっしゃ》しかいない状態《じょうたい》**（**独占《どくせん》**）や，**少数《しょうすう》しかいない状態《じょうたい》**（**寡占《かせん》**）になることがある。このとき，売《う》り手《て》は競争相手《きょうそうあいて》があまりいないため，大《おお》きな利潤《りじゅん》を得《え》るために価格《かかく》を高《たか》くしたり，供給量《きょうきゅうりょう》を意図的《いとてき》に減《へ》らしたりすることができる。その結果《けっか》，**価格《かかく》メカニズムがうまく機能《きのう》しなくなる。**

プライス・リーダー❷

寡占市場《かせんしじょう》では，最大手《さいおおて》の企業《きぎょう》が**プライス・リーダー**となり，一定《いってい》の利潤《りじゅん》を得《え》ることができる価格《かかく》を設定《せってい》する。他《ほか》の企業《きぎょう》もプライス・リーダーに合《あ》わせて価格《かかく》を設定《せってい》するため，価格《かかく》は横並《よこなら》びになる。このようにして

管理価格❷
カルテル❷
トラスト❶
コンツェルン❶
財閥❶
価格の下方硬直性❶
独占禁止法❷
公正取引委員会❷

決《き》まる価格《かかく》を，**管理価格**《かんりかかく》という。

寡占《かせん》には，**カルテル**（企業連合《きぎょうれんごう》）・**トラスト**（企業《きぎょう》合同《ごうどう》）・**コンツェルン**（企業連携《きぎょうれんけい》）という3つの形態《けいたい》がある。

カルテルは，同一産業《どういつさんぎょう》の企業《きぎょう》が価格《かかく》や生産量《せいさんりょう》について協定《きょうてい》を結《むす》んで，自由競争《じゆうきょうそう》を避《さ》けることである。

トラストは，同一産業《どういつさんぎょう》の企業同士《きぎょうどうし》が合併《がっぺい》して1つの企業体《きぎょうたい》になることである。

コンツェルンは，親会社《おやがいしゃ》が株式保有《かぶしきほゆう》や融資《ゆうし》によって，さまざまな産業《さんぎょう》の企業《きぎょう》を傘下《さんか》に入《い》れ，企業集団《きぎょうしゅうだん》をつくることである。戦前《せんぜん》の日本経済《にほんけいざい》を支配《しはい》していたコンツェルンを，**財閥**《ざいばつ》とよぶ。

独占《どくせん》・寡占《かせん》を許《ゆる》すと，売《う》り手《て》の決《き》めた価格《かかく》が市場《しじょう》に押《お》し付《つ》けられるため，価格《かかく》が下《さ》がりにくくなる。これを，**価格**《かかく》**の下方硬直性**《かほうこうちょくせい》という。また，競争《きょうそう》がないために技術進歩《ぎじゅつしんぽ》が遅《おく》れるなど，健全《けんぜん》な経済発展《けいざいはってん》を妨《さまた》げることになる。こうした独占《どくせん》・寡占《かせん》の弊害《へいがい》を防止《ぼうし》するために，日本《にほん》では**独占禁止法**《どくせんきんしほう》が制定《せいてい》され，**公正取引委員会**《こうせいとりひきいいんかい》が市場《しじょう》を監視《かんし》している。

資料

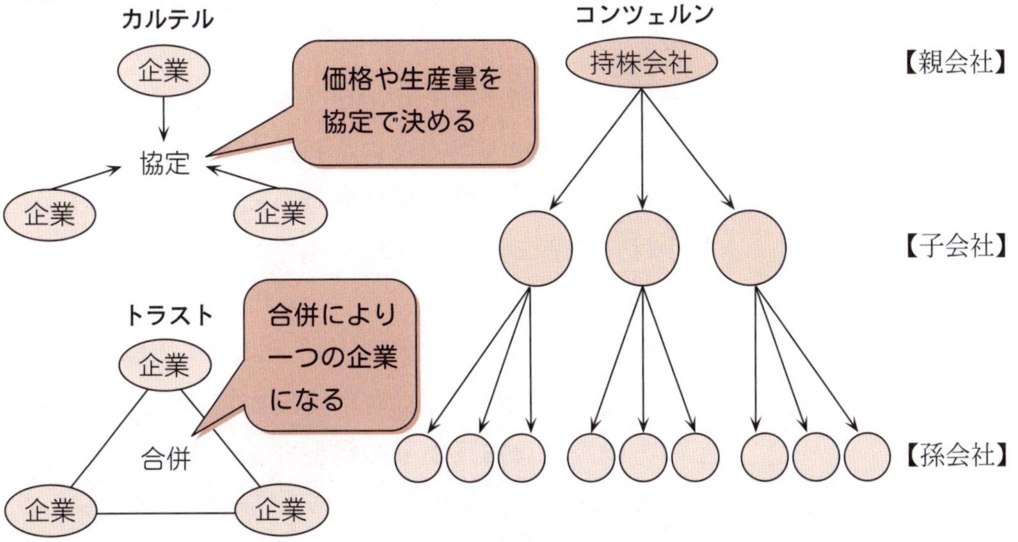

外部経済・外部不経済

外部性❶
外部経済❶
外部不経済❷
公害❷

ある経済主体《けいざいしゅたい》の行動《こうどう》が，市場取引《しじょうとりひき》を介《かい》さないで他《ほか》の経済主体《けいざいしゅたい》に影響《えいきょう》を及《およ》ぼすことを，**外部性《がいぶせい》**という。外部《がいぶ》性《せい》によって，**良《よ》い影響《えいきょう》**が与《あた》えられることを**外部経済《がいぶけいざい》**，**悪《わる》い影響《えいきょう》**が与《あた》えられることを**外部不経済《がいぶふけいざい》**という。例《たと》えば，果樹園《かじゅえん》の桃《もも》の花《はな》が，近《ちか》くの養蜂場《ようほうじょう》のハチミツの生《せい》産量《さんりょう》を増《ふ》やすことは外部経済《がいぶけいざい》，工場《こうじょう》が，環境《かんきょう》を汚染《おせん》する物質《ぶっしつ》を排出《はいしゅつ》することは外部不経済《がいぶふけいざい》である。

日本《にほん》で1960年《ねん》ごろに大《おお》きな社会問題《しゃかいもんだい》となった**公害《こうがい》**は，外部不経済《がいぶふけいざい》の典型例《てんけいれい》である。**課税《かぜい》**や**補助金《ほじょきん》**，**立法《りっぽう》**などによって**外部不経済《がいぶふけいざい》を是正《ぜせい》**しようとすることも，政府《せいふ》の重要《じゅうよう》な役割《やくわり》である。

発展

第二次世界大戦後《だいにじせかいたいせんご》，日本《にほん》を占領《せんりょう》したＧＨＱは，経済民主化《けいざいみんしゅか》の一環《いっかん》として**財《ざい》閥解体《ばつかいたい》**を行《おこな》った。**財閥《ざいばつ》**とは，戦前《せんぜん》の日本経済《にほんけいざい》を支配《しはい》していた，同族《どうぞく》を中心《ちゅうしん》とする**コンツェルン**のことである。財閥《ざいばつ》の本社《ほんしゃ》は，株式《かぶしき》の所有《しょゆう》を通《つう》じてさまざまな業種《ぎょうしゅ》の企業《きぎょう》を支配《しはい》する，**持株会社《もちかぶがいしゃ》**であった。1947年《ねん》の独占禁止法により，持株会社《もちかぶがいしゃ》は禁止《きんし》された。なお，1997年《ねん》の**独占禁止法改正《どくせんきんしほうかいせい》**によって現在《げんざい》は，**持《もち》株会社《かぶがいしゃ》は原則解禁《げんそくかいきん》**になっている。

労働市場

労働《ろうどう》とは，財《ざい》・サービスを生産《せいさん》するために働《はたら》くことである。人間《にんげん》の労働力《ろうどうりょく》という特殊《とくしゅ》な商品《しょうひん》は，労働市場《ろうどうしじょう》で売買《ばいばい》される。労働市場《ろうどうしじょう》における買《か》い手《て》は雇《やと》い主《ぬし》，売《う》り手《て》は労働者《ろうどうしゃ》であり，労働市場《ろうどうしじょう》では労働力《ろうどうりょく》の価格《かかく》である**賃金《ちんぎん》**が決定《けってい》される。

労働市場《ろうどうしじょう》でも，商品市場《しょうひんしじょう》と同《おな》じように市場《しじょう》メカニズムが働《はたら》く。**賃金《ちんぎん》が安《やす》く**なれば需要《じゅよう》が増《ふ》えるため，雇《やと》い主《ぬし》の労働需要《ろうどうじゅよう》は**右下《みぎさ》がりの需要曲線《じゅようきょくせん》**（図《ず》８のＤ）で表《あらわ》される。また，**賃金《ちんぎん》が高《たか》く**なれば供給量《きょうきゅうりょう》が増《ふ》えるため，労働者《ろうどうしゃ》の労働供給《ろうどうきょうきゅう》は**右上《みぎあ》がりの供給曲線《きょうきゅうきょくせん》**（図《ず》８のＳ）で表《あらわ》される。そして，需要《じゅよう》と供給《きょうきゅう》が一致《いっち》する均衡点《きんこうてん》で，

トライ！ 過去問演習　問題5 ☞ P147

失業❷

雇用量《こようりょう》と賃金《ちんぎん》が決定《けってい》する。賃金《ちんぎん》がP_1のとき，超過供《ちょうかきょう》給《きゅう》となるので，**失業**《しつぎょう》が生《う》まれる。一方《いっぽう》，賃金《ちんぎん》がP_2のとき，超過需要《ちょうかじゅよう》となるので，労働力不足《ろうどうりょくぶそく》が発生《はっせい》する。

資料

図8

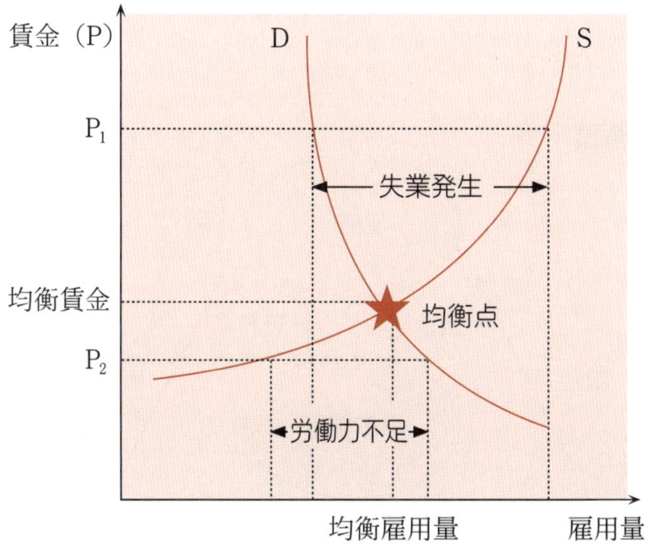

発展

雇《やと》い主《ぬし》が労働者《ろうどうしゃ》を一人《ひとり》多《おお》く雇《やと》うことで，増《ふ》やすことのできる生産量《せいさんりょう》を，限《げん》界生産力《かいせいさんりょく》という。雇用量《こようりょう》が少《すく》ないうちは，労働者《ろうどうしゃ》を増《ふ》やすことで生産量《せいさんりょう》を大《おお》幅《はば》に増《ふ》やすことができる。しかし，雇用量《こようりょう》が多《おお》くなると，労働者《ろうどうしゃ》を増《ふ》やしても，あまり生産量《せいさんりょう》は増《ふ》えなくなる。これを，「**限界生産力**《げんかいせいさんりょく》**が逓減**《ていげん》**する**」という。

図9

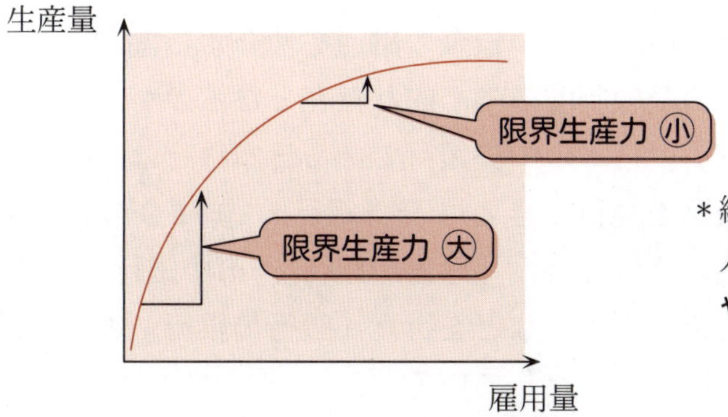

＊経済用語の「**限界**」は「1人や1kgといった**1単位増やしたときの**」という意味

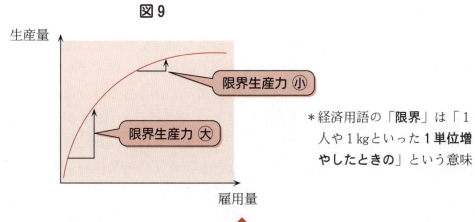

金融市場

金融のしくみ

金融《きんゆう》とは，**家計《かけい》・企業《きぎょう》・政府《せいふ》**という3つの経済主体《けいざいしゅたい》が，経済活動《けいざいかつどう》に必要《ひつよう》な資金《しきん》を融通《ゆうづう》しあうことである。金融機関《きんゆうきかん》が中心《ちゅうしん》となり，資金《しきん》の貸借《たいしゃく》や証券《しょうけん》の売買《ばいばい》という方法《ほうほう》によって資金《しきん》の融通《ゆうづう》を行《おこな》う市場《しじょう》を，金融市場《きんゆうしじょう》という。

要点整理　金融の循環

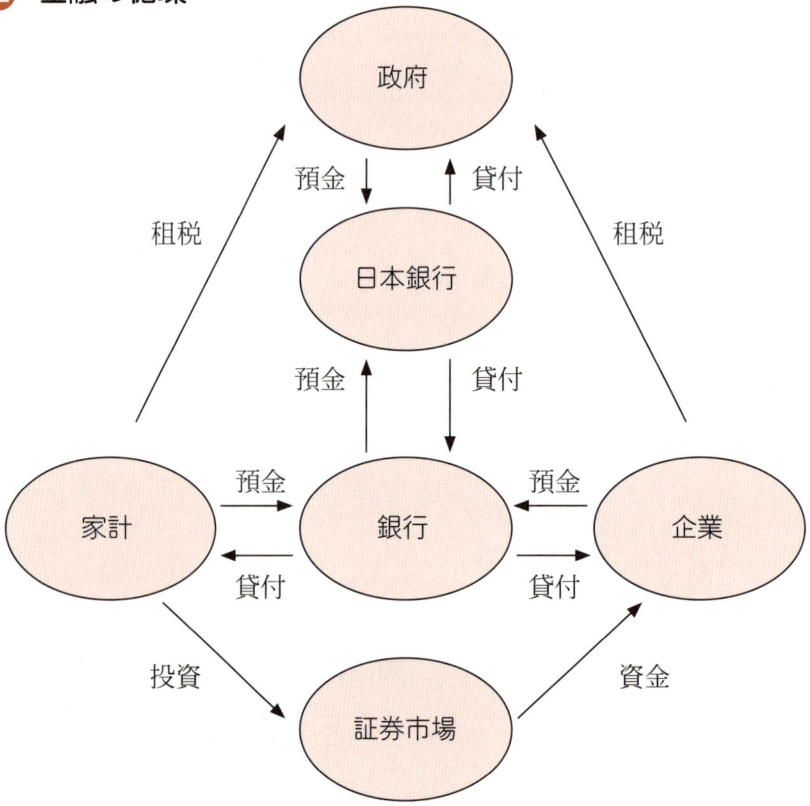

金融機関

- 中央銀行❸
- 日本銀行❸
- 発券銀行❷
- 政府の銀行❷
- 銀行の銀行❷

金融機関《きんゆうきかん》とは，資金《しきん》の融通《ゆうづう》を仲介《ちゅうかい》する機関《きかん》である。一国《いっこく》の金融制度《きんゆうせいど》の中心的《ちゅうしんてき》な存在《そんざい》となるのが，**中央銀行《ちゅうおうぎんこう》**である。日本《にほん》の中央銀行《ちゅうおうぎんこう》である**日本銀行《にほんぎんこう》**は，国内《こくない》で唯《ゆい》一《いつ》紙幣《しへい》を発行《はっこう》できる「**発券銀行《はっけんぎんこう》**」，国庫金《こっこきん》の管理《かんり》や政府《せいふ》への貸付《かしつけ》を行《おこな》う「**政府《せいふ》の銀行《ぎんこう》**」，市中銀行《しちゅうぎんこう》への貸付《かしつけ》，準備金《じゅんびきん》の預《あず》かりなどを行《おこな》う「**銀行《ぎんこう》の銀行《ぎんこう》**」という，3つの役割《やくわり》を果《は》たしている。

信用創造

信用創造❷

通貨供給量(マネーストック)❸

金融《きんゆう》システムにおいては，銀行《ぎんこう》が預《あず》かった資金《しきん》を別《べつ》の人《ひと》に貸《か》し出《だ》し，貸《か》し出《だ》された資金《しきん》がまた別《べつ》の銀行《ぎんこう》に預《あず》けられ，さらに別《べつ》の人《ひと》に貸《か》し出《だ》される，というプロセスが繰《く》り返《かえ》し行《おこな》われる。その結果《けっか》，最初《さいしょ》に預《あず》けられた資金《しきん》の何倍《なんばい》もの通貨《つうか》が創《つく》り出《だ》される。これを，**信用《しんよう》創造《そうぞう》**という。

一国《いっこく》の**通貨《つうか》**には，現金《げんきん》だけではなく**預金《よきん》も含《ふく》まれる**ため，信用創造《しんようそうぞう》によって一国全体《いっこくぜんたい》で流通《りゅうつう》する**通貨供給《つうかきょうきゅう》量《りょう》（マネー・ストック）**が増加《ぞうか》する。

マネー・ストックは従来《じゅうらい》マネーサプライと呼《よ》ばれていた。

要点整理　銀行の信用創造

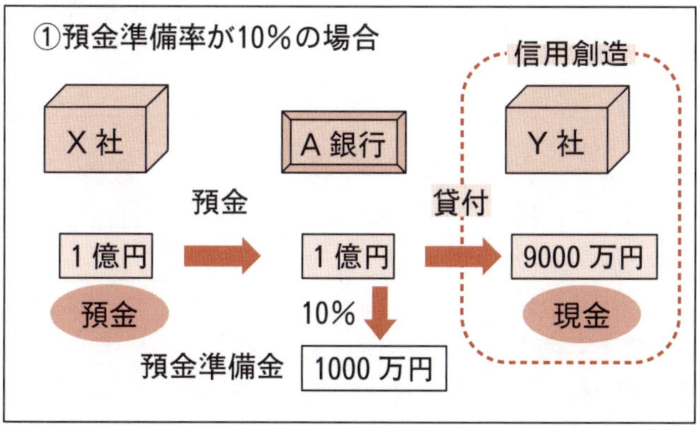

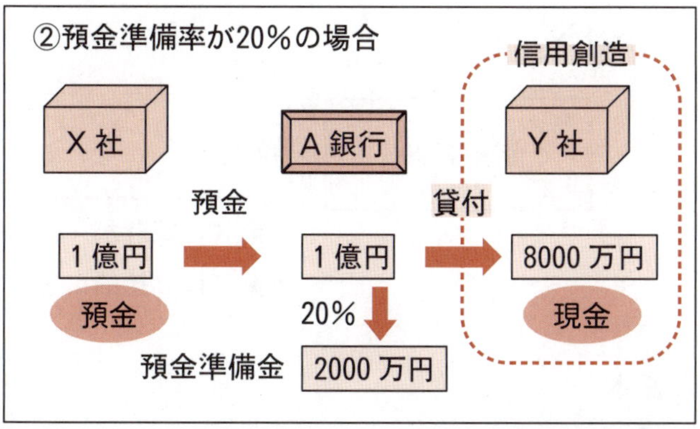

※預金準備率は P49を参照

直接金融と間接金融

直接金融❷

間接金融❷

資金《しきん》の融通《ゆうづう》である金融《きんゆう》は，直接金融《ちょくせつきんゆう》と間接金融《かんせつきんゆう》に分《ぶん》類《るい》される。

直接金融《ちょくせつきんゆう》とは企業《きぎょう》や政府《せいふ》が，株式《かぶしき》や社債《しゃさい》・公債《こうさい》を発《はっ》行《こう》して，**金融市場《きんゆうしじょう》から直接資金《ちょくせつしきん》を調達《ちょうたつ》**することである。これを仲介《ちゅうかい》するのが，証券会社《しょうけんがいしゃ》である。

一方《いっぽう》，間接金融《かんせつきんゆう》とは，企業《きぎょう》が**金融機関《きんゆうきかん》からの借《か》り入《い》れ**によって資金《しきん》を調達《ちょうたつ》することである。実質的《じっしつてき》には，金融機関《きんゆうきかん》に資金《しきん》を預《あず》け入《い》れた人《ひと》が，間接金融《かんせつきんゆう》の貸《か》し手《て》である。

要点整理

直接金融：

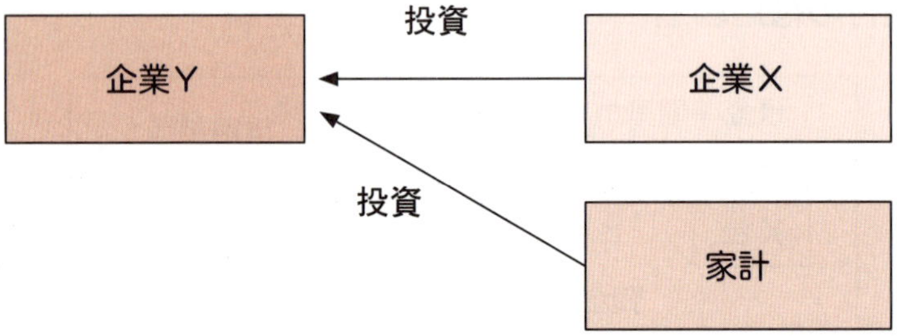

間接金融：

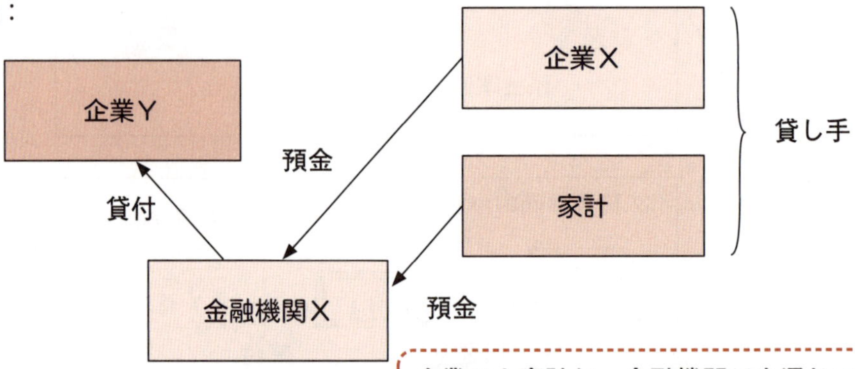

企業Xと家計が，金融機関Xを通じて企業Yに間接的に貸している

自己資本と他人資本

企業《きぎょう》に蓄《たくわ》えられた資金《しきん》は，自己資本《じこしほん》と他人資本《たにんしほん》に分《ぶん》類《るい》される。株式《かぶしき》の発行《はっこう》や社内留保《しゃないりゅうほ》（企業活動《きぎょうかつどう》にともなう利益《りえき》）によって得《え》られた，返済《へんさい》や金利《きんり》支払《しはら》いの義務《ぎむ》

自己資本❶

他人資本❶

自己資本比率❶

国際決済銀行（ＢＩＳ）❶

がない資金《しきん》を，**自己資本《じこしほん》**という。一方《いっぽう》，社債《しゃさい》や借《か》り入《い》れによって得《え》られた，返済《へんさい》や金利支払《きんりしはら》いの義務《ぎむ》がある資金《しきん》を，**他人資本《たにんしほん》**という。

総資本《そうしほん》（自己資本《じこしほん》と他人資本《たにんしほん》の合計《ごうけい》）に対《たい》する，自己資本《じこしほん》の割合《わりあい》を**自己資本比率《じこしほんひりつ》**という。日本国内《にほんこくない》で銀行《ぎんこう》業務《ぎょうむ》を行《おこな》うには，自己資本比率《じこしほんひりつ》が４％以上《いじょう》なくてはならない。また，各国中央銀行間《かっこくちゅうおうぎんこうかん》の国際協力機関《こくさいきょうりょくきかん》である**国際決済銀行《こくさいけっさいぎんこう》（ＢＩＳ）**は，**自己資本比率《じこしほんひりつ》が８％**を超《こ》えない銀行《ぎんこう》は，国際業務《こくさいぎょうむ》を行《おこな》ってはいけないことを取《と》り決《き》めている（**ＢＩＳ規制《きせい》**）。

3 景気変動

景気循環

景気循環❷

景気《けいき》とは，商品《しょうひん》の売買《ばいばい》や取引《とりひき》などの経済活動《けいざいかつどう》が，活発《かっぱつ》か否《いな》か，を示《しめ》す用語《ようご》である。経済活動《けいざいかつどう》が盛《さか》んに行《おこな》われている状態《じょうたい》を好景気《こうけいき》，経済活動《けいざいかつどう》が停滞《ていたい》している状態《じょうたい》を不景気《ふけいき》という。好景気《こうけいき》と不景気《ふけいき》が交互《こうご》に繰《く》り返《かえ》されることを**景気循環《けいきじゅんかん》**という。これを繰《く》り返《かえ》しながら経済《けいざい》は成長《せいちょう》する。

景気循環《けいきじゅんかん》には，①**好景気《こうけいき》**・②**景気後退《けいきこうたい》**・③**不景気《ふけいき》**・④**景気回復《けいきかいふく》**の４つの局面《きょくめん》がある。

①**好景気《こうけいき》**は好況《こうきょう》ともいい，景気循環《けいきじゅんかん》の山《やま》となる。このとき，商品《しょうひん》がよく売《う》れ，物価《ぶっか》と賃金《ちんぎん》が上《あ》がり，生産《せいさん》が拡大《かくだい》して投資《とうし》が増《ふ》え，失業率《しつぎょうりつ》が下《さ》がる。経済活動《けいざいかつどう》が異常《いじょう》に活発《かっぱつ》になっている状態《じょうたい》を，特《とく》に**景気過熱《けいきかねつ》**という。

②**景気後退《けいきこうたい》**は景気《けいき》の下降局面《かこうきょくめん》であり，需要《じゅよう》が伸《の》び悩《なや》んで生産《せいさん》が過剰《かじょう》になり，だんだん経済活動《けいざいかつどう》は活発《かっぱつ》でなくなる。

③**不景気《ふけいき》**は不況《ふきょう》ともいい，景気循環《けいきじゅんかん》の谷《たに》となる。このとき商品《しょうひん》は売《う》れず，物価《ぶっか》と賃金《ちんぎん》が下《さ》がり，生産《せいさん》と投資《とうし》が縮小《しゅくしょう》し，失業率《しつぎょうりつ》が上《あ》がる。特《とく》に，急激《きゅうげき》に不況《ふきょう》が深刻《しんこく》になり，経済《けいざい》が大《おお》きく混乱《こんらん》する状態《じょうたい》を，**恐慌《きょうこう》**という。

④**景気回復《けいきかいふく》**は景気《けいき》の上昇局面《じょうしょうきょくめん》であり，不況《ふきょう》で増《ふ》えた

在庫《ざいこ》が整理《せいり》され，だんだん経済活動《けいざいかつどう》が活発《かっぱつ》さを取《と》り戻《もど》す。

資料 **景気変動の4局面**

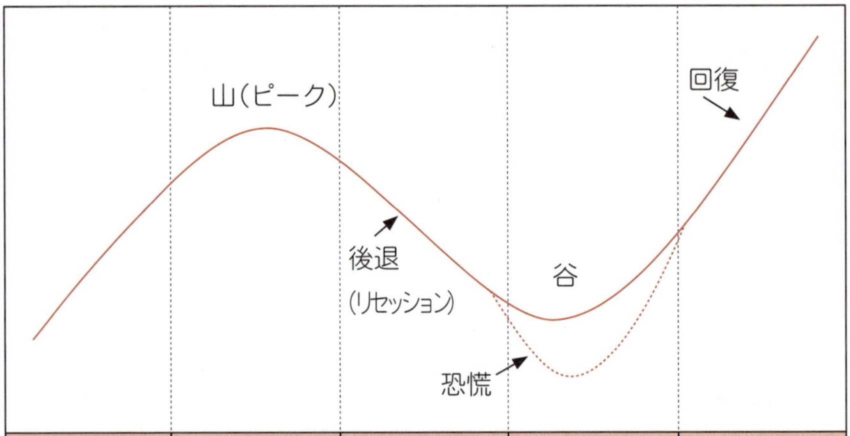

	① 好況	② 後退	③ 不況	④ 回復
経済活動	最大	減退	最小	増大
賃　金	高水準	下降	低水準	上昇
倒産及び失業者	低水準	増加	高水準	減少
物　価	最高	下降	最低	上昇
利子率	高水準	下降	低水準	上昇

景気循環の周期

キチンの波❷
ジュグラーの波❷
クズネッツの波❶
コンドラチェフの波❷

景気循環《けいきじゅんかん》の波動《はどう》には，短《みじか》い周期《しゅうき》の波《なみ》もあれば，長《なが》い周期《しゅうき》の波《なみ》もある。代表的《だいひょうてき》なものは，**在庫投資**《ざいことうし》の変動《へんどう》から起《お》こる**キチンの波**《なみ》，**設備投資**《せつびとうし》の変動《へんどう》から起《お》こる**ジュグラーの波**《なみ》，**住宅建設**《じゅうたくけんせつ》の変動《へんどう》から起《お》こる**クズネッツの波**《なみ》，**技術革新**《ぎじゅつかくしん》**や資源**《しげん》**の大規模開発**《だいきぼかいはつ》などから起《お》こる**コンドラチェフの波**《なみ》などである。

在庫投資《ざいことうし》とは，ある特定《とくてい》の期間《きかん》に原材料《げんざいりょう》や製品《せいひん》の在《ざい》庫《こ》を増加《ぞうか》させる投資《とうし》のことであり，設備投資《せつびとうし》とは，工《こう》場設備《じょうせつび》や機械《きかい》を増加《ぞうか》させる投資《とうし》のことである。

要点整理 **景気循環の周期とその要因**

区分	周期	循環の要因
キチンの波	40ヶ月	在庫投資の変動
ジュグラーの波	7〜10年	設備投資の変動
クズネッツの波	15〜25年	住宅建設の変動
コンドラチェフの波	40〜50年	技術革新，資源の大規模開発

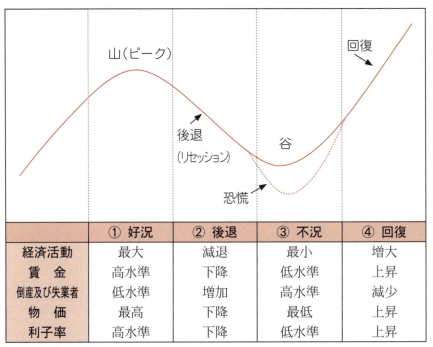

景気変動の指標

景気動向指数❶
先行指数❶
一致指数❶
遅行指数❶

景気変動《けいきへんどう》は，代表的《だいひょうてき》な経済統計《けいざいとうけい》をもとに作成《さくせい》される，**景気動向指数**《けいきどうこうしすう》によって表《あらわ》される。景気動向指数《けいきどうこうしすう》には，景気《けいき》に先行《せんこう》して動《うご》く**先行指数**《せんこうしすう》，景気《けいき》の現状《げんじょう》を表《あらわ》す**一致指数**《いっちしすう》，景気《けいき》よりも遅《おく》れて動《うご》く**遅行指数**《ちこうしすう》がある。**先行指数**《せんこうしすう》には**株価**《かぶか》，**一致指数**《いっちしすう》には**鉱工業生産指数**《こうこうぎょうせいさんしすう》，**遅行指数**《ちこうしすう》には**製品在庫指数**《せいひんざいこしすう》や**設備投資動向**《せつびとうしどうこう》などが用《もち》いられる。

物価の変動

物価❸
企業物価❶
消費者物価❷

物価《ぶっか》とは，**さまざまな財**《ざい》**・サービスの価格**《かかく》**の動向**《どうこう》**を表**《あらわ》**す指標**《しひょう》である。価格《かかく》は個々《ここ》の財《ざい》・サービスの値段《ねだん》である。物価《ぶっか》は，あらゆる財《ざい》・サービスの価格《かかく》を総合《そうごう》したのちに，その全体《ぜんたい》を平均《へいきん》したもので，指数《しすう》によって表《あらわ》される。企業同士《きぎょうどうし》の取引《とりひき》での物価《ぶっか》を**企業物価**《きぎょうぶっか》，消費者《しょうひしゃ》が日常的《にちじょうてき》に店頭《てんとう》などで購入《こうにゅう》するときの物価《ぶっか》を**消費者物価**《しょうひしゃぶっか》という。

物価《ぶっか》は，商品《しょうひん》の量《りょう》と通貨《つうか》の量《りょう》の関係《かんけい》の変化《へんか》などによって変動《へんどう》する。例《たと》えば，マネー・ストック（通貨供給量《つうかきょうきゅうりょう》）が多《おお》くなると，買《か》い手《て》の所有《しょゆう》する通貨《つうか》の量《りょう》が増《ふ》える。そのため，それまでは買《か》うことができなかった商品《しょうひん》も買《か》おうとして，市場《しじょう》における需要《じゅよう》が増《ふ》える。このとき，需要《じゅよう》の増加《ぞうか》に供給《きょうきゅう》の増加《ぞうか》が対応《たいおう》しない場合《ばあい》には，さまざまな財《ざい》・サービスの価格《かかく》が上《あ》がって物価《ぶっか》が上昇《じょうしょう》する。物価《ぶっか》の変動《へんどう》パターンには，以下《いか》のようなものがある。

インフレーション

インフレーション❸
ディマンド・プル・インフレーション❶
コスト・プッシュ・インフレーション❶

物価《ぶっか》が継続的《けいぞくてき》に上昇《じょうしょう》する現象《げんしょう》を，**インフレーション**（インフレ）という。インフレーションは，発生原因《はっせいげんいん》によって，**ディマンド・プル・インフレーション**（需要《じゅよう》インフレ）と**コスト・プッシュ・インフレーション**（費用《ひよう》インフレ）に分類《ぶんるい》される。

ディマンド・プル・インフレーションは，景気《けいき》が過熱《ねつ》し，需要《じゅよう》が供給《きょうきゅう》を上回《うわまわ》ることで発生《はっせい》する。

ハイパー・インフレーション❶

コスト・プッシュ・インフレーションは，生産費《せいさんひ》の上昇《じょうしょう》が商品《しょうひん》価格《かかく》に反映《はんえい》されることで発生《はっせい》する。また，物価《ぶっか》が短期間《たんきかん》に数十倍《すうじゅうばい》にも高騰《こうとう》する現象《げんしょう》を，**ハイパー・インフレーション**という。これは，第一次世界大戦後《だいいちじせかいたいせんご》のドイツや，第二次世界大戦後《だいにじせかいたいせんご》の日本《にほん》において発生《はっせい》した。

インフレーションは，物価《ぶっか》の上昇《じょうしょう》とともに過剰《かじょう》に供《きょう》給《きゅう》された**貨幣《かへい》の価値《かち》が実質的《じっしつてき》に低下《ていか》**することを意味《いみ》するため，賃金《ちんぎん》や預金《よきん》，年金《ねんきん》の価値《かち》が下《さ》がり，定額所得《ていがくしょとく》者《しゃ》の生活《せいかつ》は苦《くる》しくなる。一方《いっぽう》，株式《かぶしき》や土地《とち》などの資産《しさん》の価値《かち》は上《あ》がるため，資産《しさん》を持《も》つ者《もの》は利益《りえき》を得《え》る。つまり，**インフレは資産《しさん》を持《も》つ者《もの》と持《も》たない者《もの》の格差《かくさ》を拡大《かくだい》させ，社会的不平等《しゃかいてきふびょうどう》をもたらす**。健全《けんぜん》な経済発展《けいざいはってん》のためには，所得《しょとく》の上昇《じょうしょう》と同《おな》じスピードで進《すす》む，緩《ゆる》やかなインフレが望《のぞ》ましいと考《かんが》えられる。

解説 インフレーションに伴う貨幣価値の低下

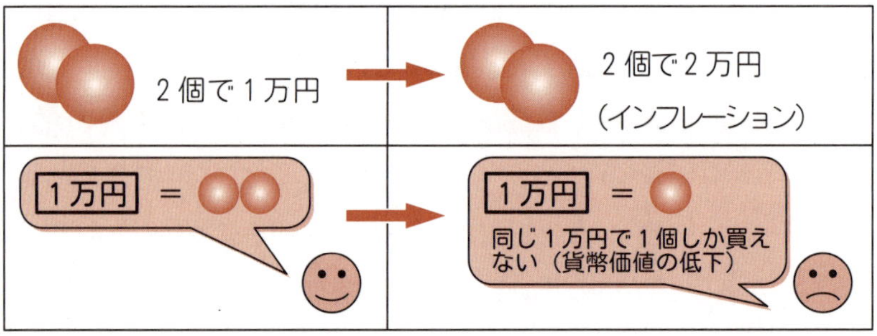

デフレーション

デフレーション❸

物価《ぶっか》が継続的《けいぞくてき》に下落《げらく》する現象《げんしょう》を，**デフレーション**（デフレ）という。デフレーションは，需要《じゅよう》が供給《きょうきゅう》を下回《したまわ》ることで発生《はっせい》する。デフレのもとでは，**賃金《ちんぎん》が下《さ》がって失業《しつぎょう》が増加《ぞうか》**する。そのため，消費《しょうひ》も落《お》ち込んで経済《けいざい》が不活発《ふかっぱつ》になる。デフレはインフレと反対《はんたい》の影響《えいきょう》を及《およ》ぼすため，貨幣《かへい》の価値《かち》が上昇《じょうしょう》するが，基本的《きほんてき》に不《ふ》況期《きょうき》に発生《はっせい》する現象《げんしょう》であるため，生活水準《せいかつすいじゅん》が向上《こうじょう》するわけではない。

デフレ・スパイラル❶

物価《ぶっか》の下落《げらく》の継続《けいぞく》と経済活動《けいざいかつどう》の停滞《ていたい》が，相互《そうご》に作用《さよう》することによって，景気《けいき》がどんどん悪《わる》くなっていくという悪循環《あくじゅんかん》を，**デフレ・スパイラル**という。価格《かかく》の低《てい》下《か》は企業《きぎょう》の収益《しゅうえき》を悪化《あっか》させ，賃金《ちんぎん》は下《さ》がり，失業《しつぎょう》が増《ふ》える。そのため家計《かけい》が苦《くる》しくなり，ますます，商品《しょうひん》を買《か》わなくなる。企業《きぎょう》は売《う》り上《あ》げを伸《の》ばすために，さらに商品《しょうひん》の価格《かかく》を下《さ》げる。この繰《く》り返《かえ》しが起《お》こり，なかなか不況《ふきょう》から抜《ぬ》け出《だ》せなくなってしまうのである。

スタグフレーション

スタグフレーション❸

インフレーションは通常《つうじょう》，好況期《こうきょうき》に起《お》こるものであるが，物価《ぶっか》が継続的《けいぞくてき》に上昇《じょうしょう》しながら不況《ふきょう》に陥《おちい》ることがある。この，インフレーションと景気後退《けいきこうたい》（スタグネーション）が同時《どうじ》に発生《はっせい》する現象《げんしょう》を，**スタグフレーション**という。

1970年代《ねんだい》には**第一次石油危機《だいいちじせきゆきき》**により原油価格《げんゆかかく》が大幅《おおはば》に値上《ねあ》がりしたことにより，先進国全体《せんしんこくぜんたい》にスタグフレーションが広《ひろ》がった。

4 経済成長

ストックとフロー

ストック❷

フロー❷

経済《けいざい》の規模《きぼ》を測《はか》る指標《しひょう》には，ストックとフローの2種類《しゅるい》がある。

ストックは，**ある時点《じてん》における蓄《たくわ》えられた富《とみ》の合計《ごうけい》**である。例《たと》えば，ある時点《じてん》の預金《よきん》の残高《ざんだか》はストックである。**フロー**は，**ある一定期間《いっていきかん》における経済活動《けいざいかつどう》から得《え》られた富《とみ》の量《りょう》**の大《おお》きさである。例《たと》えば，1年間《ねんかん》における預金《よきん》の積立額《つみたてがく》はフローである。

資料 ストックとフロー

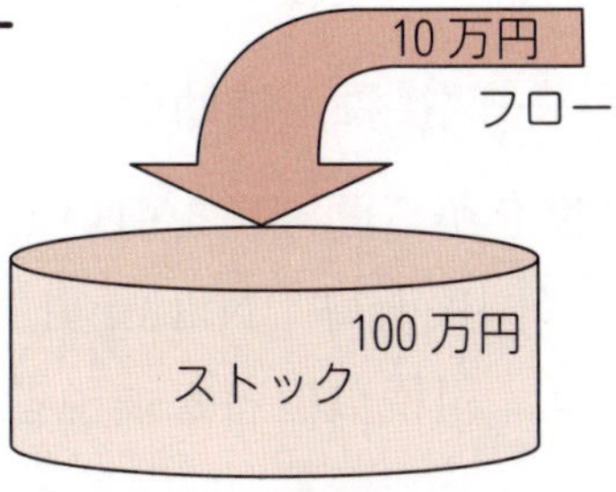

国民経済計算

一国《いっこく》の経済活動《けいざいかつどう》の規模《きぼ》を全体的《ぜんたいてき》に表《あらわ》す尺度《しゃくど》は，国民《こくみん》経済計算《けいざいけいさん》によって測《はか》られる。国民経済計算《こくみんけいざいけいさん》によるフローの統計《とうけい》を，ＧＤＰ統計《とうけい》という。

国内総生産（ＧＤＰ）＝国内の総生産額－中間生産物

国内総生産(ＧＤＰ)❸
最終生産物❶
中間生産物❶

ＧＤＰ（Gross Domestic Product）とは，**国内《こくない》**で１年間《ねんかん》に生産《せいさん》された**財《ざい》・サービスの付加価値《ふかかち》の合計《ごうけい》**である。ＧＤＰは**最終生産物《さいしゅうせいさんぶつ》**の市場価格《しじょうかかく》の合計《ごうけい》から，**中間生産物《ちゅうかんせいさんぶつ》**の額《がく》を差《さ》し引《ひ》いて計算《けいさん》する。例《たと》えば，パンという最終生産物《さいしゅうせいさんぶつ》を作《つく》るのに用《もち》いられた小麦粉《こむぎこ》は，中《ちゅう》間生産物《かんせいさんぶつ》である。

国民総生産（ＧＮＰ）＝ＧＤＰ＋海外からの受取所得－海外への支払所得

国民総生産(ＧＮＰ)❸

ＧＤＰは生産場所《せいさんばしょ》を国内《こくない》に限定《げんてい》する。一方《いっぽう》，生産場《せいさんば》所《しょ》が日本《にほん》であるか外国《がいこく》であるかを問《と》わず，**日本人《にほんじん》や日《に》本企業《ほんきぎょう》**が生産《せいさん》した**財《ざい》・サービスの付加価値《ふかかち》を合計《ごうけい》**したものが，**ＧＮＰ**（Gross National Product）である。数式《すうしき》の「海外《かいがい》からの受取所得《うけとりしょとく》」とは，海外《かいがい》での日《に》本人《ほんじん》または日本企業《にほんきぎょう》が生《う》み出《だ》した付加価値《ふかかち》のことであり，「海外《かいがい》への支払所得《しはらいしょとく》」とは，日本《にほん》で外国人《がいこくじん》または外国企業《がいこくきぎょう》が生《う》み出《だ》した付加価値《ふかかち》のことである。

国民純生産（ＮＮＰ）＝ＧＮＰ－固定資本減耗

固定資本減耗❷
国民純生産(ＮＮＰ)❷
減価償却費❶

ＧＮＰから**固定資本減耗《こていしほんげんもう》**を差《さ》し引《ひ》くと，**ＮＮＰ**（Net National Product）が計算《けいさん》される。固定資本《こていしほん》減耗《げんもう》とは，工場《こうじょう》，機械《きかい》，設備《せつび》などの固定資本《こていしほん》が，生産《せいさん》が行《おこな》われるにつれて価値《かち》が磨《すり》り減《へ》っていくことで，**減《げん》価償却費《かしょうきゃくひ》**ともよばれる。

国民所得（ＮＩ）＝ＮＮＰ－間接税＋補助金

間接税❸
国民所得(ＮＩ)❸

ＮＮＰから**間接税《かんせつぜい》**を引《ひ》いて，**補助金《ほじょきん》**を足《た》した額《がく》を，**ＮＩ**（国民所得《こくみんしょとく》：National Income）という。間接《かんせつ》税《ぜい》とは，租税負担者《そぜいふたんしゃ》と納税者《のうぜいしゃ》が異《こと》なる税《ぜい》のことで，消《しょう》

補助金❷

費税《ひぜい》や酒税《しゅぜい》などがこれにあたる。商品《しょうひん》は，税金《ぜいきん》の分《ぶん》だけ価格《かかく》が高《たか》くなり，**補助金**《ほじょきん》の分《ぶん》だけ価格《かかく》が安《やす》くなるため，新《あたら》しく生《う》み出《だ》された所得《しょとく》を正《ただ》しく計算《けいさん》するには，これらを加減《かげん》しなければならない。

三面等価の原則

三面等価の原則❷

理論上《りろんじょう》，国民《こくみん》が生産《せいさん》した財《ざい》・サービスは，すべて所得《しょとく》として分配《ぶんぱい》され，それらはすべて支出《ししゅつ》に回《まわ》される。つまり，ＧＤＰを生産面《せいさんめん》，分配《ぶんぱい》（所得《しょとく》）面《めん》，支出面《ししゅつめん》からみると，これらの額《がく》は一致《いっち》する。これを，**三面等価**《さんめんとうか》**の原則**《げんそく》という。

要点整理　三面等価の原則

ＧＤＰ（国内総生産）	第１次産業	第２次産業	第３次産業		
ＧＤＩ（国内総所得）	雇用者報酬	営業余剰	間接税－補助金(政府所得)	固定資本減耗※	
ＧＤＥ（国内総支出）	民間消費	政府消費	総固定資本形成	在庫増	経常海外余剰

※固定資本減耗は，工場・機械・設備などの固定資本に対する報酬と考えるとわかりやすい。

ＧＤＰ統計の限界

自家消費❶
帰属家賃❶
国民純福祉(ＮＮＷ)❶

ＧＤＰ統計《とうけい》には，家事労働《かじろうどう》やボランティア活動《かつどう》など，市場《しじょう》で取引《とりひき》されない財《ざい》・サービスの生産活動《せいさんかつどう》は反映《はんえい》されない。また，土地《とち》や株式《かぶしき》の売却益等《ばいきゃくえきなど》も含《ふく》まれない。ただし，農家《のうか》が収穫物《しゅうかくぶつ》を**自家消費**《じかしょうひ》する分《ぶん》や，持《も》ち家《いえ》に対《たい》する家賃《やちん》の推計額《すいけいがく》（**帰属家賃**《きぞくやちん》）は，市場《しじょう》で取引《とりひき》されないが，ＧＤＰ統計《とうけい》に含《ふく》まれる。

このように，ＧＤＰ統計《とうけい》は一国《いっこく》の豊《ゆた》かさを測《はか》る尺度《しゃくど》としては不完全《ふかんぜん》なものである。そこで，一国《いっこく》の福祉《ふくし》の水準《すいじゅん》を示《しめ》す**ＮＮＷ**（Net National Welfare）が登場《とうじょう》した。これは，公害《こうがい》や環境汚染《かんきょうおせん》など，福祉《ふくし》にとってのマイナス要因《よういん》を差《さ》し引《ひ》き，家事労働《かじろうどう》や余暇《よか》の増大《ぞうだい》など，福祉《ふくし》にとってのプラス要因《よういん》を加《くわ》えるものである。

要点整理 市場で取引されない財・サービス

GDP統計に含まれる	GDP統計に含まれない
農家の収穫物の**自家消費分** **持ち家に対する家賃の推計額（帰属家賃）**など	**家事労働・ボランティア労働** **土地や株式の売却益**など

経済成長

経済成長率❷

経済成長《けいざいせいちょう》とは，一国《いっこく》の経済規模《けいざいきぼ》が拡大《かくだい》することであり，GDPの増大《ぞうだい》によって表《あらわ》されることが多《おお》い。GDPの対前年度増加率《たいぜんねんどぞうかりつ》を，**経済成長率《けいざいせいちょうりつ》**という。

名目経済成長率

$$\text{名目経済成長率❶}=\frac{\text{本年度の名目GDP}-\text{前年度の名目GDP}}{\text{前年度の名目GDP}}\times 100$$

名目《めいもく》GDPとは，その年《とし》の市場価格《しじょうかかく》で算定《さんてい》したGDPのことであり，物価《ぶっか》の変動《へんどう》が考慮《こうりょ》されていない。財《ざい》・サービスの数量《すうりょう》が変化《へんか》したときも，価格《かかく》が変化《へんか》したときも，名目《めいもく》GDPは変化《へんか》する。

実質経済成長率

$$\text{実質経済成長率❷}=\frac{\text{本年度の実質GDP}-\text{前年度の実質GDP}}{\text{前年度の実質GDP}}\times 100$$

実質《じっしつ》GDPとは，名目《めいもく》GDPを価格指数《かかくしすう》（GDPデフレーター）で割《わ》った，数量《すうりょう》ベースのGDPである。

経済《けいざい》が成長《せいちょう》しても，それ以上《いじょう》に物価《ぶっか》が上昇《じょうしょう》した場合《ばあい》は，生活《せいかつ》は楽《らく》にならない。そこで，経済成長《けいざいせいちょう》をより正確《せいかく》に測《はか》るため，市場価格《しじょうかかく》から物価《ぶっか》の変動分《へんどうぶん》を除《のぞ》いた実質経済成長率《じっしつけいざいせいちょうりつ》が算定《さんてい》される。

実質経済成長率＝名目経済成長率－インフレ率

という関係《かんけい》になっている。

日本の高度経済成長期

朝鮮戦争❸

第二次世界大戦後《だいにじせかいたいせんご》の日本《にほん》は，GHQの占領下《せんりょうか》で深刻《しんこく》な不況《ふきょう》に落《お》ち込《こ》んでいた。しかし，**朝鮮戦争《ちょうせんせんそう》**における

特需❷
国際通貨基金（ＩＭＦ）❸
世界銀行（ＩＢＲＤ）❷
産業構造の高度化❶

アメリカ軍《ぐん》の**特需《とくじゅ》**により，日本経済《にほんけいざい》は復活《ふっかつ》した。1952年《ねん》には**国際通貨基金《こくさいつうかききん》（ＩＭＦ）・世界銀行《せかいぎんこう》（ＩＢＲＤ）**に加盟《かめい》。1955年以降《ねんいこう》，日本経済《にほんけいざい》は実質経済成長率《じっしつけいざいせいちょうりつ》が年《ねん》平均《へいきん》10％を超《こ》える，高度経済成長期《こうどけいざいせいちょうき》を迎《むか》えた。そして1968年《ねん》，日本《にほん》のＧＮＰは資本主義国《しほんしゅぎこく》ではアメリカに次《つ》いで第《だい》2位《い》となった。

高度経済成長期《こうどけいざいせいちょうき》には，経済《けいざい》に占《し》める第一次産業《だいいちじさんぎょう》（農《のう》業《ぎょう》・水産業《すいさんぎょう》・林業《りんぎょう》などの採取産業《さいしゅさんぎょう》）の比率《ひりつ》が下《さ》がり，第二次産業《だいにじさんぎょう》（鉱業《こうぎょう》・製造業《せいぞうぎょう》などの原材料加工業《げんざいりょうかこうぎょう》）・第《だい》三次産業《さんじさんぎょう》（交通《こうつう》・通信《つうしん》・金融《きんゆう》・保険《ほけん》などのサービス産《さん》業《ぎょう》）の比率《ひりつ》が上《あ》がった。これを，**産業構造《さんぎょうこうぞう》の高度化《こうどか》**という。農村《のうそん》からは，勤勉《きんべん》な労働者《ろうどうしゃ》たちが工業地帯《こうぎょうちたい》に大《たい》量《りょう》に供給《きょうきゅう》された。

資料　日本の就業人口割合の推移

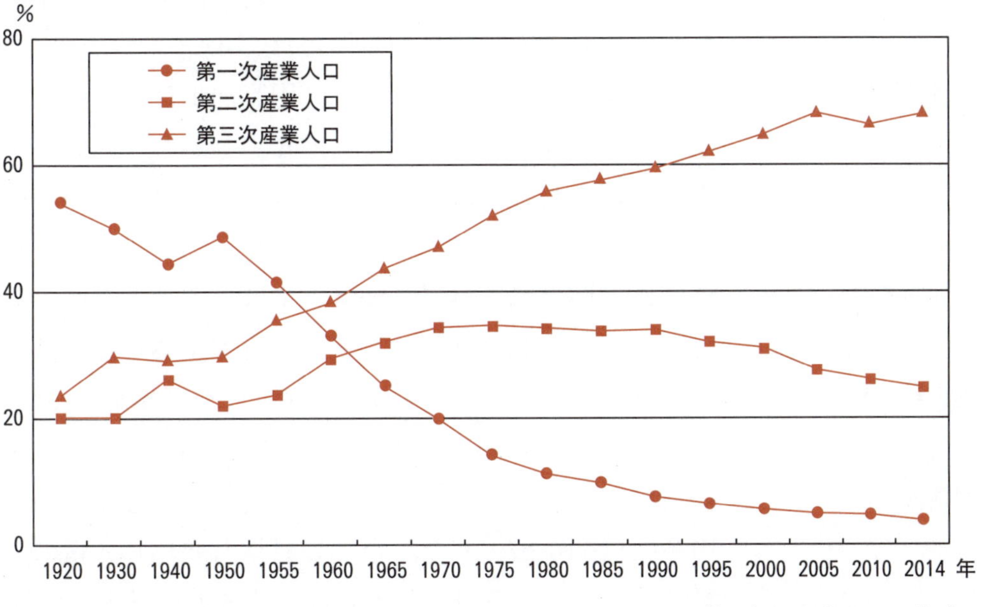

『日本の100年』より作成

資料のポイント

日本は，高度経済成長が始まる1950年代後半までは，第一次産業人口が最も多かった。1960年～65年の間に，第三次産業・第二次産業・第一次産業の順に，人口割合の順位が変化した。その後，今日までの間に，第一次産業人口割合は５％を下回り，**第三次産業は65％を上回って推移**している。

経済大国となった日本

ニクソン＝ショック❷
変動為替相場制❸
アラブ石油輸出国機構❶
第一次石油危機❸
第二次石油危機❶
プラザ合意❸
バブル経済❸
産業の空洞化❶
不良債権❷
リーマンショック❶

1970年代《ねんだい》には，日本《にほん》の高度経済成長《けいざいせいちょう》は終《お》わりを迎《むか》えることとなる。**1971年《ねん》**，**ニクソン＝ショック**によって円《えん》が１ドル＝308円《えん》に切《き》り上《あ》げられ，1973年《ねん》には**変動《へんどう》為替相場制《かわせそうばせい》**に移行《いこう》した。

さらに，**1973年《ねん》**，第四次中東戦争《だいよじちゅうとうせんそう》が勃発《ぼっぱつ》し，**アラブ石油輸出国機構《せきゆゆしゅつこくきこう》**（ＯＡＰＥＣ）が原油《げんゆ》の輸出制限《ゆしゅつせいげん》と価《か》格《かく》の大幅《おおはば》な引《ひ》き上《あ》げを行《おこな》った（**第一次石油危機《だいいちじせきゆきき》**）。そのため，日本《にほん》では**狂乱物価《きょうらんぶっか》**とよばれるほどの激《はげ》しいインフレが起《お》きた。これを受《う》けて日本経済《にほんけいざい》は混乱《こんらん》した。1974年《ねん》に戦後初《せんごはじ》めて実質経済成長率《じっしつけいざいせいちょうりつ》がマイナスを記録《きろく》し，高度経済成長《こうどけいざいせいちょう》が終《お》わりを告《つ》げた。

世界経済《せかいけいざい》が停滞《ていたい》する中《なか》で，日本《にほん》は，1979年《ねん》のイラン革命《かくめい》による**第二次石油危機《だいにじせきゆきき》**も乗《の》り切《き》り，真《ま》っ先《さき》に不況《ふきょう》から脱出《だっしゅつ》して安定成長期《あんていせいちょうき》を迎《むか》えた。

1985年《ねん》の**プラザ合意《ごうい》**により，円高《えんだか》が加速《かそく》し，輸出産《ゆしゅつさん》業《ぎょう》を中心《ちゅうしん》に一時的《いちじてき》に不況《ふきょう》となった。しかし，円高不況《えんだかふきょう》対策《たいさく》の**低金利政策《ていきんりせいさく》**によって，増大《ぞうだい》した余剰資金《よじょうしきん》が不動《ふどう》産市場《さんしじょう》や株式市場《かぶしきしじょう》に流入《りゅうにゅう》。そのため，1987年《ねん》ごろから資産価格《しさんかかく》が高騰《こうとう》，**バブル経済《けいざい》**とよばれる大型《おおがた》の好景気《こうけいき》となった。円高《えんだか》の進行《しんこう》によって，日本企業《にほんきぎょう》が生産拠点《せいさんきょてん》を海外《かいがい》に移転《いてん》するようになり，**産業《さんぎょう》の空洞化《くうどうか》**が進《すす》んだ。

1990年代《ねんだい》に入《はい》ると，株価《かぶか》や地価《ちか》は下落《げらく》し，バブル経済《けいざい》は崩壊《ほうかい》した。このため，**不良債権《ふりょうさいけん》**が膨《ふく》らんで多《おお》くの金融機関《きんゆうきかん》が破綻《はたん》した。企業《きぎょう》の経営《けいえい》も悪化《あっか》し大量《たいりょう》の失《しつ》業者《ぎょうしゃ》が生《う》まれ，家計《かけい》の消費《しょうひ》は冷《ひ》え込《こ》んだ。そして，**平《へい》成不況《せいふきょう》**とよばれる深刻《しんこく》な不況《ふきょう》の時代《じだい》を迎《むか》えた。

2007年《ねん》にはサブプライムローン問題《もんだい》に端《たん》を発《はっ》する米国《べいこく》バブルの崩壊《ほうかい》により，資産価格《しさんかかく》の暴落《ぼうらく》が相次《あいつ》いだ。2008年《ねん》，アメリカの投資銀行《とうしぎんこう》リーマン・ブラザーズが破綻《はたん》し，世界的《せかいてき》な金融危機《きんゆうきき》，いわゆる**リーマンショック**が発生《はっせい》した。

資料 日本の経済成長率の推移

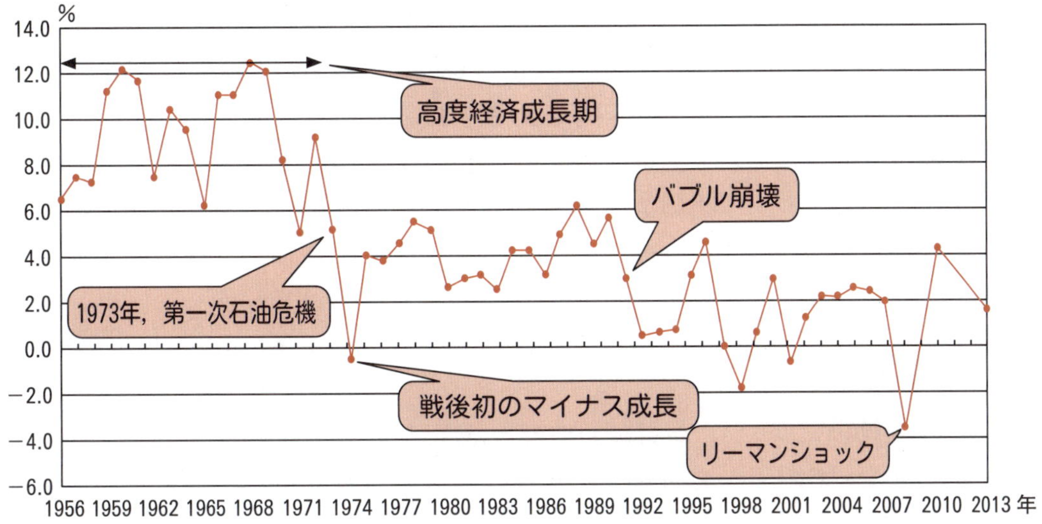

『日本の100年』，『日本図勢図会（2006／07）(2008／09)(2010／11)(2012／13)』より作成

5 政府と経済政策

財政政策

財政❷

均衡財政❶

財政《ざいせい》とは，政府《せいふ》が行《おこな》う経済活動《けいざいかつ》のことである。政府《せいふ》は，税金《ぜいきん》などの歳入《さいにゅう》によって資金《しきん》を調達《ちょうたつ》し，公共《こうきょう》サービスの提供《ていきょう》・社会資本《しゃかいしほん》の充実《じゅうじつ》・福祉《ふくし》の実現《じつげん》・所得《しょとく》の再《さい》分配《ぶんぱい》・景気《けいき》の調整《ちょうせい》などのために，歳出《さいしゅつ》を行《おこな》う。歳入《さいにゅう》と歳出《さいしゅつ》が同額《どうがく》で，歳出《さいしゅつ》を全《すべ》て租税収入《そぜいしゅうにゅう》によりまかなうことができる状態《じょうたい》を，**均衡財政**《きんこうざいせい》とよぶ。

今日の資本主義経済《しほんしゅぎけいざい》では，政府《せいふ》が積極的《せっきょくてき》に経済《けいざい》に介《かい》入《にゅう》しており，財政《ざいせい》の役割《やくわり》は重要《じゅうよう》である。財政《ざいせい》を機能《きのう》させ，経済《けいざい》の安定《あんてい》や成長《せいちょう》を図《はか》る政策《せいさく》を，財政政策《ざいせいせいさく》という。

財政の機能

資源配分機能

資源配分機能❶

資源配分機能《しげんはいぶんきのう》とは，政府《せいふ》が税金《ぜいきん》を使《つか》って，民間《みんかん》の経済《けいざい》活動《かつどう》に任《まか》せることができないような，**社会資本**《しゃかいしほん》**の整備**《せいび》**や公共**《こうきょう》**サービスの提供**《ていきょう》を行《おこな》うことである。

所得再分配機能

所得再分配機能❶
累進課税制度❷
社会保障制度❷

所得再分配機能《しょとくさいぶんぱいきのう》とは，**累進課税制度《るいしんかぜいせいど》**と**社会保障制度《しゃかいほしょうせいど》**によって，公正《こうせい》の観点《かんてん》から，**所得《しょとく》の再分配《さいぶんぱい》を通《つう》じて経済的平等《けいざいてきびょうどう》をめざす機能《きのう》**である。

累進課税制度《るいしんかぜいせいど》とは，所得《しょとく》が高《たか》くなるにつれて所得税《しょとくぜい》の税率《ぜいりつ》を高《たか》くすることで，所得《しょとく》に見《み》合《あ》った税負担《ぜいふたん》を課《か》す制度《せいど》である。一方《いっぽう》，**社会保障制度《しゃかいほしょうせいど》**とは，低所得者《ていしょとくしゃ》に対《たい》して最低限度《さいていげんど》の生活《せいかつ》を保障《ほしょう》する制度《せいど》である。

景気調整機能

景気調整機能❶
ビルト・イン・スタビライザー❷
フィスカル・ポリシー❷

景気調整機能《けいきちょうせいきのう》とは，自動的《じどうてき》に機能《きのう》する**ビルト・イン・スタビライザー**（景気《けいき》の自動安定化装置《じどうあんていかそうち》）と，裁量的《さいりょうてき》に行《おこな》われる**フィスカル・ポリシー**（裁量的財政政策《さいりょうてきざいせいせいさく》）により，**景気変動《けいきへんどう》の行《い》き過《す》ぎを緩和《かんわ》**することである。

累進課税制度《るいしんかぜいせいど》と社会保障制度《しゃかいほしょうせいど》が成立《せいりつ》している場合《ばあい》，好景気《こうけいき》のときには，所得増加《しょとくぞうか》によって税率《ぜいりつ》が上《あ》がる。社会保障《しゃかいほしょう》の享受者《きょうじゅしゃ》は減《へ》るため，景気《けいき》の過熱《かねつ》が避《さ》けられる。一方《いっぽう》，不景気《ふけいき》のときには，所得減少《しょとくげんしょう》によって税率《ぜいりつ》が下《さ》がる。社会保障《しゃかいほしょう》の享受者《きょうじゅしゃ》は増《ふ》えるため，景気《けいき》の急《きゅう》速《そく》な落《お》ち込《こ》みが避《さ》けられる。こうした，財政《ざいせい》が自動的《じどうてき》に景気《けいき》を調節《ちょうせつ》する機能《きのう》を，ビルト・イン・スタビライザーという。

また，政府《せいふ》は，**好景気《こうけいき》**のときには，**財政支出《ざいせいししゅつ》の縮小《しゅくしょう》や増税《ぞうぜい》**によって景気《けいき》の過熱《かねつ》を避《さ》ける。**不景気《ふけいき》**のときには，**公債《こうさい》の発行《はっこう》や減税《げんぜい》**によって景気《けいき》を支《ささ》える。こうした，政府《せいふ》の判断《はんだん》による裁量的《さいりょうてき》な政策《せいさく》を，フィスカル・ポリシーという。フィスカル・ポリシーは，貨幣《かへい》の支《し》出《しゅつ》を伴《ともな》う需要《じゅよう》（有効需要《ゆうこうじゅよう》）の拡大《かくだい》を促《うなが》したり，防《ふせ》いだりするものである。

発展

投資《とうし》と金利《きんり》の間《あいだ》には，金利《きんり》が上《あ》がると投資《とうし》が減《へ》り，金利《きんり》が下《さ》がると投資《とうし》が増《ふ》えるという関係《かんけい》がある。不景気《ふけいき》のときに，財政支出《ざいせいししゅつ》を増《ふ》やしたり公債《こうさい》を発《はっ》行《こう》したりすると，有効需要《ゆうこうじゅよう》が拡大《かくだい》する。しかし，このとき同時《どうじ》に金利《きんり》が上《あ》が

トライ！ 過去問演習 問題 7 ☞ P148

るため，投資《とうし》が減《へ》り，有効需要《ゆうこうじゅよう》はその分《ぶん》だけ減《へ》ってしまう。この現象《げんしょう》を，**クラウディング・アウト**という。投資《とうし》の金利《きんり》に対《たい》する反応《はんのう》しやすさ（投資《とうし》の利《り》子弾力性《しだんりょくせい》）が大《おお》きいほど，クラウディング・アウトは大《おお》きくなる。

租税の体系

直接税と間接税

直接税❸

間接税❸

シャウプ勧告❶

直接税《ちょくせつぜい》とは，租税負担者《そぜいふたんしゃ》が国《くに》や地方公共団体《ちほうこうきょうだんたい》に直接《ちょくせつ》納《おさ》める税《ぜい》である。

間接税《かんせつぜい》とは，租税負担者《そぜいふたんしゃ》と納税者《のうぜいしゃ》が異《こと》なる税《ぜい》である。間接税《かんせつぜい》の直接負担者《ちょくせつふたんしゃ》は商品《しょうひん》の買《か》い手《て》である。納税者《のうぜいしゃ》は商品《しょうひん》の売《う》り手《て》である。

現在《げんざい》の日本《にほん》の税制《ぜいせい》は，1949年《ねん》の**シャウプ勧告《かんこく》**を基礎《きそ》としている。これにより，戦前《せんぜん》の間接税中心《かんせつぜいちゅうしん》の税制《ぜいせい》から，直接税中心主義《ちょくせつぜいちゅうしんしゅぎ》へと転換《てんかん》された。今後《こんご》は高齢化《こうれいか》の進展《しんてん》により，全世代《ぜんせだい》が負担《ふたん》する間接税《かんせつぜい》を増《ふ》やしていくことが必要《ひつよう》だと考《かんが》えられる。

資料 主要国の直間比率（国税＋地方税）

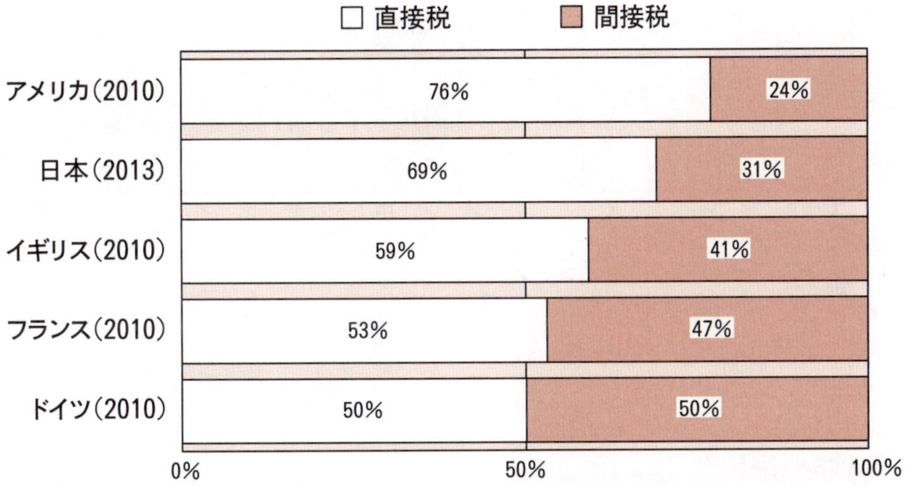

『世界図勢図会（2015／16）』より作成

資料のポイント

- アメリカや日本では，直接税の割合が高い。（国税＋地方税）
- 一方，ヨーロッパ諸国では，日米に比べ間接税の割合が高い。

所得税

所得税❸

所得税《しょとくぜい》は，**代表的《だいひょうてき》な直接税《ちょくせつぜい》**である。所得税《しょとくぜい》は累進《るいしん》課《か》税《ぜい》制度《せいど》を採用《さいよう》している。税金《ぜいきん》を負担《ふたん》する能力《のうりょく》に応《おう》じて課《か》税《ぜい》することで，公平《こうへい》を図《はか》っている。

消費税

消費税❸

逆進性❶

消費税《しょうひぜい》は，**代表的《だいひょうてき》な間接税《かんせつぜい》**である。誰《だれ》に対《たい》しても，同《おな》じだけの負担《ふたん》を求《もと》めているのが特徴《とくちょう》である。**所得《しょとく》が低《ひく》くなるにつれ相対的《そうたいてき》に負担《ふたん》が重《おも》くなる**，という**逆進性《ぎゃくしんせい》**を備《そな》えている。日本《にほん》においては，1989年《ねん》から，当初《とうしょ》は３％で導入《どうにゅう》された。2014年《ねん》に８％に引《ひ》き上《あ》げられた。

資料　主要国の消費税率（付加価値税率）※2014 年現在

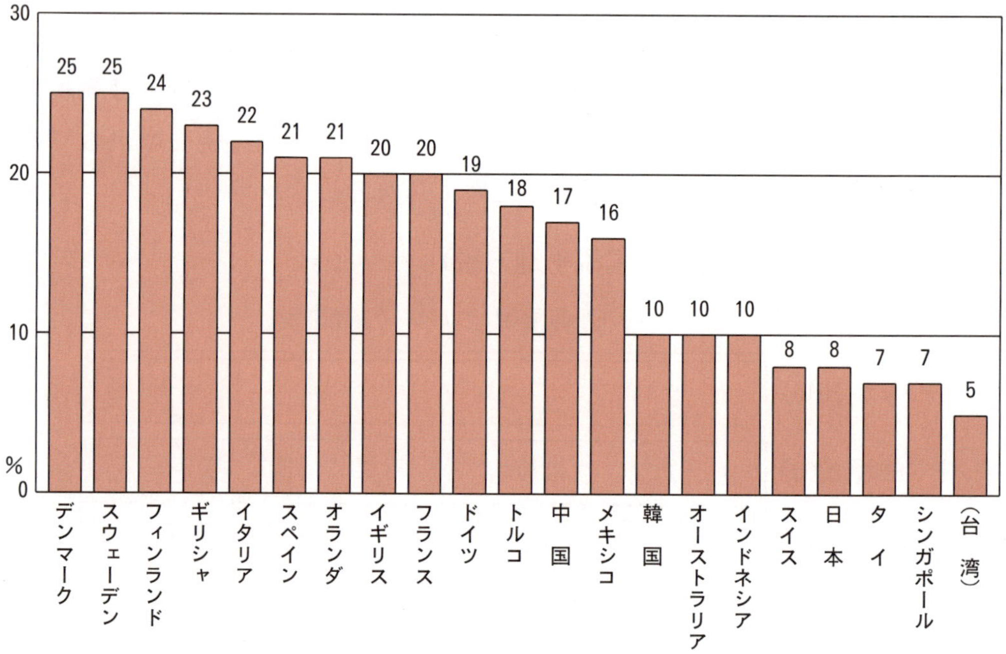

『世界図勢図会（2014／15)』より作成

資料のポイント

- 社会保障が手厚い北欧には消費税率の高い国が多い。
- アメリカは州ごとに消費税率が異なる。

公債の発行

公債❷

公債《こうさい》とは，国《くに》や地方公共団体《ちほうこうきょうだんたい》が，租税収入《そぜいしゅうにゅう》で歳出《さいしゅつ》をまかなうことができない場合《ばあい》に，資金《しきん》を調達《ちょうたつ》するために発行《はっこう》する債券《さいけん》のことである。

国《くに》が発行《はっこう》する国債《こくさい》については，1947年制定《ねんせいてい》の財政法《ざいせいほう》に定《さだ》められている。財政法《ざいせいほう》では，社会資本《しゃかいしほん》を整備《せいび》する目的《もくてき》の建設国債《けんせつこくさい》のみを認《みと》めており，歳入《さいにゅう》の不足分《ふそくぶん》を補《おぎな》う赤字国債《あかじこくさい》の発行《はっこう》は禁止《きんし》されている。そのため，政府《せいふ》は赤字国債《あかじこくさい》を発行《はっこう》するための財政特例法《ざいせいとくれいほう》を，1975年《ねん》に制定《せいてい》した。

日本《にほん》では，1990年代《ねんだい》を通《つう》じて国債《こくさい》の累積赤字発行額《るいせきあかじはっこうがく》が急増《きゅうぞう》した。財政《ざいせい》は極《きわ》めて不健全《ふけんぜん》な状態《じょうたい》にある。国債《こくさい》の利子支払《りししはら》いと償還《しょうかん》のための膨大《ぼうだい》な国債費《こくさいひ》は，財政《ざいせい》を圧迫《あっぱく》し，**財政**《ざいせい》**の硬直化**《こうちょくか》が問題《もんだい》となっている。

資料　日本の国債残高とＧＤＰに対する割合

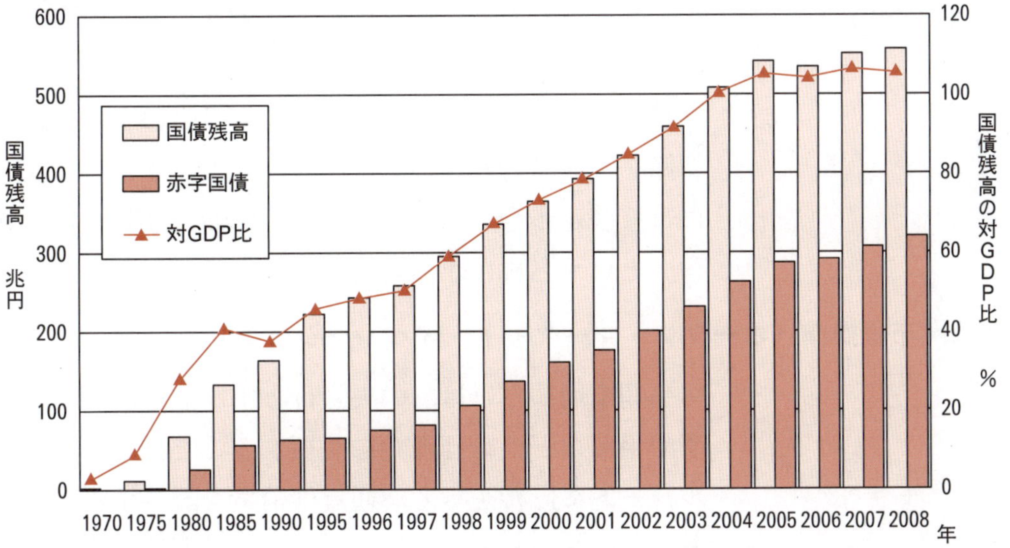

『日本の100年』，『日本図勢図会（2010／11）』より作成

資料のポイント

- 日本の国債残高の対ＧＤＰ比，赤字国債残高はいずれも増加の一途をたどっている。
- 新規の**赤字国債発行**が続くと，国債の信用低下にともなう価格の暴落と同時に，**金利上昇を招き，国民の負担が増大する恐れ**がある。

金融政策

金融政策《きんゆうせいさく》とは，一国《いっこく》の中央銀行《ちゅうおうぎんこう》が通貨供給量《つうかきょうきゅうりょう》を調節《ちょうせつ》して，景気《けいき》や物価《ぶっか》の安定《あんてい》を図《はか》る政策《せいさく》である。好景気《こうけいき》（好況《こうきょう》）のときには，通貨供給量《つうかきょうきゅうりょう》を減《へ》らし，景気《けいき》の過熱《かねつ》やインフレの進行《しんこう》を防《ふせ》ぐ（景気引締《けいきひきし》め）。不景気《ふけいき》（不《ふ》況《きょう》）のときには，通貨供給量《つうかきょうきゅうりょう》を増《ふ》やし，景気《けいき》の後退《こうたい》やデフレの進行《しんこう》を防《ふせ》ぐ（景気緩和《けいきかんわ》）。通貨供給量《つうかきょうきゅうりょう》の調節《ちょうせつ》には，以下《いか》の手段《しゅだん》がある。

公定歩合操作（金利政策）

公定歩合❸

公定歩合《こうていぶあい》とは，**中央銀行《ちゅうおうぎんこう》が市中銀行《しちゅうぎんこう》に資金《しきん》を貸《か》し出《だ》すときの利子率《りしりつ》**である。**景気引締《けいきひきし》め**の場合《ばあい》，中央銀行《ちゅうおうぎんこう》が**公定歩合《こうていぶあい》を上《あ》げる**ことで市中銀行《しちゅうぎんこう》の金利《きんり》が上《あ》がり，資金《しきん》を借《か》り入《い》れにくくなる。**景気緩和《けいきかんわ》**の場合《ばあい》，中央銀《ちゅうおうぎん》行《こう》が**公定歩合《こうていぶあい》を下《さ》げる**ことで市中銀行《しちゅうぎんこう》の金利《きんり》が下《さ》がり，資金《しきん》を借《か》り入《い》れやすくなる。このように，公定歩合《こうていぶあい》を上下《じょうげ》させることで，通貨供給量《つうかきょうきゅうりょう》を調節《ちょうせつ》する手段《しゅだん》を**公定《こうてい》歩合操作《ぶあいそうさ》**という。

公定歩合操作❸

1996年《ねん》に日本銀行《にほんぎんこう》では，**公定歩合操作《こうていぶあいそうさ》**による金融《きんゆう》の調節《ちょうせつ》を今後《こんご》は行《おこな》わないことを表明《ひょうめい》した。また，2006年《ねん》には「公定歩合《こうていぶあい》」から「基準割引率《きじゅんわりびきりつ》および基準貸付利《きじゅんかしつけり》率《りつ》」という名称《めいしょう》に改《あらた》められた。

公開市場操作（オープン・マーケット・オペレーション）

公開市場操作《こうかいしじょうそうさ》とは，中央銀行《ちゅうおうぎんこう》と市中銀行《しちゅうぎんこう》の間《あいだ》で，国《こく》債《さい》や手形《てがた》などの有価証券《ゆうかしょうけん》を売買《ばいばい》することにより，コールレートに影響《えいきょう》を与《あた》え，通貨供給量《つうかきょうきゅうりょう》を調節《ちょうせつ》する手段《しゅだん》である。コールレートとは，一般《いっぱん》の金融機関《きんゆうきかん》どうしで，短期的《たんきてき》に資金《しきん》を融通《ゆうづう》しあうときの金利《きんり》のことである。

売りオペレーション❷

中央銀行《ちゅうおうぎんこう》が市中銀行《しちゅうぎんこう》に有価証券《ゆうかしょうけん》を売《う》り出《だ》すことを**売《う》りオペレーション**という。売《う》りオペレーションでは，結果的《けっかてき》に**市中銀行《しちゅうぎんこう》の資金《しきん》が中央銀行《ちゅうおうぎんこう》に吸《す》い上《あ》げられる**ため，**景気引締《けいきひきし》め政策《せいさく》**として用《もち》いられる。一方《いっぽう》，中央《ちゅうおう》

トライ！ 過去問演習 問題８ ☞P148

買いオペレーション❷

銀行《ぎんこう》が市中銀行《しちゅうぎんこう》から有価証券《ゆうかしょうけん》を買《か》い入《い》れることを**買《か》いオペレーション**という。買《か》いオペレーションは，結果的《けっかてき》に**市中銀行《しちゅうぎんこう》に資金《しきん》が供給《きょうきゅう》される**ことになるので**景気緩和政策《けいきかんわせいさく》**として用《もち》いられる。

預金準備率操作

預金準備率（支払準備率）❷

預金準備率《よきんじゅんびりつ》（支払準備率《しはらいじゅんびりつ》）とは，市中銀行《しちゅうぎんこう》が受《う》け入《い》れた預金《よきん》のうち，中央銀行《ちゅうおうぎんこう》に再預金《さいよきん》しなければならない割合《わりあい》のことである。**景気引締《けいきひきし》め**の場合《ばあい》，中央銀行《ちゅうおうぎんこう》は**預金準備率《よきんじゅんびりつ》を上《あ》げる**ことで，市中銀行《しちゅうぎんこう》の貸《か》し出《だ》す資金《しきん》を減《へ》らす。**景気緩和《けいきかんわ》**の場合《ばあい》，中央銀行《ちゅうおうぎんこう》は**預金準備率《よきんじゅんびりつ》を下《さ》げる**ことで，市中銀行《しちゅうぎんこう》の貸《か》し出《だ》す資金《しきん》を増《ふ》やす。このように，預金準備率《よきんじゅんびりつ》を上下《じょうげ》させることで，通貨供給量《つうかきょうきゅうりょう》を調節《ちょうせつ》する手段《しゅだん》を**預金準備率操作《よきんじゅんびりつそうさ》**という。

要点整理 金融政策

公定歩合操作	不況期	公定歩合引き下げ
	好況期	公定歩合引き上げ
公開市場操作	不況期	買いオペレーション〔国債・手形等の買い上げ〕→資金供給
	好況期	売りオペレーション〔国債・手形等の売却〕→資金吸い上げ
預金準備率操作	不況期	預金準備率を下げる
	好況期	預金準備率を上げる

ポリシー・ミックス

財政政策《ざいせいせいさく》を頻繁《ひんぱん》に行《おこな》うことは，インフレや財政赤字《ざいせいあかじ》を常態化《じょうたいか》させる恐《おそ》れがある。一方《いっぽう》，金融政策《きんゆうせいさく》もバブル経済《けいざい》を発生《はっせい》させるなど，経済《けいざい》を混乱《こんらん》させる恐《おそ》れがある。政府《せいふ》は，それぞれの効果《こうか》と弊害《へいがい》を認識《にんしき》し，バランスよく財政政策《ざいせいせいさく》と金融政策《きんゆうせいさく》を組《く》み合《あ》わせなくてはならない。

ポリシー・ミックス❶

財政政策《ざいせいせいさく》と金融政策《きんゆうせいさく》を組《く》み合《あ》わせる経済政策《けいざいせいさく》を，**ポリシー・ミックス**という。

6 国民経済と国際経済

国民経済

家計❸
企業❸
政府❸

国民経済《こくみんけいざい》とは，一国《いっこく》を単位《たんい》として行《おこな》われる経済《けいざい》のしくみである。国民経済《こくみんけいざい》は，**家計**《かけい》・**企業**《きぎょう》・**政府**《せいふ》という3つの経済主体《けいざいしゅたい》からなる。**家計**《かけい》は，企業《きぎょう》や政府《せいふ》に労働力《ろうどうりょく》や資本《しほん》・土地《とち》を提供《ていきょう》し，賃金《ちんぎん》・利子《りし》・地代《ちだい》を得《え》て，消《しょう》費《ひ》や貯蓄《ちょちく》を行《おこな》う。**企業**《きぎょう》は，家計《かけい》から購入《こうにゅう》した生産要素《せいさんようそ》（労働力《ろうどうりょく》・資本《しほん》・土地《とち》）を利用《りよう》して，財《ざい》・サービスを生産《せいさん》し，家計《かけい》や政府《せいふ》に供給《きょうきゅう》する。**政府**《せいふ》は，家計《かけい》や企業《きぎょう》から税金《ぜいきん》を徴収《ちょうしゅう》し，財政《ざいせい》を機能《きのう》させて，経済《けいざい》の安定《あんてい》と成長《せいちょう》を図《はか》る。このように，3つの経済主体《けいざいしゅたい》は，それぞれに関連《かんれん》しながら，経済活動《けいざいかつどう》を行《おこな》っている。

要点整理 国民経済の循環

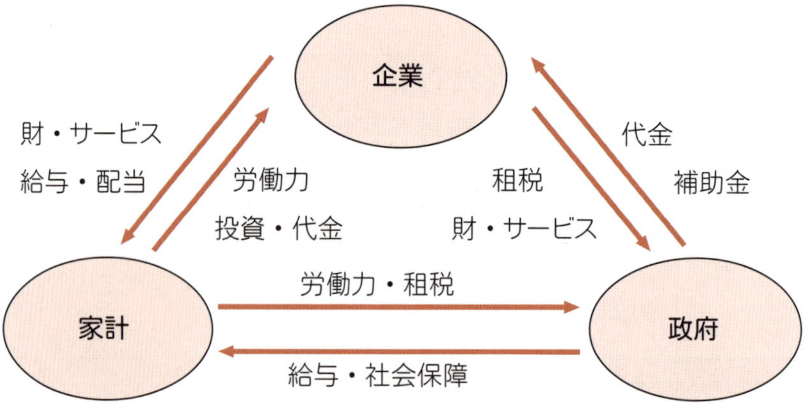

家計の経済活動

エンゲル係数❶

日本《にほん》のＧＤＥ（国内総支出《こくないそうししゅつ》）のうち，家計《かけい》の消費支《しょうひし》出《しゅつ》は約60%を占《し》める。家計《かけい》は消費活動《しょうひかつどう》の中心《ちゅうしん》であり，国民経済《こくみんけいざい》を支《ささ》える土台《どだい》となっている。家計《かけい》の消費支出《しょうひししゅつ》に占《し》める食料費《しょくりょうひ》の割合《わりあい》を**エンゲル係数**《けいすう》という。所得《しょとく》が高《たか》いほどエンゲル係数《けいすう》は小《ちい》さい傾向《けいこう》にあるため，家計《かけい》の生活水準《せいかつすいじゅん》が表《あらわ》される。

家計《かけい》の支出《ししゅつ》には，消費支出以外《しょうひししゅついがい》に,税金《ぜいきん》や社会保険《しゃかいほけん》料《りょう》・借金《しゃっきん》の利子《りし》などの非消費支出《ひしょうひししゅつ》もある。所得《しょとく》に余裕《よゆう》がある場合《ばあい》は，将来《しょうらい》の支出《ししゅつ》に備《そな》えて，所得《しょとく》の一部《いちぶ》は貯《ちょ》蓄《ちく》される。日本人《にほんじん》は貯蓄率《ちょちくりつ》が高《たか》いといわれており，家《か》計《けい》の貯蓄《ちょちく》は企業《きぎょう》の重要《じゅうよう》な資金源《しきんげん》となっている。

企業の経済活動

企業の概要

企業《きぎょう》は，どのような資本《しほん》によって設立《せつりつ》されたかによって，私企業《しきぎょう》・公企業《こうきぎょう》・公私合同企業《こうしごうどうきぎょう》の3つに分類《ぶんるい》される。**私企業《しきぎょう》**（第《だい》2セクター）とは，一般《いっぱん》の民間人《みんかんじん》が設《せつ》立《りつ》した企業《きぎょう》である。**公企業《こうきぎょう》**（第《だい》1セクター）とは，国《くに》や地方公共団体《ちほうこうきょうだんたい》が設立《せつりつ》した企業《きぎょう》である。**公私合同企業《こうしごうどうきぎょう》**（第《だい》3セクター）とは，政府《せいふ》の公的資金《こうてきしきん》と個人《こじん》や会社《かいしゃ》の民間資金《みんかんしきん》を合《あ》わせて設立《せつりつ》した企業《きぎょう》である。

M&A❶

他《ほか》の企業《きぎょう》を買収《ばいしゅう》・合併《がっぺい》することを**M&A**（買収《ばいしゅう》・合《がっ》併《ぺい》）という。M&Aは，生産《せいさん》の規模《きぼ》を大《おお》きくすることで商品一単位《しょうひんいちたんい》あたりの生産費《せいさんひ》が安《やす》くなる，という**規模《きぼ》の利益《りえき》**（スケール・メリット）を得《え》たり，事業展開《じぎょうてんかい》を多角化《たかくか》したりするために行《おこな》われる。

株式会社

株式会社❸
株主❸
有限責任❷
株主総会❷

資本主義経済《しほんしゅぎけいざい》において中心的《ちゅうしんてき》な企業形態《きぎょうけいたい》は，**株式会《かぶしきがい》社《しゃ》**である。株式会社《かぶしきがいしゃ》の出資者《しゅっししゃ》は**株主《かぶぬし》**であり，彼らは出《しゅっ》資金《しきん》の範囲内《はんいない》でしか責任《せきにん》を負《お》わない（**有限責任《ゆうげんせきにん》**）。株《かぶ》式会社《しきがいしゃ》の最高意思決定機関《さいこういしけっていきかん》を**株主総会《かぶぬしそうかい》**といい，株主《かぶぬし》には**一株《ひとかぶ》につき一議決権《いちぎけつけん》**が与《あた》えられる。

今日《こんにち》の株式会社《かぶしきがいしゃ》では，資本《しほん》の所有者《しょゆうしゃ》と実際《じっさい》の経営者《けいえいしゃ》は異《こと》なることが多《おお》い（**所有《しょゆう》と経営《けいえい》の分離《ぶんり》**）。

国際経済

国際分業

国際経済《こくさいけいざい》の中《なか》では，国《くに》と国《くに》は分業関係《ぶんぎょうかんけい》にあると考《かんが》えられる。貿易《ぼうえき》により，自国《じこく》よりも安《やす》い商品《しょうひん》や自国《じこく》では生産《せいさん》されない商品《しょうひん》を輸入《ゆにゅう》し，自国《じこく》で安《やす》く生産《せいさん》できる商《しょう》品《ひん》を輸出《ゆしゅつ》することで，各国《かっこく》に利益《りえき》がもたらされる（**国《こく》際分業《さいぶんぎょう》の利益《りえき》**）。

工業製品《こうぎょうせいひん》を生産《せいさん》する先進国《せんしんこく》と，農産物《のうさんぶつ》や原材料《げんざいりょう》などの一次産品《いちじさんぴん》を生産《せいさん》する発展途上国《はってんとじょうこく》との間《あいだ》で行《おこな》われる分《ぶん》業《ぎょう》を，**垂直的分業《すいちょくてきぶんぎょう》**という。また，工業製品《こうぎょうせいひん》を生産《せいさん》する先進国《せんしんこく》どうしの間《あいだ》で行《おこな》われる分業《ぶんぎょう》を，**水平的分業《すいへいてきぶんぎょう》**という。

自由貿易と保護貿易

自由貿易❷
保護貿易❷
リカード❸
比較生産費説❸
経済学及び課税の原理❶
リスト❶
経済発展段階説❶

自由貿易《じゆうぼうえき》とは，国家《こっか》が市場《しじょう》に介入《かいにゅう》することなく，自《じ》由《ゆう》に貿易《ぼうえき》が行《おこな》われることである。一方《いっぽう》，**保護貿易《ほごぼうえき》**とは，国内産業《こくないさんぎょう》を保護《ほご》・育成《いくせい》するため，国家《こっか》が輸入数量制限《ゆにゅうすうりょうせいげん》や関税《かんぜい》などにより，貿易《ぼうえき》に制限《せいげん》を加《くわ》えることである。

自由貿易《じゆうぼうえき》を理論的《りろんてき》に支持《しじ》したのが，**リカード**の**比較《ひかく》生産費説《せいさんひせつ》**である。これは「ある財《ざい》の生産《せいさん》に関《かん》してより少《すく》ない費用《ひよう》で生産《せいさん》できる国《くに》は，その財《ざい》の生産《せいさん》において**比較優位《ひかくゆうい》**を持《も》つ，という。比較優位《ひかくゆうい》となる財《ざい》に各国《かっこく》が特化《とっか》して生産《せいさん》をすれば，各国合計《かっこくごうけい》の総生産量《そうせいさんりょう》は増加《ぞうか》し，経済《けいざい》の規模《きぼ》を拡大《かくだい》させることができる」という説《せつ》である。リカードは『**経済学及《けいざいがくおよ》び課税《かぜい》の原理《げんり》**』において，国際分業《こくさいぶんぎょう》の利益《りえき》を得《え》るためには比較生産費説《ひかくせいさんひせつ》に基《もと》づく自由貿易《じゆうぼうえき》が必要《ひつよう》だ，と主張《しゅちょう》した。

これに対抗《たいこう》し，**保護貿易《ほごぼうえき》を理論的《りろんてき》に支持《しじ》**したのが，**リスト**の**経済発展段階説《けいざいはってんだんかいせつ》**である。これは，比較生産費《ひかくせいさんひ》説《せつ》は先進工業国《せんしんこうぎょうこく》であるイギリスには有利《ゆうり》であるが，後《こう》進工業国《しんこうぎょうこく》であるドイツにとっては，いつまでも産業《さんぎょう》が育《そだ》たない恐《おそ》れをともなうものだと訴《うった》える説《せつ》である。リストは『**政治経済学《せいじけいざいがく》の国民的体系《こくみんてきたいけい》**』において，幼稚産《ようちさん》業《ぎょう》の保護《ほご》・育成《いくせい》のためには，保護貿易《ほごぼうえき》が必要《ひつよう》だと主張《しゅちょう》した。

国際収支

国際収支❸
経常収支❸
資本収支❸

国際収支《こくさいしゅうし》とは，ある国《くに》が一定期間《いっていきかん》に外国《がいこく》と行《おこな》った，貨幣《かへい》の受取《うけと》りと支払《しはら》いを記録《きろく》したものである。これは，「**経常収支《けいじょうしゅうし》**」と「**資本収支《しほんしゅうし》**」に大別《たいべつ》される。これらの

トライ！ 過去問演習 問題9 ☞P149

外貨準備❶

内訳《うちわけ》は，下《した》の表《ひょう》のとおりである。また，「外貨準備《がいかじゅんび》増《ぞう》減《げん》」は，政府《せいふ》や中央銀行《ちゅうおうぎんこう》の対外支払《たいがいしはら》いのための準備《じゅんび》の増減《ぞうげん》である。「誤差脱漏《ごさだつろう》」は，統計上《とうけいじょう》の誤差《ごさ》などである。従《したが》って，国際収支全体《こくさいしゅうしぜんたい》では，

経常収支＋資本収支＋外貨準備増減＋誤差脱漏＝0

が成立《せいりつ》する。

近年の国際収支の動向

近年《きんねん》の**日本《にほん》の経常収支《けいじょうしゅうし》**は，発展《はってん》するアジア諸国向《しょこくむ》けのハイテク部品《ぶひん》の輸出増《ゆしゅつぞう》により**貿易収支《ぼうえきしゅうし》は黒字《くろじ》**，投資《とうし》の収益《しゅうえき》による**所得収支《しょとくしゅうし》も黒字《くろじ》**で，結果的《けっかてき》に経常収支《けいじょうしゅうし》は高水準《こうすいじゅん》の黒字《くろじ》となっている。

一方《いっぽう》，**資本収支《しほんしゅうし》**は，日本企業《にほんきぎょう》が直接投資《ちょくせつとうし》によって現《げん》地法人《ちほうじん》や生産拠点《せいさんきょてん》を設《もう》けたり，証券投資《しょうけんとうし》などの間接投《かんせつとう》資《し》が盛《さか》んであったりするため，**赤字《あかじ》で推移《すいい》**している。**アメリカ**の場合《ばあい》，日本《にほん》とは逆《ぎゃく》で，**経常収支《けいじょうしゅうし》は赤字《あかじ》，資《し》本収支《ほんしゅうし》は黒字《くろじ》**となっている。

要点整理 **日本の国際収支の体系**　（単位　億円）

経常収支	132,782
Ⅰ貿易・サービス収支（①＋②）	21,196
①貿易収支（A－B）	40,611
A輸出	508,403
B輸入	467,791
②サービス収支	－19,415
Ⅱ所得収支	123,229
Ⅲ経常移転収支	－11,643
資本収支	－127,323
Ⅰ投資収支（①＋②＋③＋④）	－122,670
①直接投資	－59,142
②証券投資	－203,382
③金融派生商品	9,872
④そのほか投資	129,981
Ⅱそのほか資本収支	－4,653
外貨準備増減	－25,265
誤差脱漏	19,806

『日本国勢図会（2010/11）』より作成

＊貿易収支…商品の輸出入による収支
＊サービス収支…輸送・旅行などのサービスに関わる収支
＊所得収支…雇用者報酬，利子・配当などの投資収益に関わる収支
＊経常移転収支…食料・医療品等の援助，労働者送金などに関わる収支

資料　日本の国際収支の推移　（単位　億円）

	1985年	1990年	1995年	2000年	2005年	2010年
貿易収支	129,517	100,529	123,445	125,634	103,348	95,160
資本収支	−130,134	−48,679	−62,754	−94,233	−140,068	−29,513
サービス収支	−22,781	−61,899	−53,898	−51,336	−26,418	−30,801
所得収支	16,036	32,874	41,573	65,052	113,817	125,256

『日本図勢図会（2015／16）』より作成

資料のポイント

－日本の国際収支の特徴－

- **貿易収支**は例年黒字で推移しているが，製造業がその生産拠点を海外に移転する傾向が強まり，**近年その黒字幅は縮小傾向**にある。
- **サービス収支は例年赤字**である。
- 対外債権の保有残高が高水準であるため，その投資収益が含まれる**所得収支は例年黒字**である。

資料　主要国の経常収支の推移（単位　億ドル）

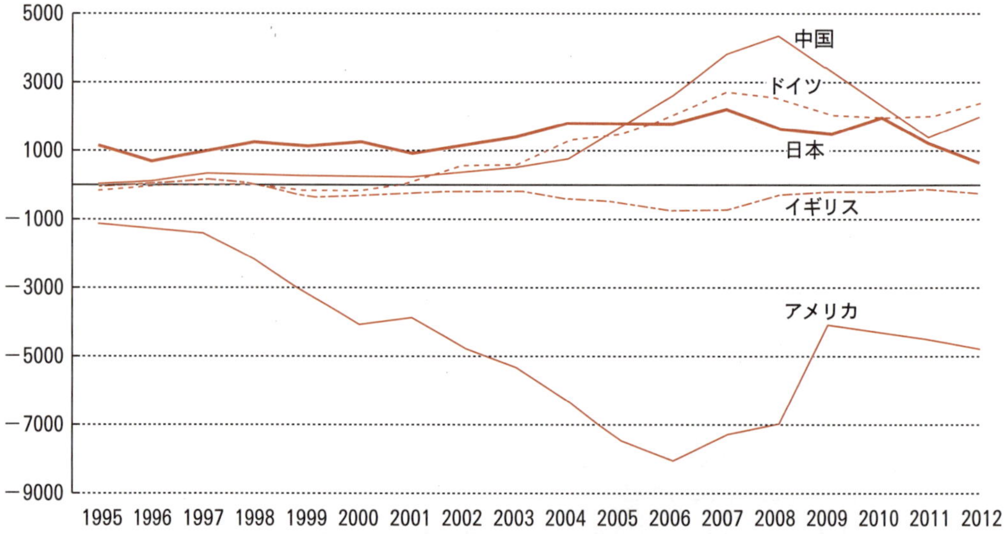

『世界図勢図会（2014／2015）』より作成

資料のポイント

- アメリカは世界最大の経常収支赤字国であると同時に，世界最大の資本収支黒字国でもある。**中国は経常収支，資本収支ともに黒字**である。

国際通貨体制

外国為替相場

外国為替相場（為替レート）❷
固定相場制❸
変動相場制❸
購買力平価説❶
内外価格差❶

外国《がいこく》と取引《とりひき》を行《おこな》うには，自国《じこく》の通貨《つうか》と外国《がいこく》の通貨《つうか》を交換《こうかん》する必要《ひつよう》がある。このとき，両国《りょうこく》の通貨《つうか》の交換比《こうかんひ》率《りつ》を，**外国為替相場《がいこくかわせそうば》（為替《かわせ》レート）**という。外国為替《がいこくかわせ》相場《そうば》を一定値《いっていち》に固定《こてい》しておく制度《せいど》を**固定相場制《こていそうばせい》**，外国《がいごく》為替相場《かわせそうば》が外国《がいこく》の通貨《つうか》などの需要《じゅよう》と供給《きょうきゅう》によって決定《けってい》される制度《せいど》を**変動相場制《へんどうそうばせい》**という。

1単位《たんい》の通貨《つうか》でどれだけ商品《しょうひん》を買《か》うことができるか（購買力《こうばいりょく》），を国《くに》どうしで比較《ひかく》することで，外国為替相《がいこくかわせそう》場《ば》が決《き》まる，という考《かんが》え方《かた》を**購買力平価説《こうばいりょくへいかせつ》**という。円《えん》の国内《こくない》における購買力《こうばいりょく》と，円《えん》を外貨《がいか》に交換《こうかん》して国外《こくがい》で使《つか》う場合《ばあい》の購買力《こうばいりょく》の格差《かくさ》を，**内外価格差《ないがいかかくさ》**とよぶ。

発展

購買力平価《こうばいりょくへいか》として有名《ゆうめい》なものに，各国《かっこく》のマクドナルドで販売《はんばい》されるビッグマックの価格《かかく》を基準《きじゅん》とする「ビッグマック指数《しすう》」がある。

例《たと》えば，ビッグマックの価格《かかく》が日本《にほん》では250円《えん》，アメリカでは2ドルで販《はん》売《ばい》されていたとする。このとき，ビッグマック指数《しすう》は日本円《にほんえん》：アメリカドルで250円《えん》：2ドル＝125円《えん》：1ドルとなる。同じ時点《じてん》で，外国為替相場《がいこくかわせそうば》が110円《えん》＝1ドルであった場合《ばあい》，ビッグマック指数《しすう》に比《くら》べて円高《えんだか》である。ビッグマックの内外価格差《ないがいかかくさ》の実態《じったい》を示《しめ》す125円《えん》＝1ドルに向《む》けて円安《えんやす》が進《すす》む可能性《かのうせい》があると考《かんが》えることができる。このほか，「コカコーラ指数《しすう》」「iPod指数《しすう》」などがある。

円高と円安

円高❸
円安❸

円《えん》の価値《かち》が高《たか》くなることを**円高《えんだか》**，円《えん》の価値《かち》が安《やす》くなることを**円安《えんやす》**という。一般《いっぱん》に，円高《えんだか》は国際収支《こくさいしゅうし》の黒字《くろじ》や日本国内《にほんこくない》の金利上昇《きんりじょうしょう》により起《お》こり，円安《えんやす》は国際収支《こくさいしゅうし》の赤字《あかじ》や日本国内《にほんこくない》の金利《きんり》下落《げらく》により起《お》こる。

円高《えんだか》になると，輸入品《ゆにゅうひん》の価格《かかく》が下《さ》がって**輸入《ゆにゅう》が増《ふ》え**，輸出品《ゆしゅつひん》の外国《がいこく》での価格《かかく》が上《あ》がって**輸出《ゆしゅつ》が減《へ》る**。一方《いっぽう》，

円高不況❶
円高差益❶

円安《えんやす》になると，輸入品《ゆにゅうひん》の価格《かかく》が上《あ》がって**輸入《ゆにゅう》が減《へ》り**，輸出品《ゆしゅつひん》の外国《がいこく》での価格《かかく》が下《さ》がって**輸出《ゆしゅつ》が増《ふ》える**。輸入《ゆにゅう》品《ひん》の価格《かかく》は国産品《こくさんひん》の価格《かかく》にも影響《えいきょう》を与《あた》えるため，円高《えんだか》のときは**国内物価《こくないぶっか》が下《さ》がり**，円安《えんやす》のときは**国内物価《こくないぶっか》が上《あ》がる**。

円高《えんだか》によって輸出産業《ゆしゅつさんぎょう》が打撃《だげき》を受《う》け，それが一国《いっこく》の景気全体《けいきぜんたい》に波及《はきゅう》すると，円高不況《えんだかふきょう》とよばれる不況《ふきょう》になる。また，円高《えんだか》によって輸入価格《ゆにゅうかかく》が下《さ》がると，輸入品《ゆにゅうひん》販売企業《はんばいきぎょう》などは円高差益《えんだかさえき》とよばれる利益《りえき》を受《う》けることになる。

要点整理 為替相場と貿易との関係（＄１＝￥100 を基準として）

円ドル相場	状況	影響・効果	
＄１＝￥80	円高・ドル安	輸出	日本からの輸出品はアメリカでは割高になる → 輸出減
↑ ＄１＝￥100 ↓		輸入	アメリカからの輸入品は割安になる → 輸入増
	円安・ドル高	輸出	日本からの輸出品はアメリカでは割安になる → 輸出増
＄１＝￥120		輸入	アメリカからの輸入品は割高になる → 輸入減

要点整理 円高・円安の要因

円高の要因	日本国内の金利上昇・経常収支の黒字・財政の黒字
円安の要因	日本国内の金利下落・経常収支の赤字・財政の赤字

国際通貨体制の変遷

金本位制❷
世界恐慌❸
ブレトン・ウッズ協定❷
国際通貨基金（ＩＭＦ）❸
国際復興開発銀行（ＩＢＲＤ）❷

1816年《ねん》，イギリスで最初《さいしょ》に採用《さいよう》された金本位制《きんほんいせい》は，一国《いっこく》の通貨《つうか》を一定量《いっていりょう》の金《きん》と結《むす》びつけ，物価水準《ぶっかすいじゅん》と外国《がいこく》為替相場《かわせそうば》を安定《あんてい》させる制度《せいど》であった。金本位制《きんほんいせい》は世界《せかい》中《じゅう》に広《ひろ》まったが，**国際流動性《こくさいりゅうどうせい》（世界《せかい》の通貨量《つうかりょう》）が金《きん》の供給量《きょうきゅうりょう》によって決《き》まってしまう**という短所《たんしょ》があった。1929年《ねん》に発生《はっせい》した世界恐慌《せかいきょうこう》による不況《ふきょう》のときに，金本《きんほん》位制《いせい》のもとでは自由《じゆう》な金融緩和政策《きんゆうかんわせいさく》をとることができなかったため，金本位制《きんほんいせい》は放棄《ほうき》された。

1944年《ねん》，ブレトン・ウッズ協定《きょうてい》が結《むす》ばれ，ＩＭＦ（国際通貨基金《こくさいつうかききん》）とＩＢＲＤ（国際復興開発銀行《こくさいふっこうかいはつぎんこう》）の設立《せつりつ》が合意《ごうい》された。第二次世界大戦後《だいにじせかいたいせんご》の，ＩＭＦとＩＢＲＤを基盤《きばん》とする国際通貨体制《こくさいつうかたいせい》を，ブレトン・ウッズ体制《たいせい》という。この体制《たいせい》では，金《きん》とドル，ドルと各国《かっこく》通貨《つうか》を結《むす》びつけ，ドルを基軸通貨《きじくつうか》とした固定相場制《こていそうばせい》が採用《さいよう》された。しかし，1960年代《ねんだい》になると，アメリカの経常収支《けいじょうしゅうし》が急速《きゅうそく》に悪化《あっか》し，アメリカの保有《ほゆう》する金《きん》が激減《げきげん》した。**1971年《ねん》**８月《がつ》，アメリカのニクソン大統領《だいとうりょう》は，**金《きん》とドルとの交換停止《こうかんていし》**を発表《はっぴょう》した（**ニクソン＝ショック**）。これにより，変動相場制《へんどうそうばせい》がとられるようになった。

- 金ドル交換停止❶
- ニクソン＝ショック❷

1971年《ねん》12月《がつ》，再《ふたた》び，新《あら》たな基準《きじゅん》のもとでの固定相場制《こていそうばせい》の回復《かいふく》を約束《やくそく》する**スミソニアン協定《きょうてい》**が結《むす》ばれたが，ドルに対《たい》する信用《しんよう》は回復《かいふく》せず，1973年《ねん》には，主要国《しゅようこく》が，ふたたび，変動相場制《へんどうそうばせい》に移行《いこう》しはじめた。**1976年《ねん》**には，**キングストン合意《ごうい》**によって**変動相場制《へんどうそうばせい》が正式《せいしき》に承認《しょうにん》**された。そして国際通貨体制《こくさいつうかたいせい》は新《あたら》しくキングストン体制《たいせい》に移行《いこう》した。

- スミソニアン協定❷

1985年《ねん》，アメリカが純債務国《じゅんさいむこく》に転落《てんらく》したことを受《う》け，**Ｇ５**（アメリカ・イギリス・西《にし》ドイツ（当時《とうじ》）・フランス・日本《にほん》）は，外国為替市場《がいこくかわせしじょう》への介入《かいにゅう》によってドル高《だか》を是正《ぜせい》することを合意《ごうい》した（**プラザ合意《ごうい》**）。この結果《けっか》，円高《えんだか》が急激《きゅうげき》に進行《しんこう》し，日本《にほん》では**円高不況《えんだかふきょう》**が発生《はっせい》した。**1987年《ねん》**には，Ｇ７（Ｇ５・イタリア・カナダ）が，プラザ合意《ごうい》による急激《きゅうげき》なドル安《やす》の進行《しんこう》を抑制《よくせい》することで合意《ごうい》した（**ルーブル合意《ごうい》**）。このころ，円高不況《えんだかふきょう》を受《う》けて金融緩和政策《きんゆうかんわせいさく》を行《おこな》っていた日本《にほん》では，**バブル経済《けいざい》**とよばれる大型《おおがた》の好景気《こうけいき》を迎《むか》えた。

- Ｇ５❷
- プラザ合意❸
- ルーブル合意❶
- バブル経済❸

発展　金本位制

金本位制《きんほんいせい》とは，国家《こっか》が保有《ほゆう》する金《きん》と通貨《つうか》を一定量《いっていりょう》で交換《こうかん》できる制度《せいど》のことである。通貨《つうか》は保有《ほゆう》する金《きん》の量《りょう》の範囲内《はんいない》でのみ発行《はっこう》できる。第二次世界大戦後《だいにじせかいたいせんご》，アメリカには世界《せかい》の約《やく》75％の金《きん》があったとされていた。そのため，ドルの価値《かち》を安定《あんてい》させることができ，基軸通貨《きじくつうか》としてのドルの信用《しんよう》を獲得《かくとく》した。（金《きん》ドル本位制《ほんいせい》）

金本位制《きんほんいせい》の長所《ちょうしょ》としては，通貨《つうか》の価値《かち》が安定《あんてい》することで，インフレーションが起《お》こりにくくなることが挙《あ》げられる。一方《いっぽう》で，短所《たんしょ》としては，輸入《ゆにゅう》の増加《ぞうか》により金《きん》が国外《こくがい》へ流出《りゅうしゅつ》して通貨《つうか》が発行《はっこう》できなくなり，デフレーションが起《お》きてしまうことが挙《あ》げられる。

要点整理　ＩＭＦ体制の変遷

西暦	重要事項	内　容
1929	金本位制の廃止	世界恐慌が原因
1944	ブレトン＝ウッズ協定	ＩＭＦ（国際通貨基金）とＩＢＲＤ（国際復興開発銀行）設立を合意
1971	ニクソン・ショック（8月）	アメリカ大統領ニクソンによる金ドル交換停止に伴う世界規模の経済混乱→変動相場制への移行
1971	スミソニアン協定（12月）	固定相場制回復を約束→ドルの信用回復せず
1976	キングストン合意	変動相場制の正式承認→キングストン体制への移行
1985	プラザ合意	外国為替市場介入によるドル高是正への合意
1987	ルーブル合意	急激なドル安進行の抑制の合意

アジア通貨危機

通貨危機❷

1997年《ねん》，タイの通貨《つうか》であるバーツが大幅《おおはば》に切《き》り下《さ》げられ，外貨《がいか》が大量《たいりょう》に海外《かいがい》に流出《りゅうしゅつ》した。このタイで発生《はっせい》した**通貨危機**《つうかきき》は，すぐにインドネシア・シンガポール・マレーシア・韓国《かんこく》・香港《ほんこん》などに波及《はきゅう》し，東南《とうなん》・東《ひがし》アジア全体《ぜんたい》に通貨危機《つうかきき》をもたらした。さらにこの影響《えいきょう》により，1998年《ねん》には**ロシア通貨危機**《つうかきき》，1999年《ねん》にはブラジル通貨危機《つうかきき》が発生《はっせい》した。

国際貿易体制

ＧＡＴＴ（関税及び貿易に関する一般協定）

ＧＡＴＴ❸
ブロック経済❷
ケネディ・ラウンド❷
東京・ラウンド❷

1947年《ねん》に調印《ちょういん》された，貿易問題《ぼうえきもんだい》を扱《あつか》う協定《きょうてい》を**ＧＡＴＴ**という。これは，戦前《せんぜん》の**ブロック経済**《けいざい》などの保護貿易主義《ほごぼうえきしゅぎ》を反省《はんせい》し，輸入制限《ゆにゅうせいげん》の撤廃《てっぱい》や関税《かんぜい》の軽減《けいげん》など，自由貿易《じゆうぼうえき》の推進《すいしん》を目的《もくてき》とした協定《きょうてい》である。**1964～67年**《ねん》の**ケネディ・ラウンド**では工業製品の，**平均約**《へいきんやく》**35%の関税引下**《かんぜいひきさ》**げ**が合意《ごうい》された。1973～79年《ねん》の**東京**《とうきょう》**・ラウン**

トライ！ 過去問演習 問題11 ☞P150

ウルグアイ・ラウンド③

ドでは，輸入制限《ゆにゅうせいげん》などの**非関税障壁《ひかんぜいしょうへき》の軽減《けいげん》・撤廃《てっぱい》**が合《ごう》意《い》された。1986年《ねん》からの**ウルグアイ・ラウンド**では，関税引下《かんぜいひきさ》げのみならず，**農産物《のうさんぶつ》，サービス貿易《ぼうえき》や知的《ちてき》所有権《しょゆうけん》，海外投資《かいがいとうし》**などについても交渉対象《こうしょうたいしょう》を拡大《かくだい》した。このとき，日本《にほん》はコメの部分自由化《ぶぶんじゆうか》に合意《ごうい》した。

WTO（世界貿易機関）

世界貿易機関(WTO)③

GATTの**ウルグアイ・ラウンド**では，GATTに代《か》わって**世界貿易機関《せかいぼうえききかん》（WTO）を設立《せつりつ》することが合《ごう》意《い》**された。これは，GATTにはサービス貿易《ぼうえき》や知的《ちてき》財産権《ざいさんけん》，海外投資《かいがいとうし》といった新分野《しんぶんや》に関《かん》する規定《きてい》がなかったことや，GATTの紛争処理能力《ふんそうしょりのうりょく》が低《ひく》かったことを受《う》けての決定《けってい》であった。各国《かっこく》の協定《きょうてい》にすぎなかったGATTよりも拘束力《こうそくりょく》を強《つよ》めるため，1995年《ねん》に正式《せいしき》な国《こく》際機関《さいきかん》としてWTOが誕生《たんじょう》した。

ドーハ・ラウンド②

2001年《ねん》に開始《かいし》したWTOの**ドーハ・ラウンド**では，農産物《のうさんぶつ》の市場開放等《しじょうかいほうとう》が検討課題《けんとうかだい》となっている。交渉《こうしょう》は難航《なんこう》しており，現在凍結《げんざいとうけつ》されている。

資料 国際貿易体制の年表

期間	名称	合意内容
1964〜67年	ケネディ・ラウンド	工業製品の関税引下げ率平均35%を合意
1973〜79年	東京・ラウンド	非関税障壁の軽減・撤廃
1986〜94年	ウルグアイ・ラウンド	交渉対象を農産物，サービス貿易，知的所有権にも拡大 WTO（世界貿易機関）設立合意

3　現代の政治

1　民主主義の原理

民主政治の形成過程

16〜18世紀の絶対主義

絶対主義❷

16〜18世紀《せいき》のヨーロッパでは，国王《こくおう》が中央集権《ちゅうおうしゅうけん》を進《すす》めた。この政治体制《せいじたいせい》を**絶対主義《ぜったいしゅぎ》**（絶対王政《ぜったいおうせい》）という。

法の支配

法の支配❸
立憲政治❶
法治主義❷

絶対主義《ぜったいしゅぎ》の下《もと》では，国王自《こくおうみずか》らが法《ほう》の制定《せいてい》を行《おこな》い，国民《こくみん》の自由《じゆう》を法《ほう》で拘束《こうそく》した。これを「**人《ひと》の支配《しはい》**」という。

しかし，17世紀《せいき》のイギリスでは，国王《こくおう》も国民《こくみん》も等《ひと》しく拘束《こうそく》し，権力《けんりょく》の濫用《らんよう》を防《ふせ》ぐ，「**法《ほう》の支配《しはい》**」という考《かんが》え方《かた》が登場《とうじょう》した。「法《ほう》の支配《しはい》」は，市民革命後《しみんかくめいご》に**立憲政治《りっけんせいじ》**という形《かたち》で結実《けつじつ》した。

ドイツでは，議会《ぎかい》で制定《せいてい》した法《ほう》に誰《だれ》もが従《したが》わなければならず，また，法《ほう》の制定《せいてい》の手続《てつづ》きを重視《じゅうし》した，「**法治主義《ほうちしゅぎ》**」という考《かんが》え方《かた》が生《う》まれた。

近代民主政治の萌芽

社会契約説❷
自然権❷
ホッブズ❸
リヴァイアサン❷

絶対主義《ぜったいしゅぎ》を思想的《しそうてき》に支《ささ》えた王権神授説《おうけんしんじゅせつ》に対《たい》して，**自然権思想《しぜんけんしそう》**と**社会契約説《しゃかいけいやくせつ》**が結《むす》びつき，王権神授説《おうけんしんじゅせつ》の批判《ひはん》を行《おこな》った。

自然権《しぜんけん》とは，**人間《にんげん》が生来《せいらい》より持《も》っている権利《けんり》**のことである。例《たと》えば，生命《せいめい》・自由《じゆう》・財産《ざいさん》・幸福追求《こうふくついきゅう》などの諸権利《しょけんり》は，人間《にんげん》が生《い》きるために最低限必要《さいていげんひつよう》な権利《けんり》である。

社会契約説《しゃかいけいやくせつ》は，ホッブズ，ロック，ルソーらによって唱《とな》えられた政治理論《せいじりろん》である。**市民革命《しみんかくめい》を支《ささ》える思想《しそう》**となった。

ホッブズは，『**リヴァイアサン**』を著《あらわ》し，人間《にんげん》が平和《へいわ》を作《つく》り出《だ》すために契約《けいやく》して国家《こっか》を形成《けいせい》し，国家《こっか》（国王《おう》）に絶対的《ぜったいてき》な権力《けんりょく》を与《あた》えることの必要性《ひつようせい》を主張《しゅちょう》した。

ロック❸
市民政府二論❷
抵抗権(革命権)❷
ルソー❸
社会契約論❷
モンテスキュー❸
法の精神❸
三権分立❸

ロックは,『**市民政府二論**《しみんせいふにろん》』を著《あらわ》し,「人間《にんげん》は各自《かくじ》の自然権《しぜんけん》を守《まも》るために契約《けいやく》によって国家《こっか》(政府《せいふ》)を形成《けいせい》する」と説《と》いた。但《ただ》し,彼《かれ》は,国民《こくみん》の自然権《しぜんけん》を侵害《しんがい》するような,国家《こっか》(政府《せいふ》)の権力濫用《けんりょくらんよう》の動《うご》きに対《たい》して,国民《こくみん》に**抵抗権**《ていこうけん》**(革命権**《かくめいけん》**)**を認《みと》めた。

ルソーは,『**社会契約論**《しゃかいけいやくろん》』を著《あらわ》し,**人民主権**《じんみんしゅけん》(国民主権《こくみんしゅけん》)を主張《しゅちょう》して,民主主義社会《みんしゅしゅぎしゃかい》の実現《じつげん》を望《のぞ》んだ。

また,**モンテスキュー**は,『**法**《ほう》**の精神**《せいしん》』を著《あらわ》し,権力《けんりょく》の濫用《らんよう》を防《ふせ》ぐために**三権分立**《さんけんぶんりつ》を主張《しゅちょう》した。

要点整理

近代民主主義の形成過程

絶対主義国家(16～18世紀):・王権神授説,重商主義,「人の支配」
↓
市民革命(17～18世紀):・社会契約説の登場,「法の支配」
↓
近代市民国家(17～19世紀)

社会契約説の比較

人名/生没年	主な著書	主張
ホッブズ(英:1588～1679年)	『リヴァイアサン』	「万人の万人に対する闘争」
ロック(英:1632～1704年)	『市民政府二論』	人民の革命権・抵抗権を規定
ルソー(仏:1712～78年)	『社会契約論』	人民主権論

市民革命とその成果

中世《ちゅうせい》の封建制社会《ほうけんせいしゃかい》から,近代《きんだい》の資本主義社会《しほんしゅぎしゃかい》への転換《てんかん》を遂《と》げる際《さい》に起《お》きた政治的変革《せいじてきへんかく》を,市民革命《しみんかくめい》という。市民階級《しみんかいきゅう》(ブルジョワジー)が絶対王政《ぜったいおうせい》を倒《たお》し,市民《しみん》階級《かいきゅう》による政治的支配体制《せいじてきしはいたいせい》を確立《かくりつ》した。**イギリスの名**《めい》

権利章典❷
独立宣言❸
フランス人権宣言❸

誉《よ》革命《かくめい》，アメリカの独立革命《どくりつかくめい》，フランス革命《かくめい》がその典《てん》型《けい》である。これらの市民革命《しみんかくめい》の成果《せいか》としては，**基本的《きほんてき》人権《じんけん》の保障《ほしょう》，議会制民主主義《ぎかいせいみんしゅしゅぎ》，国民主権《こくみんしゅけん》の形成《けいせい》**が挙《あ》げられる。市民革命《しみんかくめい》によって確立《かくりつ》された基本的人権《きほんてきじんけん》の保《ほ》障《しょう》は，市民革命期《しみんかくめいき》に発表《はっぴょう》された「権利章典《けんりしょうてん》」「**ヴァージニア権利章典《けんりしょうてん》**」「独立宣言《どくりつせんげん》（アメリカ）」「フランス人権宣言《じんけんせんげん》」に確認《かくにん》することができる。

要点整理　人権思想発達の経過

「権利章典」（1689年　イギリス）	名誉革命後，国王が発布。議会が提出した「**権利の請願**」の内容を国王に認めさせた。
「ヴァージニア権利章典」（1776年　アメリカ）	世界最初の成文憲法。**自由権**といわれるものがほとんど網羅されている。
「アメリカ独立宣言」（1776年）	**基本的人権・国民主権**のほか**抵抗権（革命権）**をうたいつつ，本国イギリスの支配からの独立を宣言。
「フランス人権宣言」（1789年）	フランス革命の理念である，**自由・平等・友愛の精神**を明言。

近代民主政治の基本原理

間接民主制

直接民主制❷
間接民主制❷

直接民主制《ちょくせつみんしゅせい》は，国民《こくみん》が自《みずか》ら直接《ちょくせつ》，国家《こっか》の意思《いし》の形成《けいせい》に参加《さんか》するシステムである。古代《こだい》ギリシャのポリスで行《おこな》われていた民会制度《みんかいせいど》や，独立以前《どくりついぜん》のアメリカ植民地《しょくみんち》における**タウン＝ミーティング**が，その好例《こうれい》である。

間接民主制《かんせつみんしゅせい》（代議制《だいぎせい》・代表民主制《だいひょうみんしゅせい》）は，国民《こくみん》から選《せん》出《しゅつ》された代表者《だいひょうしゃ》が構成《こうせい》する議会《ぎかい》を通《つう》じて，国民《こくみん》の意思《いし》を国家《こっか》の意思形成《いしけいせい》に間接的《かんせつてき》に反映《はんえい》させるシステムである。今日《こんにち》，多《おお》くの国《くに》がこの制度《せいど》を採用《さいよう》している。このように，代議員《だいぎいん》によって構成《こうせい》される議会《ぎかい》が国家《こっか》の最高《さいこう》意思《いし》を決定《けってい》していく政治《せいじ》の方式《ほうしき》を，**議会政治《ぎかいせいじ》**という。

国民主権

主権③
国民主権③

主権《しゅけん》とは，国家《こっか》の絶対性《ぜったいせい》や最高性《さいこうせい》を意味《いみ》するものである。「**国民主権《こくみんしゅけん》**」とは，「**国内《こくない》における政治《せいじ》の最高《さいこう》の決定権《けっていけん》を国民《こくみん》が持《も》つこと**」を意味《いみ》する。

権力分立

立法権③
司法権③
モンテスキュー③
法の精神③
三権分立③

権力分立《けんりょくぶんりつ》の考《かんが》えは，国王《こくおう》が権力《けんりょく》を行使《こうし》し支配《しはい》していたことに対抗《たいこう》して，**立法権《りっぽうけん》**を議会《ぎかい》が，**司法権《しほうけん》**を裁判所《さいばんしょ》が，それぞれ国王《こくおう》の権力《けんりょく》から独立《どくりつ》した形《かたち》で行使《こうし》するべきだという考《かんが》えである。

近代政治思想史上《きんだいせいじしそうしじょう》，初《はじ》めてこの権力分立《けんりょくぶんりつ》を唱《とな》えたのはイギリスの哲学者《てつがくしゃ》ロックである。また，フランスの啓蒙思想家《けいもうしそうか》**モンテスキュー**は，著書《ちょしょ》『**法《ほう》の精神《せいしん》**』において**三権分立《さんけんぶんりつ》**論《ろん》を唱《とな》えた。三権相互《さんけんそうご》の「抑制《よくせい》と均衡《きんこう》」によって権力《けんりょく》の濫用《らんよう》を防《ふせ》ぎ，国民《こくみん》の自由《じゆう》を実現《じつげん》しようとしたのである。

要点整理　モンテスキューの三権分立論

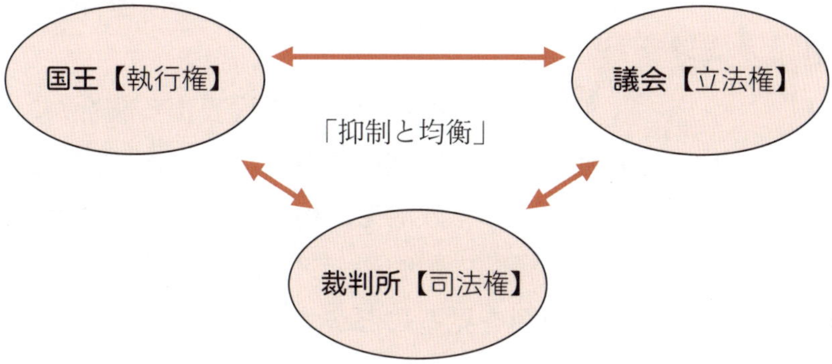

民主政治の発達

人権思想の発達

自由権的基本権③

絶対主義《ぜったいしゅぎ》の下《もと》で制限《せいげん》された自由《じゆう》は，市民革命後《しみんかくめいご》に制定《せいてい》された憲法《けんぽう》では保障《ほしょう》の対象《たいしょう》となった。精神《せいしん》の自由《じゆう》・経済《けいざい》の自由《じゆう》・身体《しんたい》の自由《じゆう》については，**自由権的基本権《じゆうけんてききほんけん》**と呼《よ》ばれる。国家《こっか》は，国民《こくみん》のこれらの自由《じゆう》を正当《せいとう》な理由《りゆう》なく奪《うば》うことができないとされた。

夜警国家❷

国家《こっか》の役割《やくわり》を国防《こくぼう》や治安維持《ちあんいじ》に限定《げんてい》し，国民《こくみん》の政治《せいじ》・経済活動《けいざいかつどう》に理由《りゆう》なく介入《かいにゅう》しない国家《こっか》を，**夜警国家《やけいこっか》**という。

しかし，資本主義《しほんしゅぎ》の発展《はってん》にともない，失業《しつぎょう》や独占資本《どくせんしほん》の出現《しゅつげん》などの弊害《へいがい》が生《しょう》じた。すると，自由権的基本権《じゆうけんてききほんけん》の他《ほか》に，雇用《こよう》の創出《そうしゅつ》や社会保障政策《しゃかいほしょうせいさく》など，国家《こっか》が国民《こくみん》の経済活動《けいざいかつどう》へ介入《かいにゅう》する必要性《ひつようせい》が生《う》まれた。

社会権的基本権❸

生存権《せいぞんけん》・教育《きょういく》を受《う》ける権利《けんり》・勤労権《きんろうけん》・勤労者《きんろうしゃ》の団結権《だんけつけん》などの権利《けんり》は，**社会権的基本権《しゃかいけんてききほんけん》**と呼《よ》ばれる。人間《にんげん》に値《あたい》する生活《せいかつ》を国家《こっか》に求《もと》める権利《けんり》である社会権《しゃかいけん》は，新《あたら》しい考《かんが》え方で，20世紀的人権《せいきてきじんけん》とも呼《よ》ばれている。社会権《しゃかいけん》をいち早《はや》く憲法《けんぽう》に取《と》り込《こ》んだのが，**1919年《ねん》**に制定《せいてい》されたドイツの**ヴァイマル（ワイマール）憲法《けんぽう》**であった。

ヴァイマル(ワイマール)憲法❸

国民《こくみん》の最低限度《さいていげんど》の生活《せいかつ》（ナショナル＝ミニマム）を保障《ほしょう》するため，社会保障制度《しゃかいほしょうせいど》を充実《じゅうじつ》させようとしている国家《こっか》を，「**福祉国家《ふくしこっか》**」という。

福祉国家❷

2 議会と政府

代議制（間接民主主義）

主権《しゅけん》を持《も》つ国民《こくみん》の意思《いし》を代表《だいひょう》する議会《ぎかい》が，国家《こっか》の最高権力《さいこうけんりょく》としての地位《ちい》を持《も》ち，議会《ぎかい》が国家《こっか》の最高意思《さいこういし》を決定《けってい》していく政治《せいじ》を，**代議制《だいぎせい》**という。**イギリス**に代表《だいひょう》される**議院内閣制《ぎいんないかくせい》**や，**アメリカ**に代表《だいひょう》される**大統領制《だいとうりょうせい》**にその例《れい》を見《み》ることができる。

議院内閣制❸
大統領制❷

議院内閣制

議院内閣制の特徴

議院内閣制《ぎいんないかくせい》は，内閣《ないかく》の成立《せいりつ》と存続《そんぞく》が国会《こっかい》の意思《いし》に依存《いぞん》している制度《せいど》で，イギリスで発達《はったつ》し完成《かんせい》された政治制度《せいじせいど》である。この制度《せいど》の特徴《とくちょう》として，以下《いか》が挙《あ》げられる。第《だい》1に，内閣《ないかく》は，議会《ぎかい》における最多数《さいたすう》の政党《せいとう》を基盤《きばん》に成立《せいりつ》し（**政党内閣制《せいとうないかくせい》**），議会《ぎかい》に対《たい》して責任《せきにん》を負《お》う

責任内閣制❶

解散権❶

（責任内閣制《せきにんないかくせい》）こと。第《だい》2に，議会《ぎかい》は，内閣《ないかく》が議会《ぎかい》の意思《いし》に反《はん》した場合《ばあい》，**内閣不信任案《ないかくふしんにんあん》**を議決《ぎけつ》すれば内閣《ないかく》を更迭《こうてつ》できること。第《だい》3に，内閣《ないかく》は，これに対抗《たいこう》するために議会《ぎかい》を解散《かいさん》する権限《けんげん》（**解散権《かいさんけん》**）を持《も》っていること，などである。

イギリスの議会

二院制❷

上院（貴族院）❶

保守党❶

労働党❶

イギリスの議会《ぎかい》は**二院制《にいんせい》**を採用《さいよう》している。**上院《じょういん》**（**貴《き》族院《ぞくいん》**）は，形式上《けいしきじょう》，国王《こくおう》に任命《にんめい》された終身議員《しゅうしんぎいん》である，聖職者《せいしょくしゃ》や貴族《きぞく》から構成《こうせい》されている。**下院《かいん》**（**庶民院《しょみんいん》**）は，18歳以上《さいいじょう》の有権者《ゆうけんしゃ》による選挙《せんきょ》で選出《せんしゅつ》された者《もの》で構成《こうせい》されている。**任期《にんき》は5年《ねん》**。**下院優位《かいんゆうい》の原則《げんそく》**が確立《かくりつ》されており，首相指名権《しゅしょうしめいけん》も下院《かいん》にある。

下院《かいん》の選挙《せんきょ》は小選挙区制《しょうせんきょくせい》を採用《さいよう》している。有産階級《ゆうさんかいきゅう》を支持基盤《しじきばん》とする**保守党《ほしゅとう》**と，労働者階級《ろうどうしゃかいきゅう》を支持基盤《しじきばん》とする**労働党《ろうどうとう》**が，二大政党《にだいせいとう》として政権《せいけん》を争《あらそ》っている。

大統領制

大統領制の特徴

大統領制❷

大統領制《だいとうりょうせい》とは，**立法府《りっぽうふ》と行政府《ぎょうせいふ》を厳格《げんかく》に分離《ぶんり》・独立《どくりつ》**させている政治制度《せいじせいど》である。アメリカ合衆国《がっしゅうこく》で最初《さいしょ》に採用《さいよう》された。

その特徴《とくちょう》として，行政府《ぎょうせいふ》の長《ちょう》である**大統領《だいとうりょう》**は，立法《りっぽう》府《ふ》を構成《こうせい》する議員《ぎいん》とは別《べつ》に，**国民《こくみん》の選挙《せんきょ》によって選出《せんしゅつ》されること**が挙《あ》げられる。大統領《だいとうりょう》は議員《ぎいん》を兼任《けんにん》することはできない。

国民《こくみん》の意思《いし》が直接《ちょくせつ》，行政府《ぎょうせいふ》に反映《はんえい》されるという特徴《とくちょう》を備《そな》えている。

アメリカ合衆国の大統領

間接選挙❶
教書❶
拒否権❸
違憲立法審査権❸

アメリカ合衆国《がっしゅうこく》の大統領《だいとうりょう》は，国家元首《こっかげんしゅ》・行政府《ぎょうせいふ》の長《ちょう》・軍《ぐん》の最高司令官《さいこうしれいかん》である。**任期《にんき》は4年《ねん》**で，1951年以降《ねんいこう》，**3選《せん》は禁止《きんし》**されている。国民《こくみん》は大統領選挙人《だいとうりょうせんきょにん》を選出《せんしゅつ》し，大統領選挙人《だいとうりょうせんきょにん》が投票《とうひょう》して大統領《だいとうりょう》を選出《せんしゅつ》する，という**間接選挙《かんせつせんきょ》**で選出《せんしゅつ》される。

大統領《だいとうりょう》は独立《どくりつ》しており，議会《ぎかい》に対《たい》しても政治的責任《せいじてきせきにん》を負《お》うことはなく（国民《こくみん》に対《たい》しては責任《せきにん》を負《お》う），任期中《にんきちゅう》は解任《かいにん》されることはない。但《ただ》し，下院《かいん》で弾劾訴追《だんがいそつい》を受《う》けた場合《ばあい》，上院《じょういん》の3分《ぶん》の2以上《いじょう》の賛成《さんせい》があれば，解任《かいにん》が確定《かくてい》する。

アメリカ合衆国大統領《がっしゅうこくだいとうりょう》の権限《けんげん》は，法律《ほうりつ》の執行権《しっこうけん》，官僚《かんりょう》の任免権《にんめんけん》，条約《じょうやく》の締結権《ていけつけん》，などであるが，議会《ぎかい》に対《たい》する法案《ほうあん》の提出権《ていしゅつけん》は含《ふく》まれない。法案《ほうあん》の提出権《ていしゅつけん》がないかわりに，**教書《きょうしょ》**という形《かたち》をとって，議会《ぎかい》に法律《ほうりつ》の制定《せいてい》を求《もと》めたり勧告《かんこく》を行《おこな》ったりする権限《けんげん》を持《も》つ。議会《ぎかい》が可決《かけつ》した法案《ほうあん》に対《たい》する**拒否権《きょひけん》**も持《も》っている。

アメリカ合衆国大統領《がっしゅうこくだいとうりょう》はこのように強《つよ》い権限《けんげん》を持《も》つため，司法府《しほうふ》である連邦最高裁判所《れんぽうさいこうさいばんしょ》は，**違憲立法審査権《いけんりっぽうしんさけん》**を有《ゆう》し，大統領《だいとうりょう》と議会《ぎかい》を抑制《よくせい》している。これを「**司法権《しほうけん》の優越《ゆうえつ》**」という。

アメリカ合衆国の議会

二院制❷
民主党❶
共和党❶

アメリカ合衆国《がっしゅうこく》の議会《ぎかい》は上院《じょういん》・下院《かいん》からなる**二院制《にいんせい》**を採用《さいよう》している。

上院議員《じょういんぎいん》は，各州《かくしゅう》から2名《めい》ずつ選出《せんしゅつ》され，定員《ていいん》は100名《めい》。**任期《にんき》は6年《ねん》**。

下院議員《かいんぎいん》は，定員《ていいん》435名《めい》で，各州《かくしゅう》から人口比例《じんこうひれい》に応《おう》じて小選挙区制《しょうせんきょくせい》で選出《せんしゅつ》される。**任期《にんき》は2年《ねん》**。

黒人《こくじん》と労働組合《ろうどうくみあい》が支持基盤《しじきばん》の**民主党《みんしゅとう》**と，有産階級《ゆうさんかいきゅう》の支持基盤《しじきばん》を持《も》ち保守的《ほしゅてき》な色彩《しきさい》が強《つよ》い**共和党《きょうわとう》**との，二大政党制《にだいせいとうせい》である。

トライ！ 過去問演習 問題13 ☞ P151

要点整理 アメリカ合衆国の三権分立

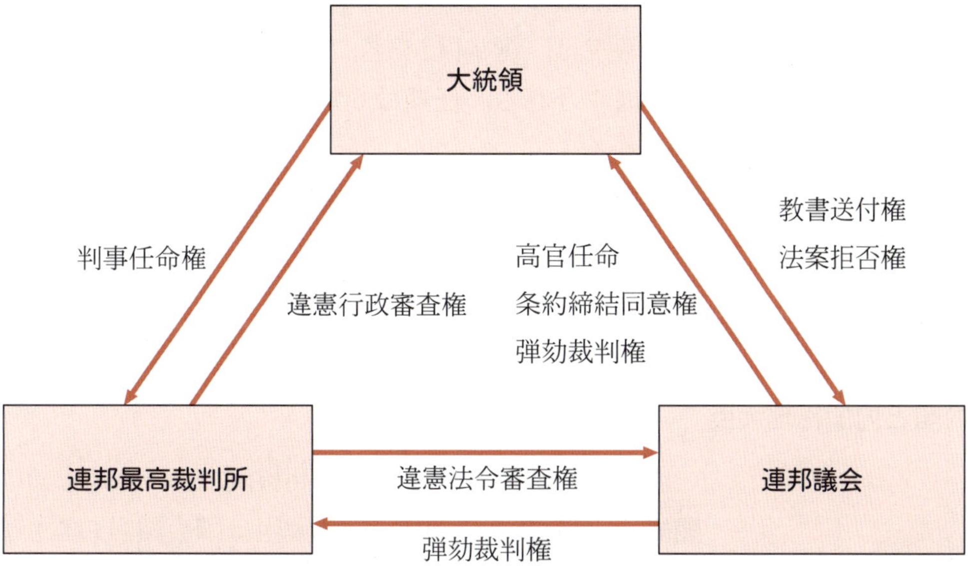

日本の統治機構

日本の統治機構

国会《こっかい》を国権《こっけん》の最高機関《さいこうきかん》とする，国会中心主義《こっかいちゅうしんしゅぎ》をとっている。イギリス型《がた》の**議院内閣制**《ぎいんないかくせい》とアメリカ型《がた》の**違憲立法審査権**《いけんりっぽうしんさけん》を採用《さいよう》している。

国会

衆議院❸
参議院❸
二院制❷

国会《こっかい》は，国民《こくみん》の直接選挙《ちょくせつせんきょ》で選出《せんしゅつ》された議員《ぎいん》からなる**衆議院**《しゅうぎいん》と**参議院**《さんぎいん》で構成《こうせい》される，**二院制**《にいんせい》を採用《さいよう》している。衆議院《しゅうぎいん》と参議院《さんぎいん》は対等《たいとう》ではなく，両議院《りょうぎいん》で議決《ぎけつ》が異《こと》なった場合《ばあい》，両院協議会《りょういんきょうぎかい》を開《ひら》いて協議《きょうぎ》する。しかし，**予算**《よさん》**・条約承認**《じょうやくしょうにん》**・内閣総理大臣**《ないかくそうりだいじん》**の指名**《しめい》においては，**衆議院**《しゅうぎいん》**の議決**《ぎけつ》**が優越**《ゆうえつ》する。

弾劾裁判所❷
国政調査権❸

国会《こっかい》は，唯一《ゆいいつ》の立法機関《りっぽうきかん》として，**法律**《ほうりつ》**の制定**《せいてい》，**予算**《よさん》**の議決**《ぎけつ》，**条約**《じょうやく》**の承認**《しょうにん》，**憲法改正**《けんぽうかいせい》**の発議**《はつぎ》，**内閣総理大臣**《ないかくそうりだいじん》**の指名**《しめい》，裁判官《さいばんかん》を罷免《ひめん》できる**弾劾裁判所**《だんがいさいばんしょ》の設置《せっち》，国政《こくせい》に関《かん》する監視機能《かんしきのう》を果《は》たす**国政調査権**《こくせいちょうさけん》，財政《ざいせい》の監督《かんとく》などの権限《けんげん》を有《ゆう》している。

衆議院《しゅうぎいん》は，小選挙区《しょうせんきょく》295名《めい》，比例代表《ひれいだいひょう》180名《めい》の475名《めい》の議員《ぎいん》で構成《こうせい》されている。**任期《にんき》は4年《ねん》**だが，解散《かいさん》されることもある。

参議院《さんぎいん》は，選挙区《せんきょく》146名《めい》，比例代表《ひれいだいひょう》96名《めい》の242名《めい》の議員《ぎいん》で構成《こうせい》される。**任期《にんき》は6年《ねん》**。3年《ねん》ごとに半数《はんすう》ずつ改選《かいせん》される。

委員会制度❶

国会《こっかい》での審議《しんぎ》を充分《じゅうぶん》に尽《つ》くすために，両議院内《りょうぎいんない》に国会議員《こっかいぎいん》で構成《こうせい》される委員会《いいんかい》が設《もう》けられている。この**委員会制度《いいんかいせいど》**はアメリカ合衆国《がっしゅうこく》の制度《せいど》を取《と》り入《い》れたものである。

内閣と内閣総理大臣

内閣《ないかく》は行政権《ぎょうせいけん》を行使《こうし》する最高機関《さいこうきかん》で，その首長《しゅちょう》が**内閣総理大臣《ないかくそうりだいじん》**である。内閣総理大臣は国会議員のなかから指名される。

内閣《ないかく》は衆議院《しゅうぎいん》が内閣不信任案《ないかくふしんにんあん》を可決《かけつ》したときには，10日以内《とうかいない》に衆議院《しゅうぎいん》を解散《かいさん》するか，総辞職《そうじしょく》をしなければならない。

内閣総理大臣《ないかくそうりだいじん》の権限《けんげん》としては，**国務大臣《こくむだいじん》の任免権《にんめんけん》**，**議案《ぎあん》の国会《こっかい》への提出権《ていしゅつけん》**，などが与《あた》えられている。

内閣《ないかく》の権限《けんげん》は，法律《ほうりつ》の執行《しっこう》，**条約《じょうやく》の締結《ていけつ》**，**予算《よさん》の作成《さくせい》**，法律《ほうりつ》の規定《きてい》を実施《じっし》するための**政令《せいれい》の制定《せいてい》**，恩赦《おんしゃ》の決定《けってい》などがある。

閣議❶

内閣《ないかく》の意思《いし》の決定《けってい》は**閣議《かくぎ》**で行《おこな》われる。主宰者《しゅさいしゃ》は内閣総理大臣《そうりだいじん》であり，全《すべ》ての国務大臣《こくむだいじん》が参加《さんか》して行《おこな》われる。決議《けつぎ》は全員一致制《ぜんいんいっちせい》を採用《さいよう》している。

裁判所

最高裁判所❸
下級裁判所❷

裁判《さいばん》を行《おこな》うための国家機関《こっかきかん》として，**最高裁判所《さいこうさいばんしょ》**と**下級裁判所《かきゅうさいばんしょ》**（高等裁判所《こうとうさいばんしょ》・地方裁判所《ちほうさいばんしょ》・家庭裁判所《かていさいばんしょ》・簡易裁判所《かんいさいばんしょ》）が設置《せっち》されている。最高裁判所《さいこうさいばんしょ》は，司法権《しほうけん》の最高機関《さいこうきかん》であり，その長官《ちょうかん》は内閣《ないかく》に指名《しめい》される。その他《ほか》に，内閣《ないかく》に任命《にんめい》される14名《めい》の裁判官《さいばんかん》で構成《こうせい》されている。最高裁判所《さいこうさいばんしょ》と下級裁判所《かきゅうさいばんしょ》は**違憲立法審査権《いけんりっぽうしんさけん》**を持《も》

違憲立法審査権❸

ち，とりわけ最高裁判所《さいこうさいばんしょ》は「**憲法《けんぽう》の番人《ばんにん》**」とも呼《よ》ばれる。

弾劾裁判❶

司法府《しほうふ》は，立法府《りっぽうふ》や行政府《ぎょうせいふ》から独立《どくりつ》して，強《つよ》い権限《けんげん》を有《ゆう》しているが，国会《こっかい》は，裁判官《さいばんかん》の**弾劾裁判《だんがいさいばん》**を行《おこな》う権限《けんげん》を有《ゆう》している。

要点整理

日本の三権分立

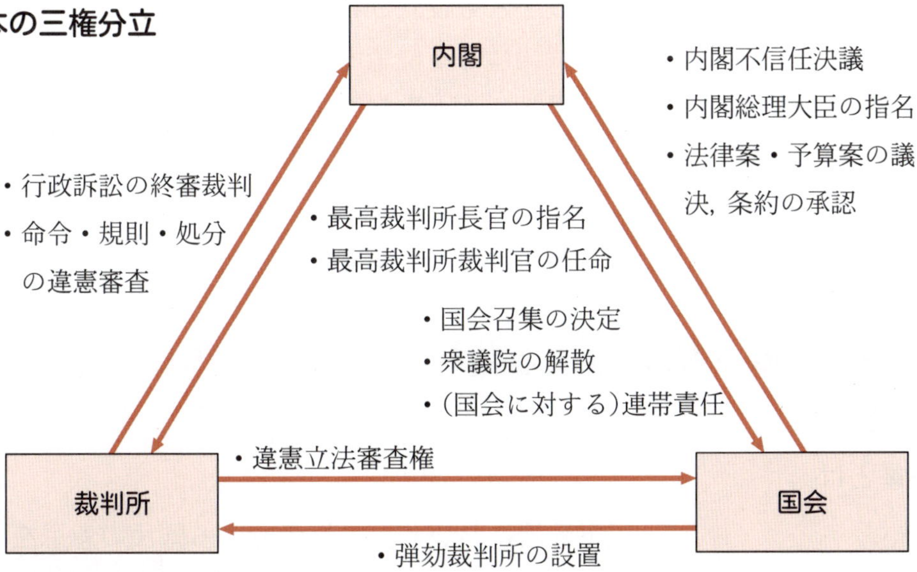

肥大化する行政

日本の行政機構の問題点

天下り❶
族議員❶
官僚制❶

行政機関《ぎょうせいきかん》は，各種《かくしゅ》の許認可権《きょにんかけん》や補助金《ほじょきん》の新設《しんせつ》・増額《ぞうがく》・配分《はいぶん》などの権限《けんげん》を持《も》っている。このため様々《さまざま》な問題《もんだい》が生《しょう》じてきている。

第《だい》1に，官僚《かんりょう》と政界《せいかい》・財界《ざいかい》の癒着《ゆちゃく》の温床《おんしょう》になりやすいことが挙《あ》げられる。官僚《かんりょう》の**天下《あまくだ》り**や**族議員《ぞくぎいん》**の発生《はっせい》がその好例《こうれい》である。

第《だい》2に，**官僚制《かんりょうせい》**の問題点《もんだいてん》が指摘《してき》されている。合理的《ごうりてき》・能率的《のうりつてき》な事務処理《じむしょり》を行《おこな》う一方《いっぽう》で，自分《じぶん》の職域《しょくいき》に固執《こしつ》するセクショナリズム，形式《けいしき》を重視《じゅうし》する形式主義《けいしきしゅぎ》，などが挙《あ》げられる。

行政の民主化

行政改革❶

肥大化《ひだいか》した行政《ぎょうせい》の制度《せいど》や政策《せいさく》を見直《みなお》す，**行政改革**《ぎょうせいかいかく》が遂行《すいこう》されている。そのために，行政機関《ぎょうせいきかん》のスリム化《か》が図《はか》られた。2001年《ねん》には，22省庁《しょうちょう》から１府《ふ》12省庁《しょうちょう》へ再編《さいへん》，縦割《たてわ》り行政《ぎょうせい》の廃止《はいし》や公務員《こうむいん》の削減《さくげん》が行《おこな》われた。民間企業《みんかんきぎょう》にならって国《くに》の業務《ぎょうむ》を合理化《ごうりか》・効率化《こうりつか》するねらいで，独立行政法人《どくりつぎょうせいほうじん》も設立《せつりつ》された。

オンブズマン制度❶

行政機関《ぎょうせいきかん》による税金《ぜいきん》の無駄遣《むだづか》い，行政機関《ぎょうせいきかん》の腐敗《ふはい》などを監視《かんし》して不正《ふせい》をなくすために，**オンブズマン制度**《せいど》（行政監察官制度《ぎょうせいかんさつかんせいど》）という考《かんが》えが，スウェーデンで最初《さいしょ》に誕生《たんじょう》した。日本《にほん》では，川崎市《かわさきし》や沖縄県《おきなわけん》で採用《さいよう》されているが，政府《せいふ》レベルでは制度化《せいどか》されていない。

3 選挙と政治参加

選挙制度

選挙とは

普通選挙❸

民主政治《みんしゅせいじ》において，主権者《しゅけんしゃ》である国民《こくみん》の意思《いし》を政治《せいじ》に反映《はんえい》させる手段《しゅだん》として，選挙制度《せんきょせいど》が設《もう》けられている。

日本《にほん》では，**1925年**《ねん》に**25歳以上**《さいいじょう》**の男性**《だんせい》に，**1945年**《ねん》には**20歳以上**《さいいじょう》**の男女**《だんじょ》**に参政権**《さんせいけん》が与《あた》えられ，**普通選挙**《ふつうせんきょ》が実現《じつげん》した。さらに**2015年**《ねん》には**18歳以上**《さいいじょう》**の男女**《だんじょ》に引き下げられた。

世界最初《せかいさいしょ》に国政《こくせい》レベルで女性参政権《じょせいさんせいけん》を認《みと》めた国《くに》はニュージーランドで，1893年《ねん》に付与《ふよ》された。

選挙方法

小選挙区制度❸

大選挙区制度❷

比例代表制度❸

一《ひと》つの選挙区《せんきょく》から１人《ひとり》を選出《せんしゅつ》する制度《せいど》を**小選挙区制**《しょうせんきょくせい》という。一方《いっぽう》，一《ひと》つの選挙区《せんきょく》から複数《ふくすう》を選出《せんしゅつ》する制度《せいど》を**大選挙区制**《だいせんきょくせい》という。その他《ほか》，得票数《とくひょうすう》に応《おう》じて議席《ぎせき》を配分《はいぶん》する**比例代表制**《ひれいだいひょうせい》という制度《せいど》がある。

日本の選挙制度

衆議院議員総選挙《しゅうぎいんぎいんそうせんきょ》では，**小選挙区制**《しょうせんきょくせい》と**比例代表制**《ひれいだいひょうせい》をあわせた小選挙区比例代表並立制《しょうせんきょくひれいだいひょうへいりつせい》を採用《さいよう》している。全《ぜん》国《こく》を295の小選挙区《しょうせんきょく》と11の比例区《ひれいく》に分割《ぶんかつ》している。

参議院議員選挙《さんぎいんぎいんせんきょ》では，**都道府県単位**《とどうふけんたんい》**の選挙区**《せんきょく》と**全国**《ぜんこく》**単位**《たんい》**の比例区**《ひれいく》を採用《さいよう》している。

日本の選挙をめぐる諸問題

日本《にほん》の選挙制度《せんきょせいど》では，いくつかの問題《もんだい》が生《しょう》じている。都市部《としぶ》への人口移動《じんこういどう》にともない，議員定数《ぎいんていすう》の不均衡《ふきんこう》が生《しょう》じ，**「一票**《いっぴょう》**の価値**《かち》**」に不平等**《ふびょうどう》が生《しょう》じてきていることや，政治的無関心《せいじてきむかんしん》に起因《きいん》する**投票率**《とうひょうりつ》**の低下**《ていか》などが挙《あ》げられる。

要点整理

選挙方法の長所と短所

	長所	短所
小選挙区制度	二大政党制による政治の安定	大政党に有利
大選挙区制度	小政党でも議席を確保できる	小党が乱立し，政治が不安定化
比例代表制度	得票数に応じて議席が公平に配分される	政党中心の選挙となり，候補者個人が埋没しやすい

衆議院議員と参議院議員の選挙

	定員	任期	被選挙権	選挙区
衆議院	465人 小選挙区：289人 比例区：176人	4年 **解散あり**	満25歳以上	295の小選挙区 11の比例区
参議院	248人 選挙区：148人 比例代表区：100人	6年 **解散なし** 3年ごとに半数改選	満30歳以上	都道府県単位の選挙区 全国単位の比例区

政党政治の展開

政党政治の形態

二大政党制❷

2つの政党《せいとう》が政権《せいけん》をめぐり争《あらそ》う政治状態《せいじじょうたい》を**二大政党制《にだいせいとうせい》**という。**イギリス**における**保守党《ほしゅとう》**と**労働党《ろうどうとう》**，**アメリカ合衆国《がっしゅうこく》**における**共和党《きょうわとう》**と**民主党《みんしゅとう》**にその例《れい》を見《み》ることができる。

いくつかの政党《せいとう》が政権《せいけん》をめぐって競合《きょうごう》している状況《じょうきょう》は，**多党制《たとうせい》**または**小党分立制《しょうとうぶんりつせい》**という。この状況《じょうきょう》では政《せい》情《じょう》は不安定《ふあんてい》になりやすい傾向《けいこう》がある。**フランス**や**イタリア**がその典型《てんけい》と言《い》える。このような状況下《じょうきょうか》では，複《ふく》数《すう》の政党《せいとう》が政策《せいさく》を協議《きょうぎ》して**連立政権《れんりつせいけん》**を組織《そしき》する。

連立政権❷

一《ひと》つの政党《せいとう》のみが政治権力《せいじけんりょく》を掌握《しょうあく》している政治状態《せいじじょうたい》を，一党制《いっとうせい》または一党独裁制《いっとうどくさいせい》・単独政党制《たんどくせいとうせい》などという。ナチス政権下《せいけんか》のドイツや旧《きゅう》ソ連《れん》などがその典型《てんけい》と言《い》える。

市民運動による政治参加

国民《こくみん》の政治参加《せいじさんか》は，選挙《せんきょ》だけではなく，市民運動《しみんうんどう》，ボランティア活動《かつどう》などを通《つう》じた新《あたら》しい政治参加《せいじさんか》の形式《けいしき》が模索《もさく》されている。

近年《きんねん》では多種多様《たしゅたよう》な分野《ぶんや》で，市民運動《しみんうんどう》が展開《てんかい》されており，民間《みんかん》の**非営利団体《ひえいりだんたい》〔ＮＰＯ〕**などの活動《かつどう》も目立《めだ》つようになってきた。

非営利団体〔ＮＰＯ〕❷

4　憲法と人権

日本国憲法の基本原理

憲法の概念

立憲政治❶

憲法《けんぽう》とは，国民《こくみん》の保障《ほしょう》されるべき権利《けんり》の体系《たいけい》であり，国家《こっか》の最高《さいこう》の法規《ほうき》である。国家《こっか》は，権力《けんりょく》を濫用《らんよう》して国民《こくみん》の基本的人権《きほんてきじんけん》を侵害《しんがい》することがないよう，これを遵守《じゅんしゅ》する義務《ぎむ》を負《お》っている。

このように，憲法《けんぽう》を制定《せいてい》して個人《こじん》の権利《けんり》や自由《じゆう》を守《まも》ろうとする政治《せいじ》のあり方《かた》を，**立憲政治《りっけんせいじ》**という。

日本国憲法の基本原理

国民主権❸

平和主義❸

基本的人権の尊重❸

日本国憲法《にほんこくけんぽう》は，前文《ぜんぶん》と本文《ほんぶん》から構成《こうせい》されている。前文《ぜんぶん》に記《しる》されている「**国民主権《こくみんしゅけん》**」，「**平和主義《へいわしゅぎ》**」，「**基本的人権《きほんてきじんけん》の尊重《そんちょう》**」は，**日本国憲法《にほんこくけんぽう》の三大原理《さんだいげんり》**である。

日本国憲法《にほんこくけんぽう》では，**天皇《てんのう》**は主権者《しゅけんしゃ》ではなく**「象徴《しょうちょう》」**となり，内閣《ないかく》の助言《じょげん》と承認《しょうにん》にもとづき国事行為《こくじこうい》のみを行《おこな》う存在《そんざい》となった。

日本《にほん》は，悲惨《ひさん》な戦争《せんそう》を繰《く》り返《かえ》したが，その反省《はんせい》から，前文《ぜんぶん》や**第《だい》9条《じょう》**において，**戦争《せんそう》を放棄《ほうき》**すること，戦力《せんりょく》を保持《ほじ》しないこと，交戦権《こうせんけん》を認《みと》めないことを明記《めいき》した。

また，旧憲法《きゅうけんぽう》では制限《せいげん》されていた，基本的人権《きほんてきじんけん》が全面的《ぜんめんてき》に保障《ほしょう》されるようになった。

要点整理　大日本帝国憲法と日本国憲法

	大日本帝国憲法	日本国憲法
主権	天皇主権	国民主権
国民の権利	「臣民」としての権利	永久不可侵の権利
国会	天皇の協賛機関	国権の最高機関
内閣	天皇の補佐機関 天皇にのみ責任を負う	行政の最高機関 国会に対して責任を負う
裁判所	天皇の名よる裁判	司法権の独立 違憲立法審査権

基本的人権の尊重

基本的人権

基本的人権《きほんてきじんけん》とは，人間《にんげん》が生《う》まれながらにして享有《きょうゆう》する「自由《じゆう》」や「平等《びょうどう》」といった権利《けんり》のことである。

多種多様な人権

自由権❸
経済の自由❷
精神の自由❷
人身の自由❷

自由権《じゆうけん》（自由権的基本権《じゆうけんてききほんけん》）とは，**国家権力《こっかけんりょく》の不当《ふとう》な介入《かいにゅう》や干渉《かんしょう》を排除《はいじょ》して，個人《こじん》の自由《じゆう》を保障《ほしょう》する権利《けんり》**のことである。人々《ひとびと》が18世紀《せいき》以降《いこう》の市民革命《しみんかくめい》によって獲得《かくとく》した。自由権《じゆうけん》には，**経済《けいざい》の自由《じゆう》**，**精神《せいしん》の自由《じゆう》**，**人身《じんしん》の自由《じゆう》**（身体《しんたい》の自由《じゆう》）などが含《ふく》まれ，それぞれの自由《じゆう》はさらに細分化《さいぶんか》されている。

経済《けいざい》の自由《じゆう》には，**財産権《ざいさんけん》**，**職業選択《しょくぎょうせんたく》の自由《じゆう》**，居住《きょじゅう》・移転《いてん》の自由《じゆう》などがある。**精神《せいしん》の自由《じゆう》**には，**思想《しそう》・良心《りょうしん》の自由《じゆう》**，**信教《しんきょう》の自由《じゆう》**，**学問の自由**，**集会《しゅうかい》・結社《けっしゃ》・表現《ひょうげん》の自由《じゆう》**などがある。**人身《じんしん》の自由《じゆう》**には，奴隷的拘束《どれいてきこうそく》・苦役《くえき》からの自由《じゆう》，不当《ふとう》な逮捕《たいほ》・処罰《しょばつ》からの自由《じゆう》，黙秘権などの諸権利《しょけんり》がある。また，いかなる言動《げんどう》が罪《つみ》となり，どのような刑罰《けいばつ》が科《か》されるのかは，法律《ほうりつ》によって定《さだ》めなければならないことになっている。これを**罪刑法定主義《ざいけいほうていしゅぎ》**という。

罪刑法定主義❷

平等権❶
男女雇用機会均等法❷

平等権《びょうどうけん》は，全《すべ》ての人間《にんげん》が性別《せいべつ》・人種《じんしゅ》・貧富《ひんぷ》などの差別《さべつ》なく，平等《びょうどう》に扱《あつか》われる権利《けんり》のこと。当初《とうしょ》は，政治《せいじ》に参加《さんか》する権利《けんり》の平等《びょうどう》をめぐって登場《とうじょう》したが，やがて経済的《けいざいてき》・社会的弱者《しゃかいてきじゃくしゃ》に対《たい》する平等《びょうどう》という考《かんが》えも加《くわ》わった。日本《にほん》では，1985年《ねん》に**男女雇用機会均等法《だんじょこようきかいきんとうほう》**が制定《せいてい》された。

社会権❸
生存権❸
教育を受ける権利❸
労働基本権❸

社会権《しゃかいけん》（社会権的基本権《しゃかいけんてききほんけん》）とは，全《すべ》ての国民《こくみん》が「**人間《にんげん》たるに値《あたい》する生活《せいかつ》」を営《いとな》む権利《けんり》**のこと。社会権《しゃかいけん》には，「健康《けんこう》で文化的《ぶんかてき》な最低限度《さいていげんど》の生活《せいかつ》」を営《いとな》む権利《けんり》である**生存権《せいぞんけん》**の他《ほか》，**教育《きょういく》を受《う》ける権利《けんり》**（教育権《きょういくけん》），**労働基本《ろうどうきほん》

トライ！ 過去問演習　問題17 ☞ P152　過去問演習　問題18 ☞ P153

団結権❷
団体交渉権❷
団体行動権❶
ヴァイマル(ワイマール)
憲法❸

権《けん》などがある。労働基本権《ろうどうきほんけん》を保障《ほしょう》するため，日本国憲《にほんこくけん》法《ほう》では，**団結権**《だんけつけん》，**団体交渉権**《だんたいこうしょうけん》，**団体行動権**《だんたいこうどうけん》（争議権《そうぎけん》）という労働三権《ろうどうさんけん》が明記《めいき》されている。社会権《しゃかいけん》を最初《さいしょ》に採《さい》用《よう》した憲法《けんぽう》としては，第一次世界大戦後《だいいちじせかいたいせんご》のドイツで制《せい》定《てい》された**ヴァイマル（ワイマール）憲法**《けんぽう》がある。

参政権❷

参政権《さんせいけん》は，国民《こくみん》が選挙《せんきょ》などを通《つう》じて政治《せいじ》に参加《さんか》する権利《けんり》のこと。国民《こくみん》が国家権力《こっかけんりょく》に参加《さんか》するという点《てん》で，自由権《じゆうけん》とは異《こと》なる。日本国憲法《にほんこくけんぽう》では，選挙権《せんきょけん》・被選挙《ひせんきょ》権《けん》・国民審査権《こくみんしんさけん》・国民投票権《こくみんとうひょうけん》という形《かたち》で保障《ほしょう》している。

請求権❶

請求権《せいきゅうけん》は，国民《こくみん》の諸権利《しょけんり》が国家《こっか》によって侵害《しんがい》された場合《ばあい》，国家《こっか》に対《たい》し，すみやかに救済《きゅうさい》を要求《ようきゅう》する権利《けんり》である。日本国憲法《にほんこくけんぽう》では，国《くに》や地方公共団体《ちほうこうきょうだんたい》に要望《ようぼう》を述《の》べる**請願権**《せいがんけん》，公務員《こうむいん》によって権利《けんり》を侵害《しんがい》されたときの**国家損害賠償請求権**《こっかそんがいばいしょうせいきゅうけん》，**裁判《さいばん》を受《う》ける権利**《けんり》などが明記《めいき》されている。

要点整理　基本的人権の体系

■自由権

経済活動の自由	財産権　職業選択の自由　居住・移転の自由
精神活動の自由	思想・良心の自由　信教の自由　学問の自由 集会・結社・表現の自由
人身の自由	奴隷的拘束・苦役からの自由　不当な逮捕・処罰からの自由　黙秘権

■社会権

生存権	健康で文化的な最低限度の生活を営む権利→社会保障政策の実施
教育を受ける権利	義務教育の無償化
労働基本権	労働三権（団結権・団体交渉権・団体行動権）

「新しい人権」

- 新しい人権❷
- 環境権❷
- 環境アセスメント❷
- 知る権利❷
- 情報公開制度❶
- プライバシーの権利❷

急速《きゅうそく》な社会《しゃかい》の変化《へんか》を背景《はいけい》に，「**新《あたら》しい人権《じんけん》**」が唱《とな》えられるようになってきた。日本国憲法《にほんこくけんぽう》の制定当時《せいていとうじ》には見《み》られなかった問題《もんだい》であるため，憲法《けんぽう》には明記《めいき》されていない。が，第《だい》13条《じょう》の幸福追求権《こうふくついきゅうけん》や第《だい》25条《じょう》の生存権《せいぞんけん》を根拠《こんきょ》に，「新《あたら》しい人権《じんけん》」は保障《ほしょう》されるようになった。

環境権《かんきょうけん》は，公害《こうがい》が頻繁《ひんぱん》に発生《はっせい》するようになってから提唱《ていしょう》されるようになった。健康的《けんこうてき》な生活環境《せいかつかんきょう》を確保《かくほ》したり，生活環境《せいかつかんきょう》が侵害《しんがい》されたりした場合《ばあい》の救済《きゅうさい》を目的《もくてき》にした権利《けんり》である。また，開発《かいはつ》にあたっては，事前《じぜん》に環境《かんきょう》への影響《えいきょう》を調査《ちょうさ》する**環境《かんきょう》アセスメント**が行《おこな》われるようになった。

知《し》る権利《けんり》とは，政府《せいふ》の活動《かつどう》について，必要《ひつよう》な情報《じょうほう》を国民《こくみん》が知《し》ることができるという権利《けんり》のこと。この権利《けんり》にもとづき**情報公開制度《じょうほうこうかいせいど》**が要求《ようきゅう》され，中央政府《ちゅうおうせいふ》や自治《じち》体《たい》の情報公開《じょうほうこうかい》が進んだ。

プライバシーの権利《けんり》とは，個人《こじん》の私的生活《してきせいかつ》をむやみに公開《こうかい》されない権利《けんり》のこと。個人情報保護法《こじんじょうほうほごほう》などの法《ほう》も制定《せいてい》されている。

国民の三大義務

- 納税の義務❷
- 教育を受けさせる義務❸
- 勤労の義務❷

憲法《けんぽう》で保障《ほしょう》された基本的人権《きほんてきじんけん》を享受《きょうじゅ》するため，国民《こくみん》にはいくつかの義務《ぎむ》を課《か》している。国民《こくみん》の諸権利《しょけんり》の実現《じつげん》に向《む》けて奉仕《ほうし》する公的機関《こうてききかん》の活動《かつどう》を支《ささ》えるために，「**納税《のうぜい》の義務《ぎむ》**」が課《か》されている。その他《ほか》に，教育《きょういく》を受《う》ける権利《けんり》や生存権《せいぞんけん》・労働基本権《ろうどうきほんけん》などの社会権《しゃかいけん》に対応《たいおう》するものとして，「**教育《きょういく》を受《う》けさせる義務《ぎむ》**」や「**勤労《きんろう》の義務《ぎむ》**」を課《か》している。

人権の国際化

世界人権宣言③

1948年《ねん》に国際連合《こくさいれんごう》によって採択《さいたく》された**世界人権宣言《せかいじんけんせんげん》**では，基本的人権《きほんてきじんけん》の保障《ほしょう》は，人種《じんしゅ》・国籍《こくせき》にかかわらず全《すべ》ての人民《じんみん》が享受《きょうじゅ》できるとした。

アムネスティーインターナショナル①
非政府組織(ＮＧＯ)③

人権《じんけん》に対《たい》して国際的《こくさいてき》に関心《かんしん》が高《たか》まる中《なか》で，人権《じんけん》の救《きゅう》済活動《さいかつどう》を行《おこな》っている**アムネスティーインターナショナル**などの**非政府組織《ひせいふそしき》（ＮＧＯ）**や国際世論《こくさいせろん》の監視《かんし》も厳《きび》しくなった。各国《かっこく》は基本的人権《きほんてきじんけん》の保障《ほしょう》への充分《じゅうぶん》な配慮《はいりょ》を求《もと》められている。

5　中央と地方

中央と地方の行政分担

地方自治の原則

中央政府《ちゅうおうせいふ》は，独占的《どくせんてき》に外交《がいこう》や軍事《ぐんじ》を担当《たんとう》する。しかし，社会資本《しゃかいしほん》（インフラ）の整備《せいび》は，一部《いちぶ》を担当《たんとう》するに過《す》ぎない。中央政府《ちゅうおうせいふ》が担当《たんとう》しきれないインフラの整《せい》備《び》を，地方政府《ちほうせいふ》が担当《たんとう》する。また，地方政府《ちほうせいふ》の活動《かつどう》は，行政《ぎょうせい》の全国的水準《ぜんこくてきすいじゅん》を維持《いじ》するというナショナル＝ミニマムの原則《げんそく》を踏《ふ》まえて，住民《じゅうみん》の権利《けんり》を支《ささ》えている。

連邦制②

アメリカ合衆国《がっしゅうこく》の場合《ばあい》，**連邦制《れんぽうせい》**を採用《さいよう》しており，**各《かく》州《しゅう》に強《つよ》い自治権《じちけん》**が認《みと》められている。連邦政府《れんぽうせいふ》の権限《けんげん》は憲法《けんぽう》によって限定《げんてい》される。そして，州《しゅう》には独自《どくじ》の憲法《けんぽう》，法律《ほうりつ》，議会《ぎかい》，裁判所《さいばんしょ》が設置《せっち》されている。

地方自治の本旨

団体自治①
地方公共団体①

地方自治《ちほうじち》の本旨《ほんし》は，団体自治《だんたいじち》と住民自治《じゅうみんじち》の２つの原《げん》則《そく》から成《な》り立《た》っている。**団体自治《だんたいじち》**とは中央政府《ちゅうおうせいふ》から独《どく》立《りつ》した団体《だんたい》が自治《じち》を行《おこな》うことである。この団体《だんたい》を地方《ちほう》公共団体《こうきょうだんたい》という。**地方公共団体《ちほうこうきょうだんたい》**には，都道府県《とどうふけん》，市町《しちょう》村《そん》がある。

住民自治①

住民自治《じゅうみんじち》とは，地域《ちいき》の住民《じゅうみん》の意思《いし》に基《もと》づく自治《じち》が行《おこな》われることである。首長《しゅちょう》や議員《ぎいん》の選出《せんしゅつ》を住民《じゅうみん》が行《おこな》うことがその好例《こうれい》である。

地方自治の仕組み

首長と議会の議員の選出

地方《ちほう》の住民《じゅうみん》は，直接選挙《ちょくせつせんきょ》を通《つう》じて首長《しゅちょう》や議会《ぎかい》の議員《ぎいん》を選出《せんしゅつ》する。選出《せんしゅつ》された首長《しゅちょう》は，執行機関《しっこうきかん》として，予《よ》算作成《さんさくせい》・行政事務《ぎょうせいじむ》の指揮監督《しきかんとく》を主《しゅ》たる任務《にんむ》としている。**首長《しゅちょう》**には，都道府県《とどうふけん》の知事《ちじ》，市町村長《しちょうそんちょう》などがある。**任《にん》期《き》は４年《ねん》。**

地方《ちほう》の議会《ぎかい》（都道府県議会《とどうふけんぎかい》と市町村議会《しちょうそんぎかい》）は，**条例《じょうれい》の制定《せいてい》・改廃《かいはい》**，予算《よさん》の議決《ぎけつ》，決算《けっさん》の承認《しょうにん》などの権限《けんげん》を持《も》つ。議員定数《ぎいんていすう》は各地方《かくちほう》の人口規模《じんこうきぼ》によって異《こと》なる。**任期《にんき》は４年《ねん》。**

直接民主制の採用

直接請求権❶
イニシアティブ❶
リコール❷

地方自治《ちほうじち》には，**直接請求権《ちょくせつせいきゅうけん》**として直接民主制《ちょくせつみんしゅせい》が採用《さいよう》されている。直接請求権《ちょくせつせいきゅうけん》には，条例《じょうれい》の制定《せいてい》・改廃《かいはい》，議《ぎ》会《かい》の解散《かいさん》，議員《ぎいん》や首長《しゅちょう》の解職《かいしょく》などがある。いずれも一《いっ》定数以上《ていすういじょう》の有権者《ゆうけんしゃ》の署名《しょめい》が必要《ひつよう》である。なお，条例《じょうれい》の制定《せいてい》・改廃《かいはい》は**イニシアティブ**，議員《ぎいん》・首長《しゅちょう》の解職請求《かいしょくせいきゅう》は**リコール**とも呼《よ》ぶ。

要点整理　直接請求権

請求の内容	必要な署名数	請求先
条例の制定・改廃 （イニシアティブ）	有権者の１/50以上	首長
議会の解散	原則，有権者の１/３以上	選挙管理委員会
議員・首長の解職 （リコール）		

日本の地方自治の現状

地方の財政

地方公共団体《ちほうこうきょうだんたい》が地域《ちいき》の問題《もんだい》に対処《たいしょ》していくには，財《ざい》源《げん》が必要《ひつよう》である。地方公共団体《ちほうこうきょうだんたい》は地方税《ちほうぜい》によって財源《ざいげん》

トライ！ 過去問演習　問題19 ☞ P153

地方交付税交付金❷
国庫支出金❷

を確保《かくほ》しようとする。しかし，国税《こくぜい》に対《たい》して地方税《ちほうぜい》の割合《わりあい》が小《ち》さいため，自力《じりき》で賄《まかな》うことは無理《むり》である。

実際《じっさい》は，国《くに》に入《はい》った税収《ぜいしゅう》の一部《いちぶ》を，**地方交付税交付金《ちほうこうふぜいこうふきん》**や**国庫支出金《こっこししゅつきん》**として地方《ちほう》の財源《ざいげん》に充当《じゅうとう》する制度《せいど》で，地方財政《ちほうざいせい》は成《な》り立《た》っている。このことから，地方《ちほう》の行政《ぎょうせい》は中央《ちゅうおう》の意向《いこう》によって左右《さゆう》され，自治性《じちせい》や独立性《どくりつせい》が著《いちじる》しく損《そこ》なわれている。この状況《じょうきょう》を象徴的《しょうちょうてき》に表《あらわ》す言葉《ことば》として，「**三割自治《さんわりじち》**」が使《つか》われる。「地方自治体《ちほうじちたい》の歳入《さいにゅう》全体《ぜんたい》に占《し》める地方税《ちほうぜい》の割合《わりあい》が三割《さんわり》～四割程度《よんわりていど》」という意味《いみ》である。

この状態《じょうたい》を改善《かいぜん》するため，中央政府《ちゅうおうせいふ》の権限《けんげん》を縮小《しゅくしょう》し地方《ちほう》の権限《けんげん》を拡大《かくだい》する，**地方分権《ちほうぶんけん》の推進《すいしん》**が行《おこな》われている。

地方《ちほう》の財政力《ざいせいりょく》を強化《きょうか》するため，市町村《しちょうそん》の合併《がっぺい》が推進《すいしん》された（**平成《へいせい》の大合併《だいがっぺい》**）。

4　現代の国際社会

1　地域統合

ヨーロッパにおける地域統合

ＥＵ成立までの道のり

ヨーロッパ共同体（ＥＣ）❷

1967年《ねん》に，**ヨーロッパ共同体《きょうどうたい》（ＥＣ）**がつくられた。加盟国《かめいこく》は，フランス・西《にし》ドイツ・イタリア・ベルギー・オランダ・ルクセンブルクの６カ国《こく》で，経済面《けいざいめん》のみならず政治面《せいじめん》での統合《とうごう》をも目指《めざ》した。

1973年にはＥＣにイギリス・アイルランド・デンマークが加盟《かめい》し（拡大《かくだい》ＥＣ），ギリシャ（1981年加盟《ねんかめい》），ポルトガルとスペイン（1986年加盟《ねんかめい》）も加《くわ》わった。

ＥＵの成立と現在

マーストリヒト条約❷
ヨーロッパ連合（ＥＵ）❸
ユーロ❷

1992年《ねん》に，ヨーロッパの経済的統合《けいざいてきとうごう》のみならず政治《せいじ》的統合《てきとうごう》をも目指《めざ》す**マーストリヒト条約《じょうやく》**が調印《ちょういん》された。1993年《ねん》に**ヨーロッパ連合《れんごう》（ＥＵ）**が発足《ほっそく》し，共同市場《きょうどうしじょう》や1999年《ねん》の**共通通貨《きょうつうつうか》ユーロ**の導入《どうにゅう》，共通外交《きょうつうがいこう》・安全保《あんぜんほ》障政策《しょうせいさく》や警察《けいさつ》・刑事司法協力分野《けいじしほうきょうりょくぶんや》の体制強化《たいせいきょうか》が進《すす》められている。加盟国《かめいこく》は2010年現在《ねんげんざい》で27カ国《こく》である。

南北アメリカ大陸における地域統合

北米自由貿易協定（ＮＡＦＴＡ）❷

1992年《ねん》に調印《ちょういん》され1994年《ねん》に発効《はっこう》した，**アメリカ合衆《がっしゅう》国《こく》，カナダ，メキシコ**の３カ国《こく》による協定《きょうてい》が，**北米自《ほくべいじ》由貿易協定《ゆうぼうえききょうてい》（ＮＡＦＴＡ）**である。発効《はっこう》から15年以内《ねんいない》の関税《かんぜい》・非関税障壁《ひかんぜいしょうへき》の撤廃《てっぱい》を目指《めざ》した。

アジア・太平洋地域における地域統合

東南アジア諸国連合（ＡＳＥＡＮ）❷
ＡＳＥＡＮ自由貿易地域（ＡＦＴＡ）❶

東南《とうなん》アジアでは，1967年《ねん》に**東南《とうなん》アジア諸国連合《しょこくれんごう》（ＡＳＥＡＮ）**が発足《ほっそく》した。

ＡＳＥＡＮ加盟国間《かめいこくかん》の関税《かんぜい》・非関税障壁《ひかんぜいしょうへき》の撤廃《てっぱい》，貿《ぼう》易《えき》の自由化促進《じゆうかそくしん》を目的《もくてき》とするのが，**ＡＳＥＡＮ自由貿《じゆうぼう》易地域《えきちいき》（ＡＦＴＡ）**である。

- アジア太平洋経済協力会議(APEC)❷

1989年《ねん》に，オーストラリアの提唱《ていしょう》により**アジア太平《たいへい》洋経済協力会議《ようけいざいきょうりょくかいぎ》（APEC）**が発足《ほっそく》した。これは21の国《くに》と地域《ちいき》で構成《こうせい》される大規模《だいきぼ》な地域統合《ちいきとうごう》である。環太《かんたい》平洋《へいよう》の経済協力《けいざいきょうりょく》を図《はか》ることを目的《もくてき》としている。

2 国連と国際機構

国際連盟と国際連合

- 国際連盟❸
- ウィルソン❸

国際連盟《こくさいれんめい》は，**1920年《ねん》**，当時《とうじ》のアメリカ合衆国大統領《がっしゅうこくだいとうりょう》**ウィルソン**の提唱《ていしょう》した**14カ条《じょう》の平和原則《へいわげんそく》**をもとに作《つく》られた，史上初《しじょうはつ》の総合的《そうごうてき》な国際機構《こくさいきこう》である。しかし，**提《てい》唱国《しょうこく》アメリカの不参加《ふさんか》**，**全会一致制《ぜんかいいっちせい》**の採用，経済制裁《けいざいせいさい》以外《いがい》の有効《ゆうこう》な制裁《せいさい》が不可能《ふかのう》などの問題点《もんだいてん》を抱《かか》えていた。結果的《けっかてき》に，第二次世界大戦勃発《だいにじせかいたいせんぼっぱつ》を食《く》い止《と》められないまま，国際連盟《こくさいれんめい》は崩壊《ほうかい》した。

- サンフランシスコ会議❷
- 国際連合憲章❷
- 国際連合❸

第二次世界大戦中《だいにじせかいたいせんちゅう》の1941年《ねん》，アメリカとイギリスの間《あいだ》で大西洋憲章《たいせいようけんしょう》が作《つく》られた。この大西洋憲章《たいせいようけんしょう》をもとに，**1945年《ねん》**の**サンフランシスコ会議《かいぎ》**において，**国際連合憲《こくさいれんごうけん》章《しょう》**（国連憲章《こくれんけんしょう》）が採択《さいたく》され，**国際連合《こくさいれんごう》**（国連《こくれん》，UN）が成立《せいりつ》した。国連《こくれん》の本部《ほんぶ》はニューヨークに置《お》かれている。原加盟国《げんかめいこく》は51カ国《こく》であり，2010年現在《ねんげんざい》192カ国《こく》が加盟《かめい》している。

要点整理 国際連盟と国際連合

機構	成立年・本部	特徴	課題
国際連盟	1920年 ジュネーブ	最大59加盟国 **全会一致** 集団安全保障	**大国の不参加** **全会一致制の採用** 侵略国に対し経済制裁以外不可能
国際連合	1945年 ニューヨーク	最大192加盟国 **多数決制** **大国一致の原則** 集団安全保障	財政改革 安全保障理事会の常任理事国問題 PKO活動の拡大

国際連合の仕組み

国際連合《こくさいれんごう》は，ニューヨークに本部《ほんぶ》を置《お》く。**総会《そうかい》**，**安全保障理事会《あんぜんほしょうりじかい》**，**経済社会理事会《けいざいしゃかいりじかい》**，**国際司法裁判所《こくさいしほうさいばんしょ》**などの機関《きかん》からなっている。

総会❸

総会《そうかい》とは，全加盟国《ぜんかめいこく》で構成《こうせい》される国連《こくれん》の中枢機関《ちゅうすうきかん》である。会期《かいき》は毎年《まいねん》9月《がつ》で，1国《こく》につき1票《ぴょう》の投票権《とうひょうけん》を有《ゆう》し，多数決《たすうけつ》の原則《げんそく》が取《と》られる。総会《そうかい》は，国連《こくれん》の機能《きのう》について広《ひろ》く審議《しんぎ》し勧告《かんこく》ができるが，執行《しっこう》の権限《けんげん》は持《も》たない。

安全保障理事会❸

常任理事国❸

非常任理事国❶

拒否権❷

一方《いっぽう》の安全保障理事会《あんぜんほしょうりじかい》は，総会《そうかい》に対《たい》して優越的《ゆうえつてき》な組《そ》織《しき》であり，国際平和《こくさいへいわ》と安全保障《あんぜんほしょう》，紛争解決《ふんそうかいけつ》のための制《せい》裁権限《さいけんげん》を保有《ほゆう》する。**アメリカ，イギリス，中国《ちゅうごく》，フランス，ロシア**の5つの常任理事国《じょうにんりじこく》と，総会《そうかい》で選出《せんしゅつ》される**任期《にんき》2年《ねん》の10カ国**の非常任理事国《ひじょうにんりじこく》から成《な》る。**5つの常任理事国《じょうにんりじこく》は**拒否権《きょひけん》を有《ゆう》し，安全保障理事会《あんぜんほしょうりじかい》の決議《けつぎ》は，常任理事国《じょうにんりじこく》すべての賛成《さんせい》を必要《ひつよう》とする**大国一致《たいこくいっち》の原則《げんそく》**に基《もと》づく。

経済社会理事会❷

世界保健機関(ＷＨＯ)❷

経済社会理事会《けいざいしゃかいりじかい》は，経済《けいざい》・社会《しゃかい》・教育《きょういく》・文化《ぶんか》・保健《ほけん》衛生及《えいせいおよ》び人道問題《じんどうもんだい》などに関《かか》わる様々《さまざま》な国際問題《こくさいもんだい》を研究《けんきゅう》し，勧告《かんこく》する組織《そしき》である。この経済社会理事会《けいざいしゃかいりじかい》のもとには，世界保健機関《せかいほけんきかん》（ＷＨＯ）を始《はじ》めとする，多数《たすう》の専門機関《せんもんきかん》が所属《しょぞく》する。

国際司法裁判所(ＩＣＪ)❷

オランダのハーグを本部《ほんぶ》とする国際的《こくさいてき》な司法機関《しほうきかん》のことを，国際司法裁判所《こくさいしほうさいばんしょ》（ＩＣＪ）という。国際司法《こくさいしほう》裁判所《さいばんしょ》は，国家間《こっかかん》の紛争《ふんそう》を，裁判《さいばん》によって解決《かいけつ》する。

国連機関

要点整理 主な国連機関

設置機関	本　部	内　容
国連児童基金（UNICEF）	ニューヨーク	世界の子どもたちの権利を守るため，教育，保健衛生・暴力・虐待・自然災害等の脅威からの保護に関わる活動を展開
国連教育科学文化機関*（UNESCO）	パリ	世界平和と人類の福祉に貢献するため，世界遺産運動や世界寺子屋運動など，教育・科学・文化面に関する活動を展開
世界保健機関*（WHO）	ジュネーブ	世界の人々の健康の増進と保護のため，医療や保健衛生分野での活動を展開
国際通貨基金*（IMF）	ワシントン	為替の安定を図ることを目的にブレトン＝ウッズ協定に基づいて設立
国連難民高等弁務官事務所（UNHCR）	ジュネーブ	国際難民の保護や援助を行う機関
世界貿易機関*（WTO）	ジュネーブ	GATTに代わって設立された機関で，国際的な自由貿易に関する問題解決と拡大推進を目指す
国際労働機関*（ILO）	ジュネーブ	世界中の労働者の労働条件の向上を基本理念として活動を展開

＊…国連専門機関

3 南北問題

ＩＭＦ－ＧＡＴＴ体制期〔～1960年代以前〕

一次産品❷
モノカルチャー経済❷

第二次世界大戦後《だいにじせかいたいせんご》に発足《ほっそく》したＩＭＦ－ＧＡＴＴ体制《たいせい》は，工業発展《こうぎょうはってん》の進《すす》む先進国《せんしんこく》ばかりに恩恵《おんけい》をもたらした。その一方《いっぽう》で，鉱山資源《こうざんしげん》や農産物《のうさんぶつ》などの**一次産品**《いちじさんぴん》に依存《いぞん》する**モノカルチャー経済**《けいざい》に頼《たよ》ってきた，途上国《とじょうこく》では経済《けいざい》が悪化《あっか》していった。

資料　**主な一次産品とモノカルチャー経済（2013 年）**

一次産品名	各国の全輸出品に占める割合
カカオ	**ガーナ**（29.2%）
茶	**ケニア**（22.5%），**スリランカ**（15.1%）
砂糖	**キューバ**（8.5%）
銅	**ザンビア**（64.9%）

『データブック・オブ・ザワールド　2015』より作成

南北問題への注目の高まり〔1960年代〕

南北問題❷

1960年代《ねんだい》に入《はい》り，多《おお》くのアジア・アフリカ諸国《しょこく》が独《どく》立《りつ》を果《は》たすようになると，先進国《せんしんこく》と途上国間《とじょうこくかん》の経済格《けいざいかく》差《さ》による諸問題《しょもんだい》である「南北問題《なんぼくもんだい》」に，関心《かんしん》が向《む》けられるようになった。「南北問題《なんぼくもんだい》」とは，富《と》める先進諸《せんしんしょ》国《こく》のほとんどが北半球《きたはんきゅう》に分布《ぶんぷ》し，貧《まず》しい途上国《とじょうこく》のほとんどが南半球《みなみはんきゅう》に分布《ぶんぷ》していたため，つけられた名称《めいしょう》である。

経済協力開発機構（ＯＥＣＤ）❸
開発援助委員会（ＤＡＣ）❶
国連貿易開発会議（ＵＮＣＴＡＤ）❷

1961年《ねん》に**経済協力開発機構《けいざいきょうりょくかいはつきこう》（ＯＥＣＤ）**が発足《ほっそく》し，①**経済成長《けいざいせいちょう》の維持《いじ》**，②**発展途上国《はってんとじょうこく》の援助《えんじょ》**，③**自由貿易《じゆうぼうえき》の拡大《かくだい》**の３つを遂行《すいこう》する**開発援助委員会《かいはつえんじょいいんかい》（ＤＡＣ）**が組織《そしき》され，途上国《とじょうこく》への援助《えんじょ》が盛《さか》んに行《おこな》われはじめた。

国連《こくれん》も南北問題《なんぼくもんだい》を解決《かいけつ》するため，**国連貿易開発会議《こくれんぼうえきかいはつかいぎ》（ＵＮＣＴＡＤ）**の開催《かいさい》を決定《けってい》した。1964年《ねん》にジュネーブで第《だい》１回《かい》の会議《かいぎ》が催《もよお》された。

資源ナショナリズムと新国際経済秩序（ＮＩＥＯ）〔1970年代〕

資源ナショナリズム❶
石油輸出国機構（ＯＰＥＣ）❷
第１次石油危機（オイルショック）❸

1950年代《ねんだい》ころから，自国《じこく》の資源《しげん》を自分《じぶん》たちの利益《りえき》のために管理《かんり》しようという，**資源《しげん》ナショナリズム**の動《うご》きが高《たか》まりを見《み》せた。1960年《ねん》の**石油輸出国機構《せきゆゆしゅつこくきこう》（ＯＰＥＣ）**発足《ほっそく》などはその運動《うんどう》の現《あらわ》れである。

1973年《ねん》には，**第《だい》１次石油危機《じせきゆきき》（オイルショック）**がおこった。石油価格《せきゆかかく》が大幅《おおはば》に引《ひ》き上《あ》げられ，各国《かっこく》の経《けい》

新国際経済秩序（ＮＩＥＯ）❶

済《ざい》が混乱《こんらん》した。資源《しげん》ナショナリズムの高揚《こうよう》を受《う》け，国連《こくれん》は1974年《ねん》に国連資源特別総会《こくれんしげんとくべつそうかい》を開催《かいさい》した。旧来《きゅうらい》の先進国優位《せんしんこくゆうい》な経済秩序《けいざいちつじょ》に代《か》わり，発展途上国《はってんとじょうこく》も含《ふく》めた**新国際経済秩序《しんこくさいけいざいちつじょ》（ＮＩＥＯ）**を樹立《じゅりつ》した。

4 民族問題

世界各地の地域紛争

朝鮮戦争❸

ベトナム戦争❷

地域紛争《ちいきふんそう》は，地域《ちいき》ごとにその原因《げんいん》や形態《けいたい》が一様《いちよう》ではないため，定義《ていぎ》することが難《むずか》しい。しかし，ほとんどは，民族《みんぞく》・宗教《しゅうきょう》・政治的《せいじてき》な対立《たいりつ》に加《くわ》えて，経済的《けいざいてき》な利《り》害《がい》が争《あらそ》いの引《ひ》き金《がね》となっているといえる。冷戦時代《れいせんじだい》には，**朝鮮戦争《ちょうせんせんそう》**（1950～53年《ねん》）や**ベトナム戦争《せんそう》**（1960～75年《ねん》）のように，地域紛争《ちいきふんそう》といっても，事実上《じじつじょう》，**米《べい》ソ対立《たいりつ》の代理戦争《だいりせんそう》**とも称《しょう》される形態《けいたい》が見《み》られた。しかし，冷戦《れいせん》が終結《しゅうけつ》してからは，民族問題《みんぞくもんだい》あるいは宗教問題《しゅうきょうもんだい》に起因《きいん》する地域紛争《ちいきふんそう》が多《おお》く見《み》られるようになった。

民族紛争

民族《みんぞく》とは，言語《げんご》や宗教《しゅうきょう》などの文化的《ぶんかてき》な要素《ようそ》に基《もと》づく分類《ぶんるい》であり，民族対立《みんぞくたいりつ》は，今日《こんにち》まで続《つづ》く地域紛争《ちいきふんそう》の根《こん》本的《ぼんてき》な要因《よういん》になっている。

ヨーロッパでは，イギリスの北《きた》アイルランド問題《もんだい》，ギリシャ系《けい》とトルコ系住民《けいじゅうみん》のキプロス問題《もんだい》，**ボスニア・ヘルツェコビナ内戦《ないせん》**や**コソボ独立運動《どくりつうんどう》**などが事例《じれい》として挙《あ》げられる。

旧《きゅう》ソ連地域《れんちいき》では**チェチェン紛争《ふんそう》**，中東地域《ちゅうとうちいき》では，**パレスチナ問題《もんだい》**，クルド人問題《じんもんだい》などが未解決《みかいけつ》のままである。

アフリカでは，ソマリア紛争《ふんそう》，ルワンダ内戦《ないせん》など，民族対立《みんぞくたいりつ》と経済利権絡《けいざいりけんがら》みの紛争《ふんそう》が絶《た》えず勃発《ぼっぱつ》した。

要点整理　**世界の主な民族紛争**

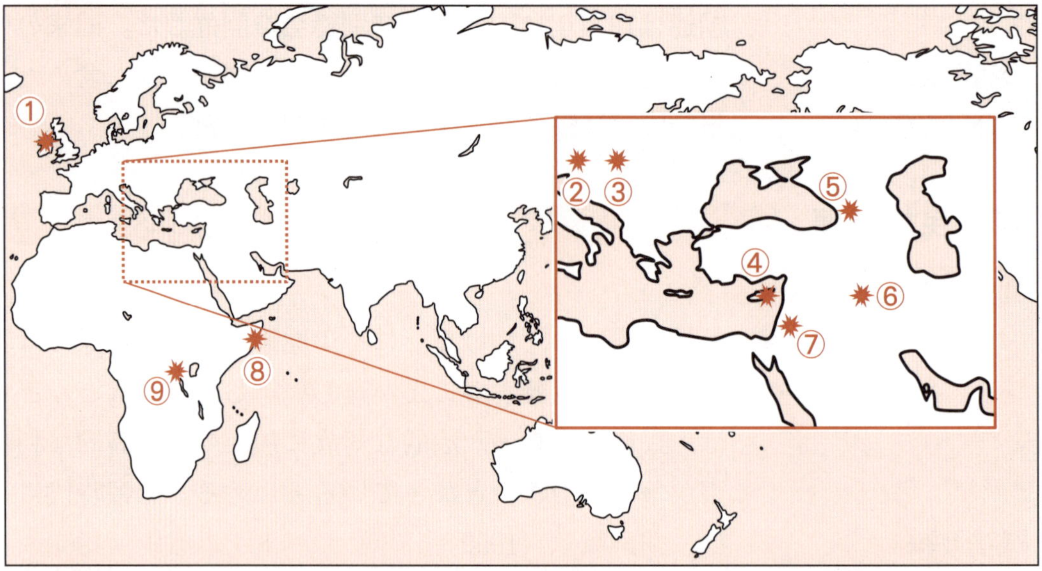

地域	番号	民族紛争	地域	番号	民族紛争
ヨーロッパ	①	北アイルランド問題	中東	⑥	クルド人民族独立運動
ヨーロッパ	②	ボスニア・ヘルツェゴビナ内戦	中東	⑦	パレスチナ問題
ヨーロッパ	③	コソボ独立運動	アフリカ	⑧	ソマリア紛争
ヨーロッパ	④	キプロス問題	アフリカ	⑨	ルワンダ内戦
旧ソ連	⑤	チェチェン紛争			

5　地球環境問題

地球温暖化

地球温暖化の原因と影響

温室効果ガス❷

地球温暖化❸

　本来《ほんらい》，二酸化炭素《にさんかたんそ》（CO_2）やメタンなどの**温室効《おんしつこう》果《か》ガス**は，地表《ちひょう》から放出《ほうしゅつ》される熱《ねつ》エネルギーを吸収《きゅうしゅう》して，地球《ちきゅう》の表面《ひょうめん》を適切《てきせつ》な温度《おんど》に保《たも》つ機能《きのう》を持《も》つ。しかし，化石燃料《かせきねんりょう》などの大量消費《たいりょうしょうひ》で温室効果《おんしつこうか》ガスの濃度《のうど》が上昇《じょうしょう》すると，地表《ちひょう》から放出《ほうしゅつ》される熱《ねつ》の行《い》き場《ば》がなく，その結果《けっか》，地球上《ちきゅうじょう》の平均気温《へいきんきおん》が上昇《じょうしょう》する**地球温暖化《ちきゅうおんだんか》**現《げん》象《しょう》が発生《はっせい》する。地球温暖化《ちきゅうおんだんか》は，異常気象《いじょうきしょう》・生態系破壊《せいたいけいはかい》・砂漠化《さばくか》・極地《きょくち》の氷《こおり》が溶《と》けることによる海水面《かいすいめん》の上昇《じょうしょう》など，様々《さまざま》な環境問題《かんきょうもんだい》を招《まね》く恐《おそ》れがある。特《とく》に，海水面《かいすいめん》の上昇《じょうしょう》は，**モルディブ諸島《しょとう》**を始《はじ》めとする国々《くにぐに》の水没《すいぼつ》をもたらしうるため，非常《ひじょう》に深刻《しんこく》である。

地球温暖化防止の取り組み

国連環境開発会議
(UNCED，地球サミット)❷
地球温暖化防止会議❷
京都議定書❸

1992年《ねん》，ブラジルのリオデジャネイロにおいて，**国連環境開発会議《こくれんかんきょうかいはつかいぎ》（UNCED，地球《ちきゅう》サミット）**が開催《かいさい》され，地球温暖化防止条約《ちきゅうおんだんかぼうしじょうやく》（気候変動枠組《きこうへんどうわくぐ》み条約《じょうやく》）が結《むす》ばれた。また，**1997年《ねん》**には，日本《にほん》の京都《きょうと》において，**地球温暖化防止会議《ちきゅうおんだんかぼうしかいぎ》**が開《ひら》かれた。温室効果《おんしつこうか》ガス排出量《はいしゅつりょう》削減目標量《さくげんもくひょうりょう》が設定《せってい》され，排出量取引《はいしゅつりょうとりひき》などもあわせた**京《きょう》都議定書《とぎていしょ》**が採択《さいたく》された。本議定書《ほんぎていしょ》は，2005年《ねん》に発効《はっこう》した。しかし，発効前《はっこうまえ》の**アメリカの離脱《りだつ》**，工業発展《こうぎょうはってん》の目《め》ざましい**中国《ちゅうごく》やインドの不参加《ふさんか》**など，温室効果《おんしつこうか》ガス排《はい》出量《しゅつりょう》が多《おお》いにもかかわらず議定書《ぎていしょ》を批准《ひじゅん》していない国《くに》々《ぐに》が存在《そんざい》している。

資料　二酸化炭素の排出量と国別割合（2010）

二酸化炭素排出量の合計（2010）

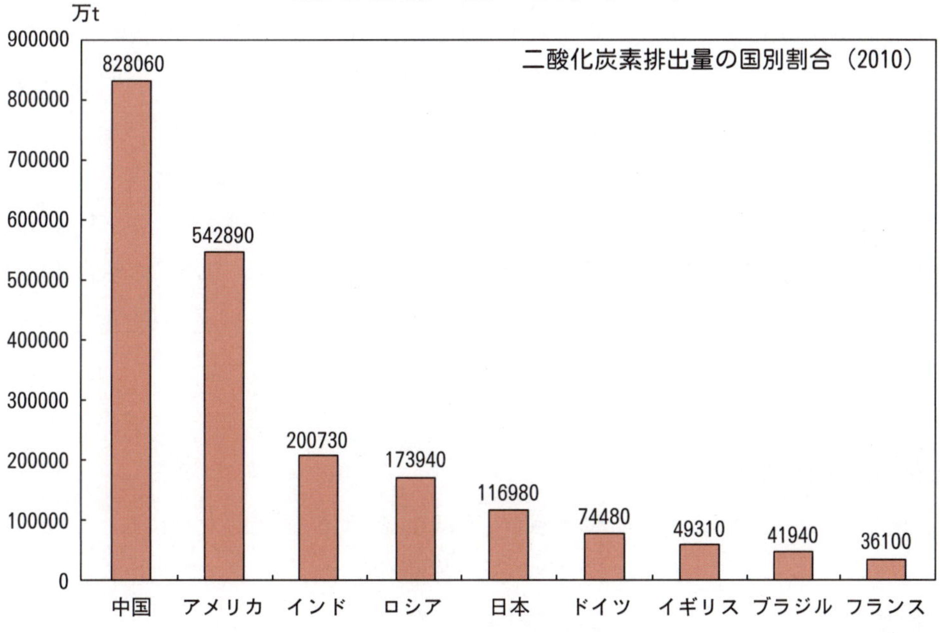

『データブック・オブ・ザ・ワールド 2015』より作成

今後の課題

環境税❶

2008年《ねん》に，日本《にほん》の北海道《ほっかいどう》における洞爺湖《とうやこ》サミットで，2013年以降《ねんいこう》（ポスト京都議定書《きょうとぎていしょ》）の枠組《わくぐ》み作《つく》りについて話《はな》し合《あ》われた。アメリカが消極的《しょうきょくてき》ながらも中期《ちゅうき》の数《すう》値目標策定《ちもくひょうさくてい》を受《う》け入《い》れたこと，中国《ちゅうごく》やインドが排出抑《はいしゅつよく》制《せい》に合意《ごうい》したことは，一応《いちおう》の成果《せいか》であった。しかし，温室効果《おんしつこうか》ガスの排出量削減《はいしゅつりょうさくげん》をめぐる，先進国《せんしんこく》と途上国《とじょうこく》間《かん》の主張《しゅちょう》の対立《たいりつ》や，**排出権取引**《はいしゅつけんとりひき》・**環境税**《かんきょうぜい》導入問題《どうにゅうもんだい》など，各国《かっこく》での削減目標《さくげんもくひょう》に向《む》けた政策決定《せいさくけってい》は難航《なんこう》している。

オゾン層破壊

オゾン層❶
フロンガス❷

地球《ちきゅう》は，成層圏《せいそうけん》にある**オゾン層**《そう》が**フロンガス**などにより破壊《はかい》されてしまうと，有害《ゆうがい》な紫外線《しがいせん》が地表《ちひょう》に到達《とうたつ》する。そして，皮膚《ひふ》ガンや白内障《はくないしょう》の発症率上昇《はっしょうりつじょうしょう》や，農《のう》作物《さくもつ》や海洋《かいよう》の植物《しょくぶつ》プランクトンなどへの被害《ひがい》の恐《おそ》れがある。すでに南極《なんきょく》では，オゾン密度《みつど》の低下《ていか》により，オゾン層《そう》に穴《あな》が開《あ》いたかのようなオゾンホールという現《げん》象《しょう》が，毎年確認《まいねんかくにん》されている。

モントリオール議定書❶

原因《げんいん》のフロンは，クーラーや冷蔵庫《れいぞうこ》の冷媒《れいばい》，スプレーの噴射剤《ふんしゃざい》などに利用《りよう》されてきた気体《きたい》である。**1987年**《ねん》の**モントリオール議定書**《ぎていしょ》，1989年《ねん》のヘルシンキ宣言《せんげん》を経《へ》て，フロンガスを始《はじ》めとするオゾン層《そう》を破壊《はかい》する物質《ぶっしつ》の，2000年《ねん》までの全廃《ぜんぱい》が定《さだ》められた。

酸性雨・森林破壊

酸性雨❷

自動車《じどうしゃ》の排《はい》ガスに含《ふく》まれる窒素酸化物《ちっそさんかぶつ》や，工場《こうじょう》の排《はい》ガスに含《ふく》まれる硫黄酸化物《いおうさんかぶつ》が，大気中《たいきちゅう》で化学変化《かがくへんか》を起《お》こすと強《つよ》い**酸性雨**《さんせいう》が降《ふ》る。

酸性雨《さんせいう》は，森林《しんりん》や湖沼《こしょう》などの生態系《せいたいけい》に悪影響《あくえいきょう》を及《およ》ぼすのみならず，都市部《としぶ》でも住居《じゅうきょ》や大理石《だいりせき》などでできた歴史的建造物《れきしてきけんぞうぶつ》を腐食《ふしょく》させてしまう。原因《げんいん》の排《はい》ガスは，国境《こっきょう》を越《こ》えて周辺《しゅうへん》の国々《くにぐに》に拡散《かくさん》する。これは，国際社《こくさいしゃ》会全体《かいぜんたい》で解決《かいけつ》を目指《めざ》さねばならない問題《もんだい》である。

トライ！ 過去問演習 問題20 ☞ P154

要点整理　主な環境問題と国際的枠組み

環境問題	条約名	決定事項
地球温暖化	京都議定書（1997）	CO_2削減目標の決定
オゾン層破壊	モントリオール議定書（1987）	フロンガスなどの破壊物質削減
	ヘルシンキ宣言（1989）	フロンガスの全廃

国連の環境保護への取り組み

国連人間環境会議（UNCHE）❶
人間環境宣言❶
国連環境計画（UNEP）❶
国連環境開発会議（UNCED，地球サミット）❷
リオ宣言❶
地球温暖化防止条約❶

地球環境問題《ちきゅうかんきょうもんだい》は，もはや１国《こく》の問題《もんだい》では済《す》まない。解決《かいけつ》のためには，国際社会全体《こくさいしゃかいぜんたい》が協力《きょうりょく》していかねばならない。スウェーデンのストックホルムで開催《かいさい》された，1972年《ねん》の**国連人間環境会議《こくれんにんげんかんきょうかいぎ》（ＵＮＣＨＥ）**では，「Only One Earth（かけがえのない地球《ちきゅう》）」をスローガンに，**人間環境宣言《にんげんかんきょうせんげん》**や，**国連環境計画《こくれんかんきょうけいかく》（ＵＮＥＰ）**設立《せつりつ》などの成果《せいか》を得《え》た。

1992年《ねん》には，ブラジルのリオデジャネイロにおいて，**国連環境開発会議《こくれんかんきょうかいはつかいぎ》（ＵＮＣＥＤ，地球《ちきゅう》サミット）**が開《ひら》かれた。そして，現在《げんざい》の世代《せだい》のみならず将来《しょうらい》の世代《せだい》までが経済的《けいざいてき》・社会的恩恵《しゃかいてきおんけい》を受《う》けられるように，開発《かいはつ》と環境保全《かんきょうほぜん》とを調和《ちょうわ》する「**持続可能《じぞくかのう》な開発《かいはつ》**」が提唱《ていしょう》された。また，これに基《もと》づいた**リオ宣言《せんげん》**や，**地球温暖化防止条約《ちきゅうおんだんかぼうしじょうやく》**（気候変動枠組《きこうへんどうわくぐ》み条約《じょうやく》），生物多様性条約《せいぶつたようせいじょうやく》の採択《さいたく》などの成果《せいか》がみられた。このサミットでは，先進国《せんしんこく》による環境保護優先《かんきょうほごゆうせん》の主張《しゅちょう》と，途上国《とじょうこく》による開発《かいはつ》の権利《けんり》に基《もと》づく主張《しゅちょう》との食《く》い違《ちが》いが明白《めいはく》となった。

各国の取り組み

環境アセスメント❷
汚染者負担の原則（PPP）❷

国際機関《こくさいきかん》による地球環境問題《ちきゅうかんきょうもんだい》への国際的枠組《こくさいてきわくぐ》み構築《こうちく》の傍《かたわ》らで，各国《かっこく》での国内《こくない》の環境保護《かんきょうほご》への取《と》り組《く》みも盛《さか》んである。たとえば，ヨーロッパ諸国《しょこく》では，開発《かいはつ》による環境破壊《かんきょうはかい》の度合《どあ》いを事前《じぜん》に想定《そうてい》・評価《ひょうか》する，**環境《かんきょう》アセスメント**という制度《せいど》が作《つく》られている。また，**汚染者《おせんしゃ》負担《ふたん》の原則《げんそく》（ＰＰＰ）**に基《もと》づき，オランダ・北欧諸国《ほくおうしょこく》

環境税❶

では，CO_2排出者《はいしゅつしゃ》に税金《ぜいきん》を課《か》す，**環境税《かんきょうぜい》**などが整備《せいび》されたりしている。また，環境破壊《かんきょうはかい》の進《すす》む土地《とち》や生態系《せいたいけい》を，住民《じゅうみん》が買《か》い上《あ》げることにより保全《ほぜん》を行《おこな》う**ナショナル＝トラスト運動《うんどう》**や，環境負荷《かんきょうふか》の少《すく》ない商品《しょうひん》を選択《せんたく》する**グリーン＝コンシューマー運動《うんどう》**なども注目《ちゅうもく》すべき取《と》り組《く》みである。

要点整理

会議名	開催地	重要事項
国連人間環境会議(ＵＮＨＣＥ) 1972	ストックホルム	「Only One Earth（かけがえのない地球）」・人間環境宣言・国連環境計画（ＵＮＥＰ）成立
国連環境開発会議 （ＵＮＣＥＤ，地球サミット） 1992	リオデジャネイロ	「持続可能な開発」・リオ宣言・地球温暖化防止条約・生物多様性条約
地球温暖化防止京都会議 1997	京都	京都議定書の採択 ※各国の排出量削減数値目標を決定
北海道洞爺湖サミット 2008	北海道・洞爺湖	ポスト京都議定書の枠組み
生物多様性条約第10回締約国会議 （ＣＯＰ10） 2010	名古屋	名古屋議定書の採択 ※生物資源の利用と利益配分について定める

新エネルギー開発

化石燃料《かせきねんりょう》は有限《ゆうげん》で，いつかは枯渇《こかつ》してしまうことが判明《はんめい》している。そのうえ，化石燃料《かせきねんりょう》の燃焼《ねんしょう》で発生《はっせい》する二酸化炭素《にさんかたんそ》などは，地球温暖化《ちきゅうおんだんか》の原因《げんいん》にもなっている。1973年《ねん》の第一次石油危機《だいいちじせきゆきき》（オイルショック）のように，化石燃料《かせきねんりょう》は価格《かかく》が非常《ひじょう》に不安定《ふあんてい》である。

化石燃料《かせきねんりょう》がほとんど採《と》れない国《くに》では，自国《じこく》の電力需要《でんりょくじゅよう》に応《こた》えるために，しばしば**原子力発電《げんしりょくはつでん》**の導入《どうにゅう》が見《み》られる。しかし，原子力発電《げんしりょくはつでん》は放射能《ほうしゃのう》の危険性《きけんせい》などが高《たか》く，安全性《あんぜんせい》の確保《かくほ》が急務《きゅうむ》な発電方法《はつでんほうほう》である。

トライ！ 過去問演習 問題21 ☞ P154

近年《きんねん》では，**新《しん》エネルギー**と呼《よ》ばれる，クリーンなエネルギーを供給《きょうきゅう》する技術《ぎじゅつ》の開発《かいはつ》が盛《さか》んである。たとえば，**太陽光《たいようこう》・風力《ふうりょく》・地熱《ちねつ》**など，主《おも》に自然《しぜん》の力《ちから》を利用《りよう》するものや，トウモロコシや砂糖《さとう》きびなどの穀物《こくもつ》を原料《げんりょう》とする**バイオ燃料《ねんりょう》**などが挙《あ》げられる。新《しん》エネルギーは環境《かんきょう》への負荷《ふか》が少《すく》なく，化石燃料《かせきねんりょう》に代替《だいたい》するエネルギーとして注目《ちゅうもく》が集《あつ》まっている。しかし，十分《じゅうぶん》な実用段階《じつようだんかい》に至《いた》っておらず，コストが高《たか》いなどの課題《かだい》がある。また，本来《ほんらい》，食用《しょくよう》で生産《せいさん》されていた穀物《こくもつ》の一部《いちぶ》がバイオ燃料《ねんりょう》の原料《げんりょう》に転《てん》じることによって，穀物価格《こくもつかかく》が高騰《こうとう》してしまう恐《おそ》れも指摘《してき》されている。

6 国際平和と国際協力

平和共存と核軍縮

北大西洋条約機構（NATO）❸
ワルシャワ条約機構（WTO）❸
キューバ危機❸
ケネディ❶
フルシチョフ❶
核拡散防止条約（NPT）❷
戦略兵器制限交渉（SALT）❷

戦後《せんご》の国際政治《こくさいせいじ》においては，アメリカとソ連《れん》という二《ふた》つの超大国《ちょうたいこく》が対立《たいりつ》する東西冷戦《とうざいれいせん》の時代《じだい》に突入《とつにゅう》した。アメリカを中心《ちゅうしん》とする資本主義圏《しほんしゅぎけん》と，ソ連《れん》を中心《ちゅうしん》とする社会主義圏《しゃかいしゅぎけん》それぞれが，政治的《せいじてき》・経済的《けいざいてき》・軍事的《ぐんじてき》に連帯《れんたい》することになった。資本主義圏《しほんしゅぎけん》では**北大西洋条約機構《きたたいせいようじょうやくきこう》（NATO）**が，これに対抗《たいこう》した社会主義圏《しゃかいしゅぎけん》では**ワルシャワ条約機構《じょうやくきこう》（WTO）**が，相次《あいつ》いで結成《けっせい》された。この二《ふた》つの軍事同盟《ぐんじどうめい》の対立《たいりつ》は核開発《かくかいはつ》の競争《きょうそう》を引《ひ》き起《お》こし，冷戦《れいせん》は全世界《ぜんせかい》を巻《ま》き込《こ》んでいった。

1960年代《ねんだい》に突入《とつにゅう》し，**1961年《ねん》のベルリンの壁構築《かべこうちく》**や1962年《ねん》の**キューバ危機《きき》**という象徴的《しょうちょうてき》な事件《じけん》を迎《むか》えることとなる。しかし，当時《とうじ》のアメリカ大統領《だいとうりょう》**ケネディ**とソ連《れん》の首相《しゅしょう》**フルシチョフ**両者《りょうしゃ》が譲歩《じょうほ》したことによって，核戦争《かくせんそう》の危機《きき》は回避《かいひ》された。

1968年《ねん》になると，核兵器保有国《かくへいきほゆうこく》を，アメリカ・イギリス・ソ連《れん》・中国《ちゅうごく》・フランスの5カ国に限定《げんてい》する**核拡散防止条約《かくかくさんぼうしじょうやく》（NPT）**が結《むす》ばれた。**1969年《ねん》**には，戦略《せんりゃく》ミサイル分野《ぶんや》の軍縮《ぐんしゅく》を目指《めざ》した**戦略兵器制限交渉《せんりゃくへいきせいげんこうしょう》（SALT）**が行《おこな》われた。しかし，この交渉《こうしょう》で，核兵器《かくへいき》の保有量《ほゆうりょう》が削減《さくげん》されることにはならなかった。

デタント（緊張緩和）❷

ソ連《れん》のゴルバチョフ政権《せいけん》の誕生後《たんじょうご》，**デタント（緊張《きんちょう》緩和《かんわ》）**と呼《よ》ばれる冷戦緩和《れいせんかんわ》の時代《じだい》が訪《おとず》れた。米《べい》ソ会談《かいだん》の成功《せいこう》によって，再《ふたた》び，核軍縮《かくぐんしゅく》が進《すす》められることとなる。**1991年《ねん》**には，**戦略兵器削減条約《せんりゃくへいきさくげんじょうやく》（ＳＴＡＲＴ）**が調印《ちょういん》された。

戦略兵器削減条約（START）❷

国連と平和維持活動（ＰＫＯ）

国連軍（UNF）❶
朝鮮戦争❸
国連平和維持活動（PKO）❸
国連平和維持軍（PKF）❷

国際連合《こくさいれんごう》は，国連憲章《こくれんけんしょう》に基《もと》づいて，世界平和《せかいへいわ》と安全《あんぜん》のための軍事的措置《ぐんじてきそち》をとるため，**国連軍《こくれんぐん》（ＵＮＦ）**を組織《そしき》することができる。しかしながら，**1950年《ねん》**の**朝鮮《ちょうせん》戦争《せんそう》**における国連軍《こくれんぐん》は**アメリカ中心《ちゅうしん》の軍《ぐん》**であった。また，冷戦中《れいせんちゅう》の米《べい》ソの対立《たいりつ》と度重《たびかさ》なる拒否権行使《きょひけんこうし》により安全保障理事会《あんぜんほしょうりじかい》が機能《きのう》していなかった。そのため，冷《れい》戦《せん》の終結《しゅうけつ》とともに，国連軍《こくれんぐん》に代《か》わる**国連平和維持活動《こくれんへいわいじかつどう》（ＰＫＯ）**への注目《ちゅうもく》が高《たか》まった。ＰＫＯは，軍事監視《ぐんじかんし》団《だん》，選挙監視団《せんきょかんしだん》，停戦監視団《ていせんかんしだん》，**国連平和維持軍《こくれんへいわいじぐん》（ＰＫＦ）**などを紛争地域《ふんそうちいき》に派遣《はけん》し，事態《じたい》の収拾《しゅうしゅう》を図《はか》ることを主《おも》な活動《かつどう》としている。国連平和維持軍《こくれんへいわいじぐん》は自衛《じえい》の場合《ばあい》のみ武力《ぶりょく》を行使《こうし》できる点《てん》が国連軍《こくれんぐん》と異《こと》なる。

政府開発援助（ＯＤＡ）

政府開発援助（ＯＤＡ）の仕組み

政府開発援助（ODA）❸

政府開発援助《せいふかいはつえんじょ》（ＯＤＡ）は，途上国《とじょうこく》の経済開発《けいざいかいはつ》や福《ふく》祉《し》向上《こうじょう》のため，主《おも》に，道路《どうろ》や水《みず》・電気《でんき》などの社会資本《しゃかいしほん》の整備《せいび》，教育《きょういく》や保健衛生《ほけんえいせい》あるいは環境保護事業《かんきょうほごじぎょう》などの推進《すいしん》に用《もち》いられる。

日本のＯＤＡの変遷

日本《にほん》は，1970年代以降《ねんだいいこう》，戦後賠償《せんごばいしょう》や円借款《えんしゃっかん》などを通《つう》じて，主《おも》に東《ひがし》アジアを対象《たいしょう》に資金援助《しきんえんじょ》を行《おこな》い，次第《しだい》にＯＤＡを拡大《かくだい》させていった。高度経済成長《こうどけいざいせいちょう》を背景《はいけい》に，日本《にほん》はＯＤＡ額《がく》を年々増加《ねんねんぞうか》させた。1991年《ねん》から2000年《ねん》にかけてはそれまで世界《せかい》１位《い》だったアメリカの額《がく》を抜《ぬ》くまでになった。しかし，**財政悪化後《ざいせいあっかご》の日本《にほん》のＯＤＡは削減傾向《さくげんけいこう》**にある。2009年時点《ねんじてん》では，支出純額《ししゅつじゅんがく》ベースではアメリカ，フランス，ドイツ，イギリスについで**世界第《せかいだい》５位《い》**となっている。

日本のＯＤＡの課題

日本《にほん》のＯＤＡをめぐっては，さまざまな問題点《もんだいてん》が指《し》摘《てき》されている。贈与《ぞうよ》の割合《わりあい》が小さく円借款《えんしゃっかん》が多《おお》いのではないか，他《ほか》の先進諸国《せんしんしょこく》と比較《ひかく》しても，**国民所得《こくみんしょとく》の高《たか》さの割《わり》にＯＤＡの割合《わりあい》が低《ひく》い**のではないか，などである。

資料

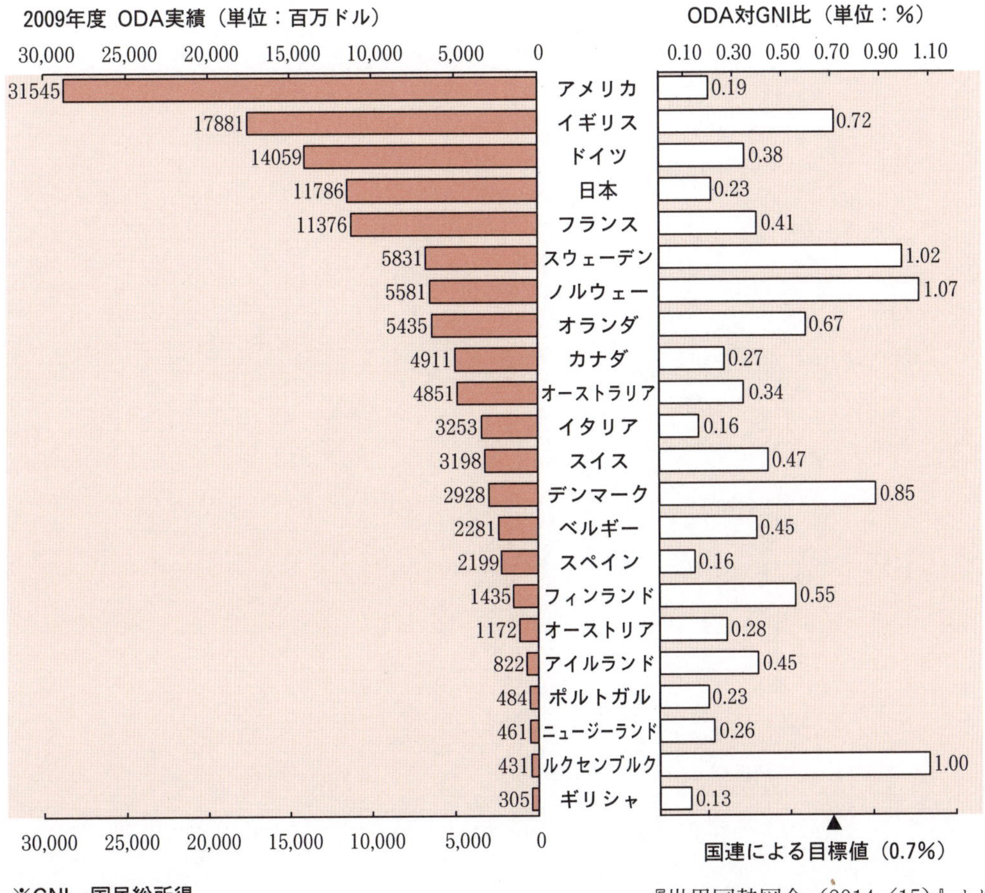

※GNI…国民総所得

『世界国勢図会（2014／15）』より作成

Ⅱ　地　理

1　地理的技能と世界の地理的環境

1　地球儀と地図

地球上の位置：緯度・経度と緯線・経線

本初子午線❶

回帰線❶

北極《ほっきょく》と南極《なんきょく》を結《むす》ぶ線《せん》を**経線《けいせん》**という。イギリスのロンドン郊外《こうがい》の旧《きゅう》グリニッジ天文台《てんもんだい》を通過《つうか》する経線《けいせん》を，基《き》準線《じゅんせん》（本初子午線《ほんしょしごせん》）としている。地球《ちきゅう》を東西《とうざい》にそれぞれ180度に分《わ》けたものが経度《けいど》である。経度《けいど》は，本初子《ほんしょし》午線《ごせん》から東《ひがし》を東経《とうけい》，西《にし》を西経《せいけい》という。

緯線《いせん》は赤道《せきどう》と平行《へいこう》に地球《ちきゅう》を切《き》ったときの線《せん》である。赤道《せきどう》を０度《ど》として，南北《なんぼく》をそれぞれ90度《ど》に分《わ》けたものが緯度《いど》である。赤道《せきどう》を基準《きじゅん》に，北《きた》を北緯《ほくい》，南《みなみ》を南緯《なんい》という。北緯《ほくい》90°は北極《ほっきょく》で，南緯《なんい》90°は南極《なんきょく》である。また，地軸《ちじく》の傾《かたむ》きと同《おな》じである23°26′（23度《ど》26分《ぷん》）の緯線《いせん》を回帰線《かいきせん》という。南北《なんぼく》それぞれの回帰線《かいきせん》を南回帰線《みなみかいきせん》，北《きた》回帰線《かいきせん》という。**夏至《げし》**の日《ひ》は**北回帰線上《きたかいきせんじょう》で南中高度《なんちゅうこうど》が90°**になる。同《おな》じく**冬至《とうじ》**の日《ひ》は**南回帰線上《みなみかいきせんじょう》で南中高度《なんちゅうこうど》が90°**になる。

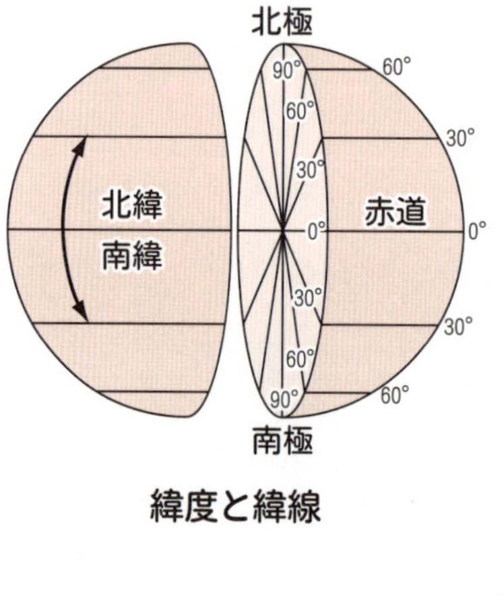

緯度と緯線

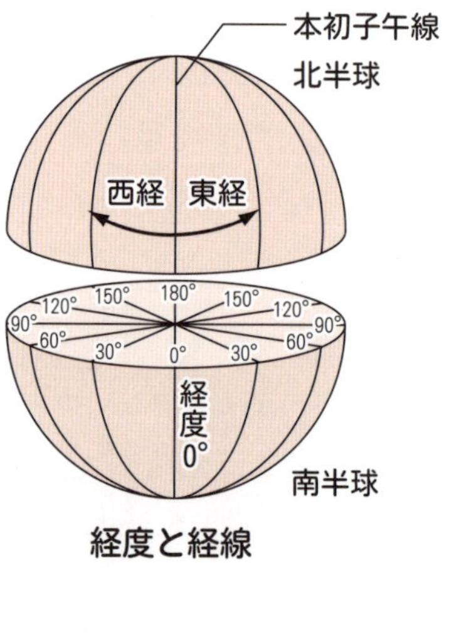

経度と経線

2 距離と方位

正角図法

正角図法❶
メルカトル図法❶

正角図法《せいかくずほう》では，**地球上《ちきゅうじょう》の任意《にんい》の地点《ちてん》の角度《かくど》が，地図《ちず》上《じょう》でも同《おな》じ角度《かくど》で表《あらわ》される**。**メルカトル図法《ずほう》**は，経線《けいせん》と緯線《いせん》が直交《ちょっこう》する平行線《へいこうせん》で表《あらわ》されている。**海図《かいず》**として使《つか》われるが，2地点《ちてん》を直線《ちょくせん》で結《むす》んだ航路《こうろ》が最短距離《さいたんきょり》にならない，高緯度《こういど》ほど面積《めんせき》や距離《きょり》が拡大《かくだい》するという欠《けっ》点《てん》がある。

資料 角度を正しく表す図法－メルカトル図法

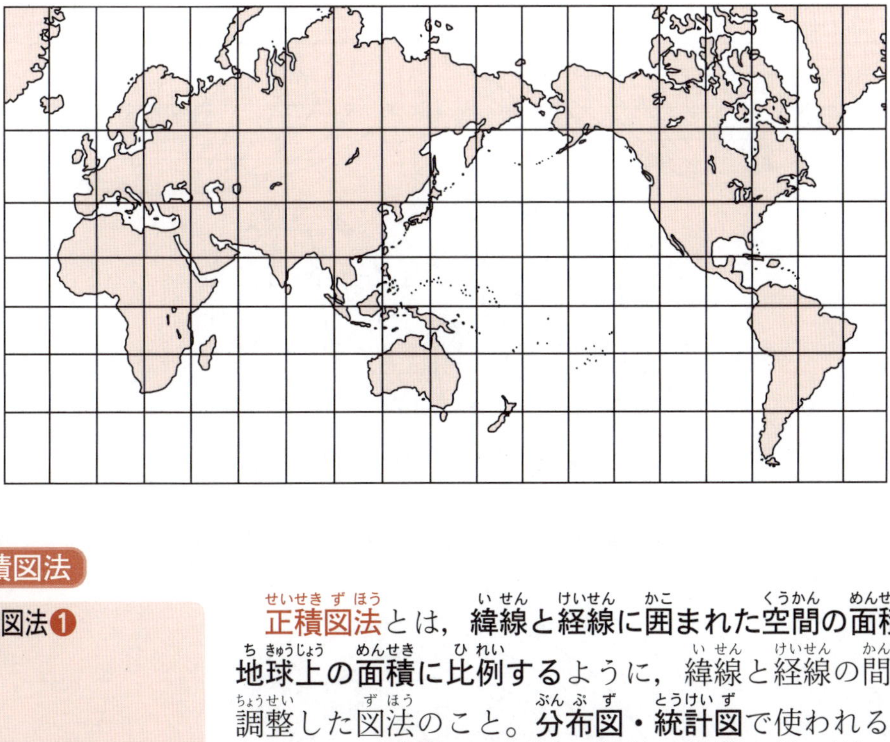

正積図法

正積図法❶
サンソン図法❶
モルワイデ図法❶
ホモロサイン(グード)図法❶

正積図法《せいせきずほう》とは，**緯線《いせん》と経線《けいせん》に囲《かこ》まれた空間《くうかん》の面積《めんせき》が，地球上《ちきゅうじょう》の面積《めんせき》に比例《ひれい》する**ように，緯線《いせん》と経線《けいせん》の間隔《かんかく》を調整《ちょうせい》した図法《ずほう》のこと。**分布図《ぶんぷず》・統計図《とうけいず》**で使われる。

サンソン図法《ずほう》は，中央《ちゅうおう》の経線《けいせん》と赤道付近《せきどうふきん》は形《かたち》の歪《ゆが》みが小《ちい》さいが，離《はな》れていくと陸地《りくち》の形《かたち》が歪《ゆが》む欠点《けってん》がある。

モルワイデ図法《ずほう》は，高緯度《こういど》の歪《ゆが》みを減《へ》らした図法《ずほう》で，**世界地図《せかいちず》**としてよく使《つか》われる。歪《ゆが》みの小《ちい》さいサンソン図法《ずほう》の低緯度《ていいど》と，モルワイデ図法《ずほう》の高緯度《こういど》を接合《せつごう》して，大陸《たいりく》の歪《ゆが》みを小《ちい》さくするため海洋《かいよう》を断裂《だんれつ》した図法《ずほう》を，**ホモロサイン（グード）図法《ずほう》**という。

正距方位図法

正距方位図法❷

正距方位図法《せいきょほういずほう》は，中心点《ちゅうしんてん》から全《すべ》ての方位《ほうい》と距離《きょり》が正《ただ》しく，直線《ちょくせん》は最短距離《さいたんきょり》を表《あらわ》すことができる。航空図《こうくうず》として使《つか》われるが，地図《ちず》の中心《ちゅうしん》から離《はな》れるにつれ，面積《めんせき》が拡大《かくだい》してしまうという欠点《けってん》がある。

資料　面積を正しく表す図法

サンソン図法

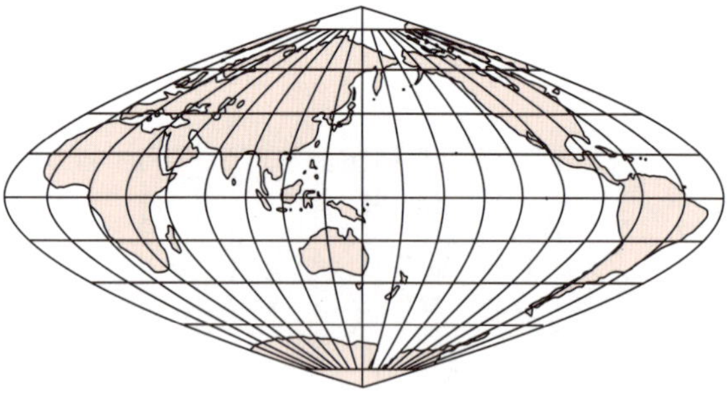

モルワイデ図法

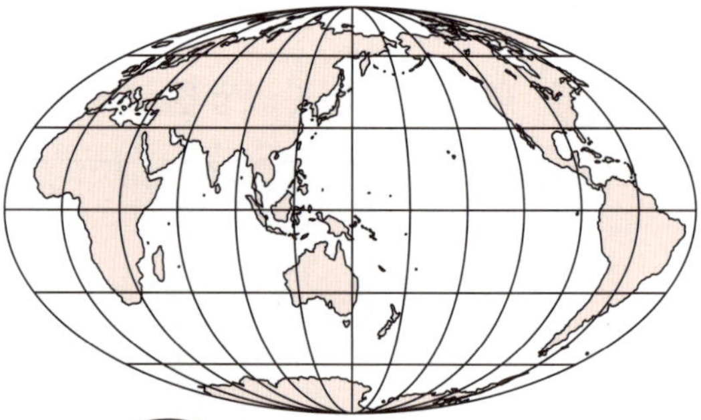

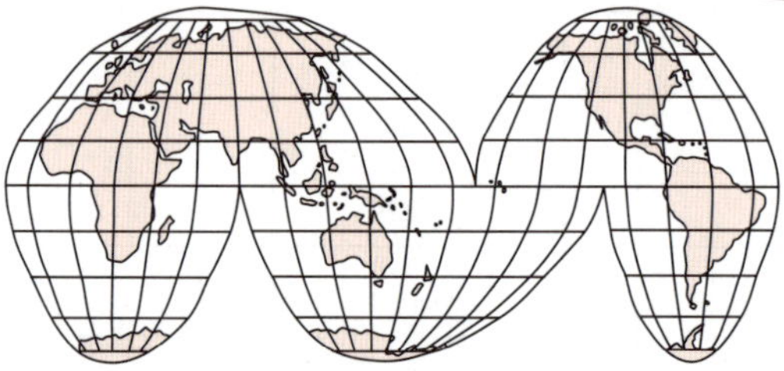

ホモロサイン（グード）図法

距離と方位を正しく表す図法－正距方位図法

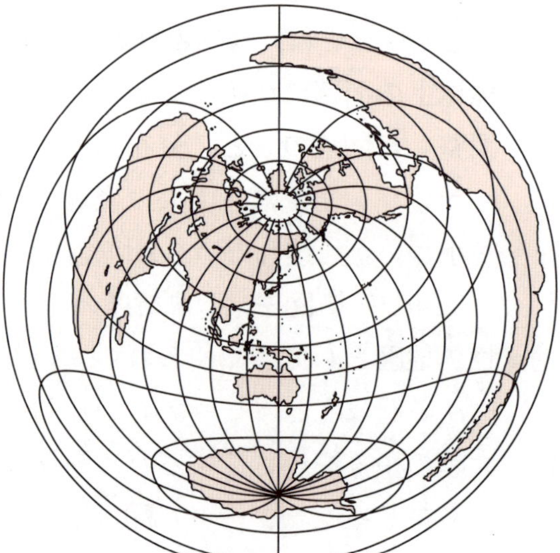

要点整理　各図法の利用と長所・短所

図法	利用	具体例	特徴	
正積図法	分布図	サンソン図法	長所	中央の経線と赤道付近は歪みが小さい
	統計図	モルワイデ図法	短所	縁辺部は歪みが大きい
正角図法	海図	メルカトル図法	長所	任意の2点間の角度が正しい
			短所	高緯度ほど面積や距離が拡大される
正距方位図法	航空図	正距方位図法	長所	図の中心からの距離と方位が正しい
			短所	縁辺部の歪みが大きい

3　空中写真と衛星画像

地図の作成

飛行《ひこう》する航空機《こうくうき》や人工衛星《じんこうえいせい》などを利用《りよう》して，一定《いってい》の高度《こうど》で，連続《れんぞく》して，地上《ちじょう》を撮影《さつえい》した写真《しゃしん》を空中写真《くうちゅうしゃしん》という。

空中写真《くうちゅうしゃしん》のうち，航空機《こうくうき》から撮影《さつえい》したものは航空写真《こうくうしゃしん》，人工衛星《じんこうえいせい》によるものは衛星画像《えいせいがぞう》という。

これらの写真《しゃしん》や映像《えいぞう》の情報《じょうほう》をもとに，編集《へんしゅう》と調整《ちょうせい》が加《くわ》えられ，様々《さまざま》な地図《ちず》が作成《さくせい》される。

国土交通省国土地理院《こくどこうつうしょうこくどちりいん》の発行《はっこう》する，国土基本図《こくどきほんず》や地形図《ちけいず》などは，空中写真《くうちゅうしゃしん》をもとに測量《そくりょう》して作成《さくせい》されるので「実測図《じっそくず》」と呼《よ》ばれる。この実測図《じっそくず》をもとに，編集《へんしゅう》・縮小《しゅくしょう》したものを「編集図《へんしゅうず》」という。

4　標準時と時差

準時と時差

標準時❷

時差❷

世界各地《せかいかくち》の**標準時**《ひょうじゅんじ》は，イギリスのロンドン郊外《こうがい》にある旧《きゅう》グリニッジ天文台《てんもんだい》を通《とお》る経度《けいど》0°の子午線《しごせん》（本初子午線《ほんしょしごせん》）から，経度《けいど》15度《ど》ごとに1時間《じかん》ずつ遅《おく》れたり進《すす》んだりする。この時間《じかん》の差《さ》を**時差**《じさ》という。

日本《にほん》の標準時《ひょうじゅんじ》は，**兵庫県明石市**《ひょうごけんあかしし》を通《とお》る**東経**《とうけい》**135°**の標準子午線《ひょうじゅんしごせん》をもとに決《き》められていて，世界標準時《せかいひょうじゅんじ》に9時間《じかん》足《た》した時刻《じこく》が日本《にほん》の標準時《ひょうじゅんじ》である。

要点整理 **時差の求め方**

（A地点の標準子午線の経度－B地点の標準子午線の経度）÷15＝時差

＊東経の場合はプラス，西経の場合はマイナスの値を代入する。
＊時差の値がプラスの数値の場合はA地点の時刻が進んでいることを表し，マイナスの数値の場合はA地点の時刻が遅れていることを表す。

例：東京とニューヨークの時差

	標準子午線	計算式	時差
東京	東経 135°	{135－(－75)}÷15＝210÷15＝14	14時間
ニューヨーク	西経 75°		

＊東京がニューヨークより14時間，時刻が進んでいる。

日付変更線

日付変更線❶

太平洋上《たいへいようじょう》の経度《けいど》180°線《せん》に沿《そ》って南北《なんぼく》に引《ひ》かれた線《せん》を，**日付変更線《ひづけへんこうせん》**という。日付変更線《ひづけへんこうせん》を，西《にし》から東《ひがし》へ越《こ》える場合《ばあい》には日付《ひづけ》を１日遅《にちおく》らせ，東《ひがし》から西《にし》へ越《こ》える場合《ばあい》には日付《ひづけ》を１日進《にちすす》める必要《ひつよう》がある。

5 地理情報

統計を用いた主題図

ある事象《じしょう》の数値《すうち》や分布《ぶんぷ》を表現《ひょうげん》した地図《ちず》を，**統計地図《とうけいちず》**という。統計地図《とうけいちず》には，その表現方法《ひょうげんほうほう》によって，ドットマップ・メッシュマップ・等値線図《とうちせんず》などがある。

ドットマップは，事象《じしょう》の数量《すうりょう》や分布《ぶんぷ》を，小《ち》さな点《てん》で表現《ひょうげん》した地図《ちず》。人口《じんこう》の分布《ぶんぷ》，農業《のうぎょう》や鉱工業《こうこうぎょう》の生産物《せいさんぶつ》の分布図《ぶんぷず》としての用途《ようと》がある。

メッシュマップは，地図上《ちずじょう》をメッシュ（等面積《とうめんせき》の編《あ》み目《め》）に区切《くぎ》り，各《かく》メッシュに数値《すうち》を与《あた》えた地図《ちず》。気象庁《きしょうちょう》が発表《はっぴょう》するアメダス（AMeDAS：地域気象観測《ちいききしょうかんそく》網《もう》）はメッシュマップの好例《こうれい》。

等値線図《とうちせんず》は，地図上《ちずじょう》の等《ひと》しい数値《すうち》の点《てん》を線《せん》で結《むす》んだ，地図《ちず》。地形図《ちけいず》の等高線《とうこうせん》や天気図《てんきず》の等圧線《とうあつせん》が好例《こうれい》。

トライ！ 過去問演習 問題22 ☞P155

コンピュータを用いた地図

コンピュータを用《もち》いて地図作成《ちずさくせい》や図化作業《ずかさぎょう》を行《おこな》った地図《ちず》を，電子地図《でんしちず》（デジタルマップ）という。コンピュータグラフィックなどを駆使《くし》することで，仕上《しあ》がりが美《うつく》しい。

地図上《ちずじょう》に数量《すうりょう》や分布《ぶんぷ》を記《しる》して統計地図《とうけいちず》を作成《さくせい》する場《ば》合《あい》も，今日《こんにち》ではコンピュータが活用《かつよう》される場合《ばあい》が多《おお》い。**ＧＩＳ（地理情報《ちりじょうほう》システム）**という方法《ほうほう》がとられている。ＧＩＳは，コンピュータを用《もち》い，様々《さまざま》なデータを分析《ぶんせき》・加工《かこう》して地図上《ちずじょう》に表現《ひょうげん》するシステムのこと。行《ぎょう》政《せい》や民間《みんかん》レベルでも活用《かつよう》されるようになってきている。

6 気候

気候の類型化

毎年《まいとし》，繰《く》り返《かえ》される，大気《たいき》の平均的《へいきんてき》な状態《じょうたい》を気候《きこう》という。気候《きこう》は，気温《きおん》・降水量《こうすいりょう》・風《かぜ》などの，気候要素《きこうようそ》によって成《な》り立《た》っている。また，緯度《いど》・高度《こうど》・地形《ちけい》などの，気候因子《きこういんし》に影響《えいきょう》されている。

熱帯《ねったい》・乾燥帯《かんそうたい》・温帯《おんたい》・冷帯《れいたい》（亜寒帯《あかんたい》）・寒帯《かんたい》の５つに類型化《るいけいか》される気候帯《きこうたい》は，植生《しょくせい》と，植生《しょくせい》に大《おお》きな影響《えいきょう》を与《あた》える，気温《きおん》と降水量《こうすいりょう》をもとに，区分《くぶん》・類型化《るいけいか》されている。

熱帯気候（Ａ）

熱帯《ねったい》は，気温《きおん》による四季《しき》の区別《くべつ》がはっきりせず，１年《ねん》を通《とお》して高温《こうおん》で，降水量《こうすいりょう》が多《おお》い。赤道付近《せきどうふきん》に分布《ぶんぷ》していて，１年中雨《ねんじゅうあめ》が降《ふ》る熱帯雨林気候《ねったいうりんきこう》（Af）と，雨季《うき》と乾季《かんき》があるサバナ気候《きこう》（Aw）とに分《わ》けられている。

熱帯雨林気候❶

熱帯雨林気候《ねったいうりんきこう》は，南米《なんべい》の**アマゾン川流域《がわりゅういき》**，アフリカの**コンゴ川流域《がわりゅういき》**などが典型《てんけい》。

サバナ気候❶

サバナ気候《きこう》は，**熱帯雨林気候帯《ねったいうりんきこうたい》の北《きた》と南《みなみ》**に分布《ぶんぷ》し，夏《なつ》は雨季《うき》に，冬《ふゆ》は乾季《かんき》になる。乾季《かんき》には，草《くさ》が枯《か》れ，樹木《じゅもく》も落葉《らくよう》するので，褐色《かっしょく》の草原《そうげん》が広《ひろ》がっている。

乾燥帯気候（B）

乾燥帯❶

乾燥帯《かんそうたい》は，年間《ねんかん》の蒸発量《じょうはつりょう》が年間《ねんかん》の降水量《こうすいりょう》を上回《うわまわ》る，乾燥地域《かんそうちいき》。日中《にっちゅう》の熱《ねつ》が夜間《やかん》には失《うしな》われるため，気温《きおん》の日較差《にちかくさ》が大《おお》きい。降水量《こうすいりょう》によって，砂漠気候《さばくきこう》とステップ気候《きこう》に分《わ》かれる。

砂漠気候❶

砂漠気候《さばくきこう》（BW）は，年降水量《ねんこうすいりょう》が250㎜以下《いか》の地域《ちいき》で，植物《しょくぶつ》が見《み》られない。ユーラシア大陸内陸部《たいりくないりくぶ》の**タクラマカン砂漠《さばく》**やカラクーム砂漠《さばく》，アフリカの**サハラ砂《さ》漠《ばく》**が典型《てんけい》。

ステップ気候❶

ステップ気候《きこう》（BS）は，砂漠《さばく》の周辺《しゅうへん》に分布《ぶんぷ》する，乾燥気候《かんそうきこう》。ステップと呼《よ》ばれる草原《そうげん》が広《ひろ》がっている。

温帯気候（C）

温帯《おんたい》は，四季《しき》の変化《へんか》があり，温和《おんわ》で，適度《てきど》の降水《こうすい》が見《み》られる。気温《きおん》や降水量《こうすいりょう》の違《ちが》いによって，温暖湿潤気候《おんだんしつじゅんきこう》・西岸海洋性気候《せいがんかいようせいきこう》・地中海性気候《ちちゅうかいせいきこう》・温暖冬季少雨気候《おんだんとうきしょううきこう》の，4つに分《わ》けられる。

温暖湿潤気候❶

温暖湿潤気候《おんだんしつじゅんきこう》（Cfa）は，**モンスーン**（季節風《きせつふう》）の影響《えいきょう》で降水《こうすい》に恵《めぐ》まれる。台風《たいふう》やハリケーンによって暴風雨《ぼうふうう》に見舞《みま》われることもある。

西岸海洋性気候❶

偏西風❶

西岸海洋性気候《せいがんかいようせいきこう》（Cfb）は，**偏西風《へんせいふう》**の影響《えいきょう》で年間《ねんかん》を通《とお》して適度《てきど》な降水量《こうすいりょう》がある分《ぶん》，冬《ふゆ》の冷《ひ》え込《こ》みがゆるく，気温《きおん》の年較差《ねんかくさ》が小《ちい》さい。**ヨーロッパの北西部《ほくせいぶ》**に分布《ぶんぷ》している。

地中海性気候❶

地中海性気候《ちちゅうかいせいきこう》（Cs）は，夏《なつ》は乾燥《かんそう》するが，冬《ふゆ》は温暖《おんだん》で降雨《こうう》に恵《めぐ》まれる。**中緯度《ちゅういど》の大陸西岸《たいりくせいがん》**に分布《ぶんぷ》している。

温暖冬季少雨気候❶

温暖冬季少雨気候《おんだんとうきしょううきこう》（Cw）は，海岸寄《かいがんよ》りの内陸《ないりく》に分布《ぶんぷ》する気候《きこう》。夏季《かき》は多雨《たう》，冬季《とうき》は乾燥《かんそう》する。

冷帯（亜寒帯）気候（D）・寒帯気候（E）

ツンドラ気候❶

氷雪気候❶

冷帯《れいたい》（亜寒帯《あかんたい》）は，冬《ふゆ》が長《なが》く夏《なつ》が短《みじか》い。気温《きおん》の年較《ねんかく》差《さ》が大《おお》きいのが特徴《とくちょう》。北半球《きたはんきゅう》の高緯度《こういど》に分布《ぶんぷ》し，日本《にほん》の北海道《ほっかいどう》もここに属《ぞく》す。

寒帯《かんたい》は両極《りょうきょく》地方《ちほう》の周辺《しゅうへん》に分布《ぶんぷ》する寒冷《かんれい》な地域《ちいき》で，最《さい》暖月平均気温《だんげつへいきんきおん》が10℃を超《こ》えない。短《みじか》い夏《なつ》には気温《きおん》があがる。苔《こけ》などが生《は》える地域《ちいき》は**ツンドラ気候《きこう》**（ET）と呼《よ》ばれる。

南極《なんきょく》やグリーンランドの内陸部《ないりくぶ》では，最暖月平均気《さいだんげつへいきんき》温《おん》が０℃未満《みまん》の，**氷雪気候《ひょうせつきこう》**（EF）に覆《おお》われる。寒帯《かんたい》は北極《ほっきょく》と南極《なんきょく》の極圏内《きょくけんない》に分布《ぶんぷ》している。

要点整理　気候帯と気候区

気候帯	気候区	
熱帯気候（A）	熱帯雨林気候（Af）	サバナ気候（Aw）
乾燥帯気候（B）	砂漠気候（BW）	ステップ気候（BS）
温帯気候（C）	温暖湿潤気候（Cfa） 地中海性気候（Cs）	西岸海洋性気候（Cfb） 温暖冬季少雨気候（Cw）
冷帯気候（D）	冷帯湿潤気候（Df）	冷帯冬季少雨気候（Dw）
寒帯気候（E）	ツンドラ気候（ET）	氷雪気候（EF）

発展　異常気象

異常気象《いじょうきしょう》とは，暖冬《だんとう》や冷夏《れいか》，多雨《たう》や干《かん》ばつなど，その地域《ちいき》で通常起《つうじょうお》こらないような気象現象《きしょうげんしょう》のことを指《さ》す。代表的《だいひょうてき》なのは**エルニーニョ現象《げんしょう》**や**ラニーニャ現象《げんしょう》**である。エルニーニョ現象《げんしょう》は，暖水《だんすい》が太平洋《たいへいよう》の東部赤道付近《とうぶせきどうふきん》や南東部《なんとうぶ》にまで拡大《かくだい》することにより，気圧《きあつ》が低下《ていか》し，世界各地《せかいかくち》で高温《こうおん》・低温《ていおん》・多雨《たう》・少《しょう》雨《う》といった異常気象《いじょうきしょう》を引《ひ》き起《お》こす現象《げんしょう》である。対《たい》して，ラニーニャ現象《げんしょう》は，同《おな》じ海域《かいいき》の水温《すいおん》が低下《ていか》することにより，同様《どうよう》の異常気象《いじょうきしょう》を引《ひ》き起《お》こす現象《げんしょう》である。

7 地形

地形の形成と変化

大地形と小地形

内的営力❶
外的営力❶

地球《ちきゅう》の表面《ひょうめん》は，造陸運動《ぞうりくうんどう》・造山運動《ぞうざんうんどう》・火山活動《かざんかつどう》と呼《よ》ばれる地球《ちきゅう》の**内的営力**《ないてきえいりょく》と，水《みず》や風《かぜ》による侵食《しんしょく》，侵食《しんしょく》されたものが積《つ》み重《かさ》なる堆積《たいせき》などの**外的営力**《がいてきえいりょく》の作用によって作《つく》られる。

大地形❶

内的営力《ないてきえいりょく》で形成《けいせい》された，大陸《たいりく》・大山脈《だいさんみゃく》・海嶺《かいれい》・海溝《かいこう》などは，**大地形**《だいちけい》と呼《よ》ばれる。造山運動《ぞうざんうんどう》により形成《けいせい》された，急峻《きゅうしゅん》な山地《さんち》を新期造山帯《しんきぞうざんたい》という。この新期造山帯《しんきぞうざんたい》は火山帯《かざんたい》や地震帯《じしんたい》とも重《かさ》なっている。地震《じしん》の多発地帯《たはっちたい》の例《れい》として，環太平洋造山帯《かんたいへいようぞうざんたい》やアルプス・ヒマラヤ造山帯《ぞうざんたい》が挙《あ》げられる。

小地形❶

一方《いっぽう》，侵食《しんしょく》や堆積《たいせき》などの外的営力《がいてきえいりょく》で形成《けいせい》される，扇状地《せんじょうち》・段丘《だんきゅう》・砂丘《さきゅう》などは，**小地形**《しょうちけい》と呼《よ》ばれる。

8 植生

気候と植生の関係

乾燥《かんそう》・湿潤《しつじゅん》，寒冷《かんれい》・温暖《おんだん》などの影響《えいきょう》で植生《しょくせい》も変化《へんか》する。そのため，気候区分《きこうくぶん》によって植生《しょくせい》が異《こと》なる。

熱帯の植生

ジャングル❶

熱帯雨林気候《ねったいうりんきこう》の下《もと》では，多種《たしゅ》の常緑広葉樹《じょうりょくこうようじゅ》の密林《みつりん》が見《み》られる。密林《みつりん》は**ジャングル**やセルバとも呼《よ》ばれる。

一方《いっぽう》，サバナ気候《きこう》のもとでは，雨季《うき》に，樹木《じゅもく》は葉《は》をつけ草《くさ》も生《は》えるが，乾季《かんき》になると，樹木《じゅもく》は落葉《らくよう》し草《くさ》は枯《か》れる。

乾燥帯の植生

オアシス❶

蒸発量《じょうはつりょう》が降水量《こうすいりょう》を上回《うわまわ》る**砂漠地帯**《さばくちたい》では，植生《しょくせい》が見《み》られない。但《ただ》し，**オアシス**には樹木《じゅもく》が生育《せいいく》している。ス

ステップ❶

テップ気候帯《きこうたい》では，樹木《じゅもく》が生育《せいいく》しにくく，短《みじか》い丈《たけ》の草《くさ》の**ステップ**（草原《そうげん》）が広《ひろ》がっている。

温帯の植生

地中海性気候《ちちゅうかいせいきこう》では，夏《なつ》の乾燥《かんそう》に耐《た》える**コルクガシ**や**オリーブ**などの，硬葉樹《こうようじゅ》が生育《せいいく》する。温暖冬季少雨気《おんだんとうきしょううき》候《こう》は，サバナに隣接《りんせつ》する地域《ちいき》で，常緑照葉樹《じょうりょくしょうようじゅ》が茂《しげ》るが，緯度《いど》が高《たか》くなるにつれて落葉樹《らくようじゅ》も見《み》られる。温暖湿潤《おんだんしつじゅん》気候《きこう》では，針葉樹《しんようじゅ》や広葉樹《こうようじゅ》が混交《こんこう》して生育《せいいく》する。

冷帯の植生

タイガ❶

冷帯気候《れいたいきこう》の下《もと》では，寒冷《かんれい》の影響《えいきょう》で，針葉樹林《しんようじゅりん》である**タイガ**が広《ひろ》がっている。この地域《ちいき》は，世界的《せかいてき》な木材《もくざい》の供給地《きょうきゅうち》となっている。

2　日本の国土と人々

1　国土と環境

日本列島の地形の特徴

プレートの境界

環太平洋火山帯❶

北海道《ほっかいどう》，本州《ほんしゅう》，四国《しこく》，九州《きゅうしゅう》などから構成《こうせい》される日本《にほん》列島《れっとう》は，**海洋《かいよう》プレート**である太平洋《たいへいよう》プレートとフィリピン海《かい》プレート，**大陸《たいりく》プレート**であるユーラシアプレートと北《きた》アメリカプレートの4つのプレートの境界《きょうかい》に位《い》置《ち》している。海洋《かいよう》プレートが大陸《たいりく》プレートの下《した》に沈《しず》み込《こ》むことで，地震《じしん》や火山帯《かざんたい》が多《おお》い**環太平洋火山帯《かんたいへいようかざんたい》**の一《いち》部《ぶ》にもなっている。

山脈と火山

フォッサマグナ❶

日本《にほん》の国土《こくど》の約《やく》4分《ぶん》の3は山地《さんち》である。本州《ほんしゅう》の中央《ちゅうおう》部《ぶ》には，糸魚川《いといがわ》・静岡構造線《しずおかこうぞうせん》といわれるプレート境界《きょうかい》があり，その西側《にしがわ》には，中央高地《ちゅうおうこうち》（日本《にほん》アルプス）といわれる3000m前後《ぜんご》の急峻《きゅうしゅん》な山々《やまやま》がそびえている。東《ひがし》側《がわ》の地域《ちいき》には，**フォッサマグナ**といわれる大地溝帯《だいちこうたい》が見《み》られる。

環太平洋火山帯《かんたいへいようかざんたい》に含《ふく》まれる日本列島《にほんれっとう》の，各地《かくち》には火《か》山《ざん》が分布《ぶんぷ》し，現在《げんざい》でも活発《かっぱつ》な活動《かつどう》が見《み》られる。この火《か》山活動《ざんかつどう》の影響《えいきょう》で日本《にほん》では**地震《じしん》**や地震《じしん》にともなう**津波《つなみ》**がしばしば発生《はっせい》している。一方《いっぽう》で，火山地域《かざんちいき》では，**温泉《おんせん》**や**地熱発電《ちねつはつでん》**の利用《りよう》が見《み》られる。

平野

沖積平野❶

日本《にほん》の平野《へいや》は海側《うみがわ》に，盆地《ぼんち》は山《やま》に囲《かこ》まれた内陸《ないりく》に位《い》置《ち》する。比較的《ひかくてき》，降水量《こうすいりょう》が多《おお》い日本《にほん》では，河川《かせん》による侵食《しんしょく》・運搬作用《うんぱんさよう》が盛《さか》んであり，山間部《さんかんぶ》では多数《たすう》の深《ふか》い谷《たに》（V字谷《じだに》）が形成《けいせい》され，下流域《かりゅういき》には氾濫原《はんらんげん》などの**沖《ちゅう》積平野《せきへいや》**が形成《けいせい》されやすい。

また，**日本《にほん》の河川《かせん》**は，**流《なが》れが急《きゅう》**であり，流量《りゅうりょう》も季節《きせつ》によって大《おお》きく変《か》わるという特徴《とくちょう》がある。

日本の気候

日本の四季

季節風(モンスーン)❶
シベリア気団❶
小笠原気団❶
梅雨❶

季節風《きせつふう》（モンスーン）の影響《えいきょう》を受《う》ける日本《にほん》では，四《し》季《き》が明瞭《めいりょう》に区別《くべつ》できる。

冬《ふゆ》には，**シベリア気団《きだん》**（高気圧《こうきあつ》）から吹《ふ》き付《つ》ける北西季節風《ほくせいきせつふう》が，日本海《にほんかい》で水蒸気《すいじょうき》を吸収《きゅうしゅう》して，**日本海側《にほんかいがわ》**に**降雪《こうせつ》**をもたらす。この季節風《きせつふう》は，山《やま》を越《こ》えると乾燥《かんそう》し，**太平洋側《たいへいようがわ》**は乾燥《かんそう》した**晴天《せいてん》**となる。

夏《なつ》には，**小笠原気団《おがさわらきだん》**（高気圧《こうきあつ》）から南寄《みなみよ》りの季節風《きせつふう》が吹《ふ》き，熱帯《ねったい》のような暑《あつ》さとなる。

春《はる》と秋《あき》には，高気圧《こうきあつ》と低気圧《ていきあつ》が交互《こうご》に通過《つうか》し，天気《てんき》は周期的《しゅうきてき》に変化《へんか》する。また初夏《しょか》には，梅雨前線《ばいうぜんせん》が北海道《ほっかいどう》を除《のぞ》く日本列島《にほんれっとう》に停滞《ていたい》して，**梅雨《つゆ》**をもたらし，初秋《しょしゅう》にも，前線《ぜんせん》が停滞《ていたい》することで秋雨《あきさめ》が降《ふ》る。

資料　日本の月別平均降水量と月別平均気温

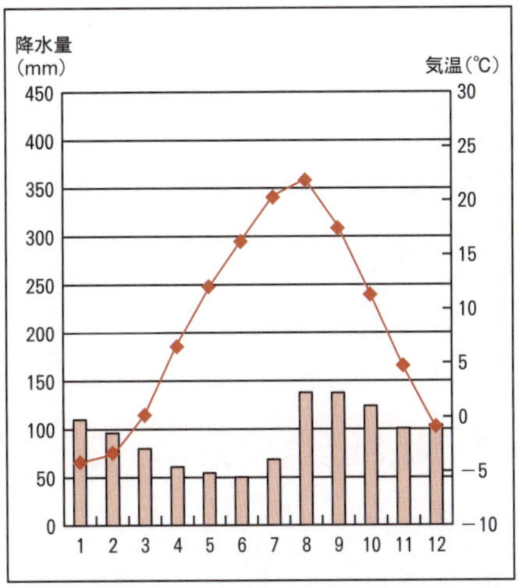

札幌

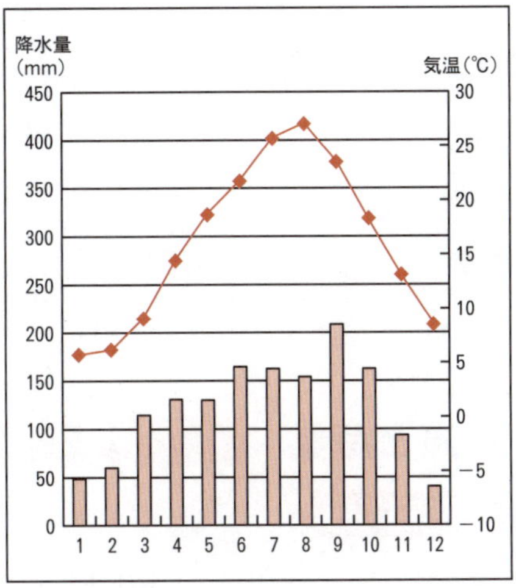

東京

札幌《さっぽろ》（北海道《ほっかいどう》の気候《きこう》）：冷帯《れいたい》（亜寒帯《あかんたい》）であり，冬《ふゆ》は非常《ひじょう》に寒《さむ》く，夏《なつ》もほとんど暑《あつ》くならない。降水《こうすい》は年間《ねんかん》を通《とお》して見《み》られ，梅雨現象《ばいうげんしょう》は見《み》られない。

東京《とうきょう》（太平洋側《たいへいようがわ》の気候《きこう》）：夏《なつ》は，海《うみ》から南東《なんとう》の季節風《きせつふう》が吹《ふ》く影響《えいきょう》で降水量《こうすいりょう》が増《ふ》え，蒸《む》し暑《あつ》くなる。逆《ぎゃく》に，冬《ふゆ》になると，内陸部《ないりくぶ》から山脈《さんみゃく》を越《こ》えて北西《ほくせい》の季節風《きせつふう》が吹《ふ》き，乾燥《かんそう》した晴《は》れの日《ひ》が続《つづ》く。

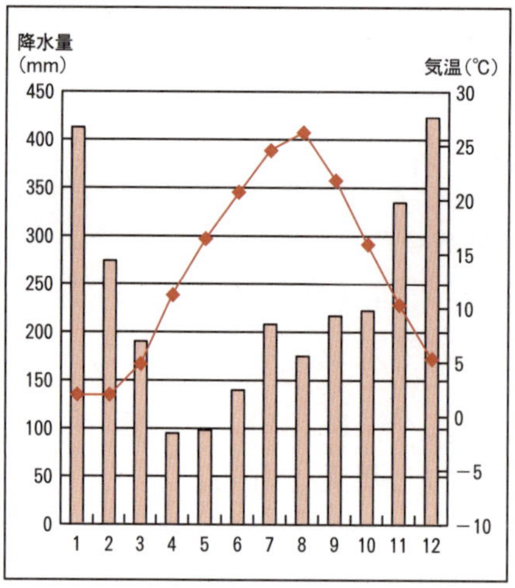

上越（高田）

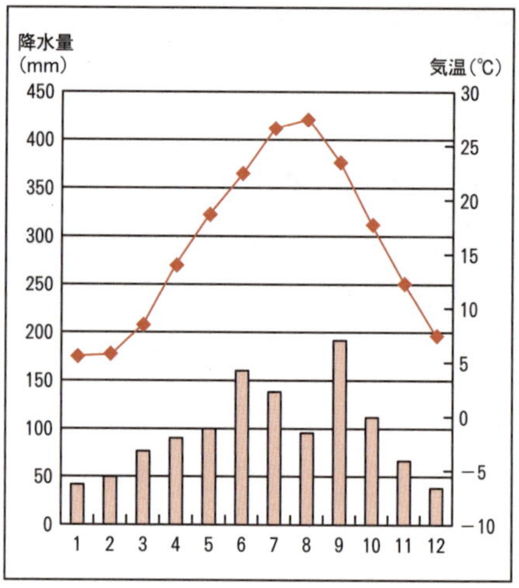

高松

上越《じょうえつ》（日本海側《にほんかいがわ》の気候《きこう》）：夏《なつ》は，晴《は》れの日《ひ》が多《おお》く，気温《きおん》も高《たか》い。冬《ふゆ》は，大陸《たいりく》から海《うみ》を渡《わた》り湿気《しっけ》を含《ふく》んだ季節風《きせつふう》が吹《ふ》く影響《えいきょう》で，雪《ゆき》が多《おお》く降《ふ》る。

高松《たかまつ》（瀬戸内《せとうち》の気候《きこう》）：中国山地《ちゅうごくさんち》と四国山地《しこくさんち》が季節風《きせつふう》をさえぎる。そのため，年間《ねんかん》を通《とお》して，晴《は》れの日《ひ》が多《おお》く，温暖《おんだん》な気候《きこう》である。降水量《こうすいりょう》の少《すく》なさから**日照《ひで》り**や**干《かん》ばつ**が起《お》きやすいため，ため池《いけ》などの工夫《くふう》がされている。

気象による自然災害

やませ❶

不順《ふじゅん》な天候《てんこう》や異常《いじょう》な気象《きしょう》によって，自然災害《しぜんさいがい》が起《お》こる。夏《なつ》に小笠原気団《おがさわらきだん》の勢力《せいりょく》が弱《よわ》い場合《ばあい》，北海道《ほっかいどう》や東北《とうほく》地方《ちほう》には冷涼湿潤《れいりょうしつじゅん》の北東風《ほくとうふう》が吹《ふ》く。この風《かぜ》は，**やませ**と呼《よ》ばれ，日照不足《にっしょうぶそく》や**冷害《れいがい》**をもたらす。

2　資源と産業

日本の資源問題

工業国《こうぎょうこく》として発展《はってん》を遂《と》げた日本《にほん》は，エネルギー資源《しげん》や鉱産資源《こうさんしげん》を多量《たりょう》に消費《しょうひ》しており，その大部分《だいぶぶん》を海外《かいがい》に依存《いぞん》している。このように，経済活動《けいざいかつどう》に必要《ひつよう》な資源《しげん》のほとんどを海外《かいがい》に依存《いぞん》する状況《じょうきょう》は，世界情勢《せかいじょうせい》の影響《えいきょう》を受《う》けやすいという欠点《けってん》がある。2度《ど》にわたる石油危《せきゆき》機《き》を日本《にほん》は，1970年代《ねんだい》に経験《けいけん》した。それらを機《き》に，原《げん》子力《しりょく》や地熱《ちねつ》，風力《ふうりょく》などの代替《だいたい》エネルギーの開発《かいはつ》に，力《ちから》を入《い》れている。

トライ！ 過去問演習　問題23 ☞ P155

資料　主要国の一次エネルギー供給（2011年，石油換算　万t）

	供給量	供給構成比（%）					純輸入量	自給率
		石炭	石油	天然ガス	原子力	その他		
日本	46,147	23.3%	**44.7%**	21.7%	5.7%	4.6%	42,110	**11%**
アメリカ合衆国	219,119	21.9%	35.9%	26.0%	9.8%	6.6%	45,726	81%
中国	272,773	**68.1%**	16.2%	4.0%	0.8%	10.9%	37,862	89%
ロシア	73,097	15.9%	21.7%	**53.5%**	6.2%	2.8%	**−57,181**	**180%**
ドイツ	31,117	24.8%	32.7%	22.3%	9.0%	11.1%	19,904	**40%**
カナダ	25,185	7.8%	32.5%	33.2%	9.7%	16.9%	**−15,846**	**162%**
フランス	25,283	4.1%	29.9%	14.6%	**45.6%**	5.8%	12,640	54%
オーストラリア	12,289	**39.2%**	33.6%	22.0%	0%	5.2%	**−17,965**	**241%**

※純輸入量マイナス値は純輸出量がプラスであることを表す。『世界国勢図会(2014/15)』より作成

資料のポイント

主要国のエネルギー生産の特徴

石炭の比重が高い国………中国
石油の比重が高い国…………日本，カナダ，フランス
原子力の比重が高い国……フランス
天然ガスの比重が高い国……ロシア
エネルギー輸入量の多い国…アメリカ合衆国，日本，中国
エネルギー輸出量の多い国…ロシア
エネルギー自給率の高い国…ロシア，カナダ，オーストラリア
エネルギー自給率の低い国…日本，ドイツ

日本の産業

工業の発達と変化

1950年代《ねんだい》の半《なか》ばから1970年代《ねんだい》の前半《ぜんはん》までの高度経済《こうどけいざい》成長時代《せいちょうじだい》には，鉄鋼《てっこう》・石油《せきゆ》・化学《かがく》などの素材型産業《そざいがたさんぎょう》と，電気機械《でんききかい》・精密機械《せいみつきかい》・自動車《じどうしゃ》などの各産業《かくさんぎょう》に，大量生《たいりょうせい》産《さん》の技術《ぎじゅつ》が導入《どうにゅう》され，輸出量《ゆしゅつりょう》も順調《じゅんちょう》に伸張《しんちょう》した。

1970年代《ねんだい》の石油危機《せきゆきき》を契機《けいき》に，素材型産業《そざいがたさんぎょう》に代《か》わり，電気機械《でんききかい》や自動車産業《じどうしゃさんぎょう》が基幹産業《きかんさんぎょう》となり，その後《ご》の経《けい》済成長《ざいせいちょう》の牽引役《けんいんやく》を果《は》たした。

資料　世界の自動車生産（単位　千台）

	1990年	2000年	2009年
日　本	13,487	10,141	7,935
中　国	474	2,069	13,791
アメリカ合衆国	9,783	12,800	5,709
ドイツ	4,977	5,527	5,210

『世界国勢図会（2010/11）』より作成

資料のポイント

- 中国は近年の自動車生産の伸びが著しい。
- アメリカ合衆国は，大手自動車会社の倒産により，生産台数が低下している。
- **日本は，生産拠点を海外にシフト**しており，国内の生産台数は低下傾向にある。

世界の中の日本の農業

農業《のうぎょう》を取《と》り巻《ま》く問題《もんだい》に対《たい》して，政府《せいふ》は様々《さまざま》な支援策《しえんさく》を打《う》ち出《だ》してきている。しかし，農業《のうぎょう》の就業者人口《しゅうぎょうしゃじんこう》は減少《げんしょう》の傾向《けいこう》にあり，高齢化《こうれいか》も進《すす》んでいる。そのため，問題《もんだい》は山積《さんせき》されている。

日本《にほん》の食料自給率《しょくりょうじきゅうりつ》は，欧米諸国《おうべいしょこく》に比《くら》べて低《ひく》い。食料《しょくりょう》安全保障《あんぜんほしょう》の観点《かんてん》から見《み》ても，農業《のうぎょう》の立《た》て直《なお》しが迫《せま》られている。

資料　主要国の農産物自給率　（2007年，単位　%）

	穀類	米	小麦	大豆	肉類
日本	**21%**	94%	10%	7%	50%
アメリカ合衆国	118%	190%	171%	168%	114%
中国	100%	100%	95%	22%	100%
フランス	177%	19%	**179%**	16%	102%
イギリス	102%	0%	110%	0%	69%

『世界国勢図会（2014/15）』より作成

資料のポイント

- **日本は，農産物自給率が低い。**
- アメリカ合衆国は，世界一の農産物輸出国である。
- **フランス**は，ヨーロッパ最大の**小麦輸出国**である。

トライ！ 過去問演習　問題24 ☞ P156　過去問演習　問題25 ☞ P157

水産業の変遷

近年《きんねん》，経済水域《けいざいすいいき》の設定《せってい》や，資源保護《しげんほご》などの視点《してん》から，漁獲量《ぎょかくりょう》の制限《せいげん》が厳《きび》しくなった。遠洋漁業《えんようぎょぎょう》や沖合漁業《おきあいぎょぎょう》に従事《じゅうじ》する人《ひと》が減《へ》り，逆《ぎゃく》に，**養殖産業《ようしょくさんぎょう》**，**栽培漁業《さいばいぎょぎょう》**の振興《しんこう》が求《もと》められている。

カキの養殖《ようしょく》は**広島湾《ひろしまわん》**，**真珠《しんじゅ》**の養殖《ようしょく》は三重県《みえけん》の**志摩半島《しまはんとう》**，**ウナギ**の養殖《ようしょく》は静岡県《しずおかけん》の**浜名湖《はまなこ》**が有名《ゆうめい》である。

その一方《いっぽう》で，水産物《すいさんぶつ》の輸入《ゆにゅう》は急増《きゅうぞう》している。その背景《はいけい》には，円高《えんだか》で世界各地《せかいかくち》からの水産物《すいさんぶつ》の輸入《ゆにゅう》が容易《ようい》になったことや，水産物《すいさんぶつ》に対《たい》する消費者《しょうひしゃ》の嗜好《しこう》が次第《しだい》に多様化《たようか》したことなどが挙《あ》げられる。

資料　日本の水産物輸入先（2009年）

国名	中国	アメリカ	タイ	チリ	ロシア
割合(%)	17.4	9.4	8.5	8.2	7.9

『世界国勢図会（2010/11）』より作成

世界の漁獲高推移

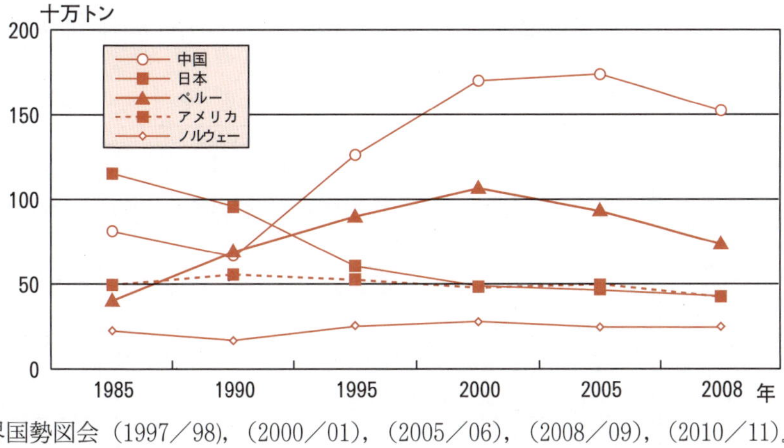

『世界国勢図会（1997／98），（2000／01），（2005／06），（2008／09），（2010／11）』より作成

資料のポイント

- 日本は，1985年頃をピークに，漁獲高が減少している。その背景には，日本近海の魚自体が減少したことや，90年代後半の漁獲量規制などがある。
- 日本はかつては，魚介類自給率100％であったが，現在では，水産物の**半分を輸入に頼っている**。
- **中国**は，反対に，漁獲高を伸ばしており，**水産物輸出は世界トップ**に位置している。

日本の林業の現状

日本《にほん》は，国土《こくど》の約《やく》3分《ぶん》の2が森林《しんりん》で覆《おお》われている。林業《りんぎょう》は，昔《むかし》，薪《まき》や木炭《もくたん》の生産《せいさん》をしていたが，エネルギー源《げん》が石炭《せきたん》から石油《せきゆ》に代《か》わるにつれ，木材《もくざい》の生産《せいさん》が中心《ちゅうしん》となった。

しかし，戦後《せんご》は，海外《かいがい》の安《やす》い材木《ざいもく》が輸入《ゆにゅう》されたため，林業《りんぎょう》は大《おお》きな打撃《だげき》を受《う》けた。また，山村《さんそん》の過疎化《かそか》や高齢化《れいか》は，深刻《しんこく》な問題《もんだい》となっている。

3 人口

日本の人口動態

第二次世界大戦前《だいにじせかいたいせんまえ》は，出生率《しゅっしょうりつ》も死亡率《しぼうりつ》も高《たか》く，**多産《たさん》多死《たし》**という状態《じょうたい》であった。

戦後《せんご》は，医療《いりょう》の整備《せいび》，公衆衛生《こうしゅうえいせい》の発達《はったつ》などで死亡率《しぼうりつ》が低下《ていか》した。その結果《けっか》，**多産少死《たさんしょうし》**の状況《じょうきょう》となり，人口《じんこう》が急増《きゅうぞう》する状態《じょうたい》となった。しかし，1950年代半《ねんだいなか》ばをピークに出生率《しゅっしょうりつ》の減少《げんしょう》が始《はじ》まった。そして，今日《こんにち》のような**少産少死《しょうさんしょうし》**の状態《じょうたい》になり，少子化《しょうしか》・高齢化《こうれいか》が進《すす》んだ。

資料 主要国の人口と年齢区分別人口割合 （人口は2009年）

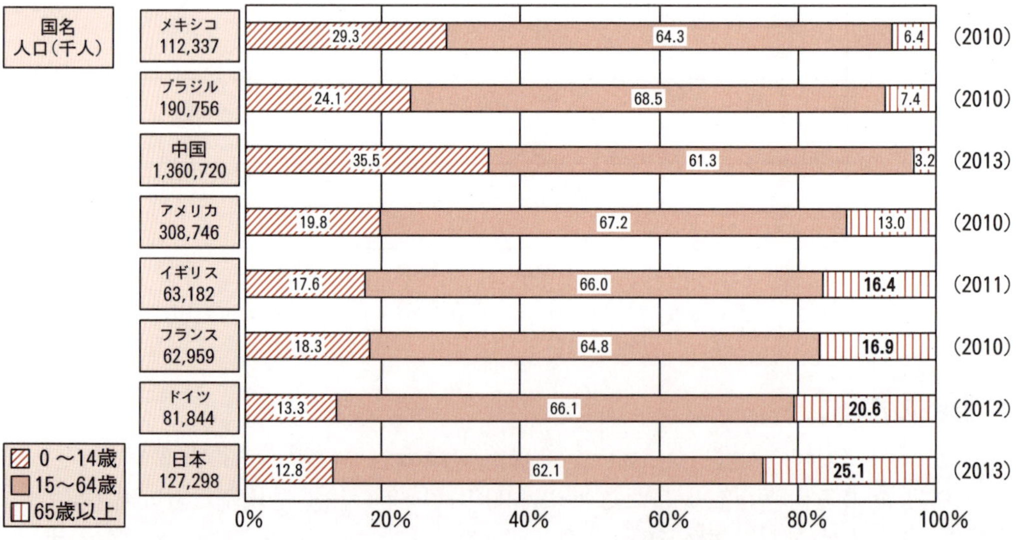

『世界国勢図会（2014／15）』より作成

資料のポイント

- イギリス，フランス，ドイツ，日本は，すでに高齢社会（65歳以上の人口の割合が14%以上）となっている。

資料　**主要国高齢化予測（2050年）**

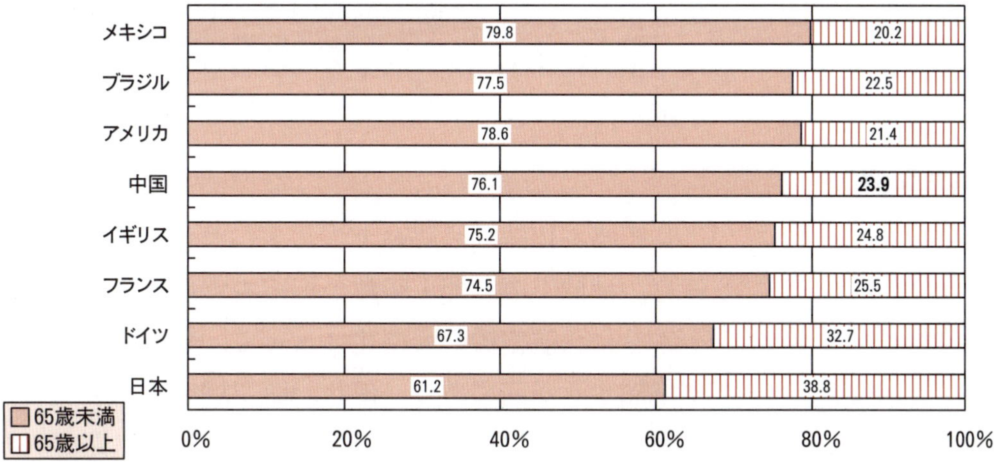

『世界国勢図会（2014／15）』より作成

資料のポイント

・中国は一人っ子政策の影響で今後，高齢化が急速に進んでいく。

4　交通と通信

様々な交通機関

陸上交通

モータリゼーション❶

1960年代以降《ねんだいいこう》，自動車《じどうしゃ》の保有台数《ほゆうだいすう》が増《ふ》え始《はじ》めた。そして，日本《にほん》でも自動車《じどうしゃ》が生活必需品《せいかつひつじゅひん》として普及《ふきゅう》する**モータリゼーション**が進《すす》み，高速道路《こうそくどうろ》の建設《けんせつ》も始《はじ》まった。自動車《じどうしゃ》は，陸上交通《りくじょうこうつう》の中《なか》で最《もっと》も重要《じゅうよう》な輸送機関《ゆそうきかん》になっているが，一度《いちど》に輸送《ゆそう》される量《りょう》は，鉄道《てつどう》や船舶《せんぱく》に比《くら》べると，劣《おと》ると言《い》える。

鉄道《てつどう》は，モータリゼーションが進《すす》む以前《いぜん》は，陸上交通《りくじょうこうつう》の主役《しゅやく》であった。道路《どうろ》を利用《りよう》した輸送《ゆそう》が発達《はったつ》するにつれて，鉄道《てつどう》の地位《ちい》は低下《ていか》してきた。とはいえ，鉄道網《てつどうもう》が比較的発達《ひかくてきはったつ》している日本《にほん》では，鉄道《てつどう》の高速化《こうそくか》により，依然《いぜん》として重要《じゅうよう》な役割《やくわり》を担《にな》っている。

海上交通

海上交通《かいじょうこうつう》は，古来《こらい》より，重要《じゅうよう》な交通手段《こうつうしゅだん》の一《ひと》つであった。速度《そくど》の点《てん》で，他《ほか》の交通手段《こうつうしゅだん》には劣《おと》るものの，重量《じゅうりょう》や容積《ようせき》のあるものを，安価《あんか》な運賃《うんちん》で遠《とお》くまで運《はこ》ぶことができる。また，貿易《ぼうえき》の発展《はってん》にともない，コンテナ船《せん》・ばら積《づみ》貨物船《かもつせん》・タンカーなど，船舶《せんぱく》の専門化《せんもんか》や大型化《おおがたか》が進《すす》んだ。

航空交通

長距離《ちょうきょり》を短時間《たんじかん》で移動《いどう》することができる航空機《こうくうき》の発達《はったつ》は，地球上《ちきゅうじょう》の時間《じかん》・距離《きょり》の短縮《たんしゅく》を実現《じつげん》した。

さらに，航空機《こうくうき》の大型化《おおがたか》によって，輸送量《ゆそうりょう》はますます増加《ぞうか》する傾向《けいこう》にある。但《ただ》し，航空機《こうくうき》を輸送手段《ゆそうしゅだん》として用《もち》いる貨物《かもつ》は，軽量《けいりょう》かつ高価《こうか》でなければ採算《さいさん》が取《と》れない。具体的《ぐたいてき》には，電子機器《でんしきき》・精密機械《せいみつきかい》・生鮮食料品《せいせんしょくりょうひん》・貴金属《ききんぞく》などである。半導体《はんどうたい》なども，軽量《けいりょう》かつ高価《こうか》な貨物《かもつ》になるため，空港《くうこう》の近《ちか》くにハイテク工場《こうじょう》が立地《りっち》する傾向《けいこう》にある。

資料　主要国の交通手段別輸送量

	鉄道輸送量（2012）		民間航空輸送量（2012）		自動車輸送量（2011）	
	旅客（億人km）	貨物（億t.km）	旅客（億人km）	貨物（億t.km）	旅客（億人km）	貨物（億t.km）
中国	7,956	25,183	500,258	15,569	16,760	51,375
ドイツ	802	1,059	218,902	7,241	9,943	4,689
アメリカ	95（2010）	25,246	**1,324,750**	**39,104**	**67,983**	**19,292（2010）**
日本	**4,044**	205	138,059	7,036	8,987（2010）	3,347（2010）

『世界国勢図会（2014/15）』より作成

資料のポイント

- アメリカは，民間航空輸送量・自動車輸送量がともに世界一である。一方，鉄道旅客輸送量は極端に少ない。
- 日本は鉄道網が発達しているが，その利用は旅客輸送が中心である。

通信

情報《じょうほう》技術《ぎじゅつ》革命《かくめい》により，20世紀末《せいきまつ》にはコンピュータが高度《こうど》の発展《はってん》を遂《と》げた。パーソナルコンピュータなどの価格《かかく》が下《さ》がったため，インターネット利用者《りようしゃ》の数《かず》は急《きゅう》激《げき》に増《ふ》えたと言《い》える。

インターネットでは，電子《でんし》メールの送受信《そうじゅしん》のみならず，商品《しょうひん》の購入《こうにゅう》・株式《かぶしき》の売買《ばいばい》・金融機関《きんゆうきかん》の出入金《しゅつにゅうきん》・音《おん》楽《がく》や映画《えいが》の配信《はいしん》も盛《さか》んに行《おこな》われている。

Ⅲ 歴史

1　近代の成立と世界の一体化

1　産業革命

イギリスの産業革命

産業革命❷

イギリスでは，16世紀以降《せいきいこう》，国内《こくない》で毛織物産業《けおりものさんぎょう》が発《はっ》展《てん》した。それに伴《ともな》い，工業《こうぎょう》をおこすための資金《しきん》（資本《しほん》）が十分《じゅうぶん》に蓄積《ちくせき》するようになった。

18世紀《せいき》には，原材料《げんざいりょう》を供給《きょうきゅう》するための地域《ちいき》や，商品《しょうひん》を売《う》るための地域《ちいき》（市場《しじょう》）を，植民地戦争《しょくみんちせんそう》で獲得《かくとく》していった。さらに，地主貴族《じぬしきぞく》が農業経営《のうぎょうけいえい》（第《だい》2次囲《じかこ》い込《こ》み運動《うんどう》）を進《すす》めると，これによって，大量《たいりょう》の農民《のうみん》が，農村《のうそん》を離《はな》れて都市《とし》に移《うつ》り住《す》み，工場労働者《こうじょうろうどうしゃ》となった。このように，資本《しほん》・市場《しじょう》・労働力《ろうどうりょく》がそろったイギリスで，世界《せかい》で最初《さいしょ》の**産業革命《さんぎょうかくめい》**が起《お》こった。産業革命後《さんぎょうかくめいご》のイギリスは，「世界《せかい》の工場《こうじょう》」と呼《よ》ばれた。

2　アメリカ独立革命

アメリカ独立革命の勃発

イギリス本国への不満と植民地独立の気運

ボストン茶会事件❷

コモン＝センス❶

18世紀後半《せいきこうはん》，財政難《ざいせいなん》に陥《おちい》ったイギリスは，植民地《しょくみんち》であったアメリカに砂糖法《さとうほう》や印紙法《いんしほう》を出《だ》し，課税《かぜい》を強化《きょうか》した。印紙法《いんしほう》に対《たい》して，植民地側《しょくみんちがわ》は，「代表無《だいひょうな》くして課税無《かぜいな》し」というスローガンを掲《かか》げて抗議《こうぎ》した。

その後《ご》，新《あら》たに茶法《ちゃほう》が出《だ》されると，本国《ほんごく》の横暴《おうぼう》に対《たい》し，植民地側《しょくみんちがわ》の人々《ひとびと》は，1773年《ねん》に**ボストン茶会事件《ちゃかいじけん》**を起《お》こし，抗議《こうぎ》の意思《いし》を明《あき》らかにした。

この時期《じき》，**トマス＝ペイン**の『**コモン＝センス**（常識《じょうしき》）』は，アメリカ植民地《しょくみんち》のイギリス本国《ほんごく》からの独立《どくりつ》の気運《きうん》を高揚《こうよう》させた。

トライ！ 過去問演習 問題26 ☞ P157

独立戦争の開始と独立宣言

トマス＝ジェファソン❶
独立宣言❸
ジョン＝ロック❷

アメリカ植民地《しょくみんち》では，大陸会議《たいりくかいぎ》を開《ひら》き，イギリス本《ほん》国《ごく》への抗議《こうぎ》の姿勢《しせい》を明確《めいかく》にした。そして，1775年《ねん》に，本格的《ほんかくてき》に独立戦争《どくりつせんそう》に発展《はってん》していった。

1776年《ねん》7月4日《がつよっか》，**トマス＝ジェファソン**の起草《きそう》による**独立宣言《どくりつせんげん》**が出《だ》された。独立宣言《どくりつせんげん》は，基本的人権《きほんてきじんけん》や，圧政《あっせい》に対《たい》する抵抗権《ていこうけん》を唱《とな》えた，**ジョン＝ロック**の思想《しそう》的影響《てきえいきょう》を強《つよ》く受《う》けた内容《ないよう》であった。この宣言《せんげん》は，のちのフランス革命《かくめい》に影響《えいきょう》を与《あた》えた。

アメリカ合衆国憲法の成立

パリ条約❷
アメリカ合衆国憲法❷
ワシントン❷

1783年《ねん》，イギリスは**パリ条約《じょうやく》**を結《むす》んで，アメリカ合《がっ》衆国《しゅうこく》の独立《どくりつ》を承認《しょうにん》した。

独立《どくりつ》を果《は》たした後《あと》，強《つよ》い権力《けんりょく》を持《も》った中央政府《ちゅうおうせいふ》を建《た》てるべきだという連邦派《れんぽうは》と，各州《かくしゅう》の独立性《どくりつせい》を残《のこ》そうという反連邦派《はんれんぽうは》が対立《たいりつ》した。**1787年《ねん》**に，憲法会議《けんぽうかいぎ》で**アメリカ合衆国憲法《がっしゅうこくけんぽう》**が成立《せいりつ》し，アメリカ合衆国憲法《がっしゅうこくけんぽう》では，人民主権《じんみんしゅけん》・連邦主義《れんぽうしゅぎ》・三権分立《さんけんぶんりつ》の原則《げんそく》が立《た》てられ，初《しょ》代大統領《だいだいとうりょう》に**ワシントン**が選《えら》ばれた。

アメリカ合衆国の発展

領土の拡大

モンロー宣言❶
孤立主義❶

第《だい》5代大統領《だいだいとうりょう》のモンローは，**モンロー宣言《せんげん》**を出《だ》し，アメリカ合衆国《がっしゅうこく》とヨーロッパ諸国《しょこく》の相互不干渉《そうごふかんしょう》を主張《しゅちょう》した。この宣言《せんげん》は，その後《ご》のアメリカの外交政策《がいこうせいさく》（モンロー主義《しゅぎ》，**孤立主義《こりつしゅぎ》**）の基調《きちょう》ともなった。

独立後《どくりつご》のアメリカ合衆国《がっしゅうこく》は，諸外国《しょがいこく》からの買収《ばいしゅう》などで領土《りょうど》を拡大《かくだい》していき，先住民《せんじゅうみん》から土地《とち》を奪《うば》いながら西部開拓《せいぶかいたく》を推進《すいしん》した。

要点整理 アメリカ合衆国の領土拡大

地域	年	備考
ルイジアナ	1803	**フランス**より買収
フロリダ	1819	**スペイン**より買収
テキサス	1845	**メキシコ**より併合
カリフォルニア	1848	メキシコより獲得
アラスカ	1867	ロシアより買収
ハワイ	1898	併合

南北戦争

南北戦争❸
リンカーン❷
奴隷解放宣言❷
ゲティスバーグの演説❶

アメリカ合衆国《がっしゅうこく》の北部《ほくぶ》では，国内市場確保《こくないしじょうかくほ》のために，外国製品《がいこくせいひん》の輸入《ゆにゅう》を制限《せいげん》する保護貿易《ほごぼうえき》を求《もと》めるとともに，奴隷制《どれいせい》に反対《はんたい》した。一方《いっぽう》，南部《なんぶ》は黒人奴隷《こくじんどれい》を使《つか》った大《だい》農場《のうじょう》（プランテーション）経営《けいえい》を行《おこな》い，イギリスを中《ちゅう》心《しん》に綿花《めんか》を輸出《ゆしゅつ》していたので，自由貿易《じゆうぼうえき》と奴隷制《どれいせい》を守《まも》ろうとした。

1861年《ねん》，**南北戦争**《なんぼくせんそう》が勃発《ぼっぱつ》すると，**リンカーン**大統領《だいとうりょう》は，**奴隷解放宣言**《どれいかいほうせんげん》を発《はっ》することで諸外国《しょがいこく》の干渉《かんしょう》を防《ふせ》いだ。

南北戦争最大《なんぼくせんそうさいだい》の激戦地《げきせんち》で行《おこな》われた，「**ゲティスバーグの演説**《えんぜつ》」は，アメリカの**民主政治**《みんしゅせいじ》**の基本理念**《きほんりねん》を示《しめ》したものとして有名《ゆうめい》である。

戦後の経済発展

南北戦争《なんぼくせんそう》の結果《けっか》，市場《しじょう》の統一《とういつ》が実現《じつげん》した。それとともに，大陸横断鉄道《たいりくおうだんてつどう》の開通《かいつう》を受《う》けて，アメリカ合衆国《がっしゅうこく》の資本主義《しほんしゅぎ》は一層発展《いっそうはってん》した。西部《せいぶ》への開拓《かいたく》も進《すす》み，19世紀末《せいきまつ》には，フロンティア（開拓《かいたく》の前線《ぜんせん》）がついに消《しょう》滅《めつ》し，アメリカはさらなる市場《しじょう》を求《もと》めて，海外進出《かいがいしんしゅつ》を図《はか》るようになった。

トライ！ 過去問演習 問題27 ☞ P158

3 フランス革命

フランス革命

フランス革命の始まり

三部会❷
国民議会❷

ルイ16世の治世《せい》《ちせい》，政府《せいふ》は財政難《ざいせいなん》を打開《だかい》するため，三部会《さんぶかい》を開催《かいさい》した。特権《とっけん》を守《まも》ろうとした聖職者《せいしょくしゃ》や貴族《きぞく》は，議決方法《ぎけつほうほう》をめぐって平民《へいみん》と対立《たいりつ》した。その結果《けっか》，平民《へいみん》は**国民議会**《こくみんぎかい》を結成《けっせい》した。

国王《こくおう》が国民議会《こくみんぎかい》に対《たい》し武力介入《ぶりょくかいにゅう》を行《おこな》ったため，反発《はんぱつ》したパリ市民《しみん》は，**1789年**《ねん》7月《がつ》14日《か》，バスティーユ牢獄《ろうごく》襲撃事件《しゅうげきじけん》を起《お》こし，**フランス革命**《かくめい》は始《はじ》まった。

革命の成果

人権宣言❷

1789年《ねん》に始《はじ》まったフランス革命《かくめい》は，ナポレオンが政権《せいけん》を掌握《しょうあく》する1799年《ねん》まで続《つづ》いた。この10年間《ねんかん》には，**1789年**《ねん》8月《がつ》の『**人権宣言**《じんけんせんげん》』の発表《はっぴょう》，市民《しみん》が参加《さんか》する共和政《きょうわせい》の実現《じつげん》など，様々《さまざま》な成果《せいか》が生《う》まれ，享受《きょうじゅ》された。

ナポレオンの登場

ナポレオン❶

フランス革命《かくめい》の終盤《しゅうばん》に登場《とうじょう》した**ナポレオン**は，**1804年**《ねん》に皇帝《こうてい》の位《くらい》に就《つ》き，**第一帝政**《だいいちていせい》を始《はじ》めた。

ナポレオンは，その治世《ちせい》の中《なか》で，フランス革命《かくめい》の理念《りねん》である“自由《じゆう》と平等《びょうどう》”を，『ナポレオン法典《ほうてん》』に記《しる》すとともに，ヨーロッパに広《ひろ》く伝《つた》える役割《やくわり》を果《は》たした。

ウィーン体制とその矛盾

ウィーン会議❷
メッテルニヒ❷
七月革命❷

ナポレオン没落後《ぼつらくご》，ヨーロッパの秩序《ちつじょ》を再建《さいけん》するために，**ウィーン会議**《かいぎ》が開《ひら》かれた。この会議《かいぎ》を主導《しゅどう》したのは，オーストリアの外相《がいしょう》の**メッテルニヒ**であった。この会議《かいぎ》によって，旧来《きゅうらい》の封建的支配《ほうけんてきしはい》が復活《ふっかつ》するウィーン体制《たいせい》が成立《せいりつ》し，大国間《たいこくかん》の勢力均衡《せいりょくきんこう》がはかられた。

しかし，革命《かくめい》の成果《せいか》である“自由《じゆう》と平等《びょうどう》”を再《ふたた》び取《と》り戻《もど》すため，フランス国民《こくみん》は，**1830年**《ねん》**7月**《がつ》に**七月革命**《しちがつかくめい》

二月革命❷

を起《お》こした。**1848年《ねん》2月《がつ》**には**二月革命《にがつかくめい》**を起《お》こし，ウィーン体制《たいせい》は崩壊《ほうかい》した。七月革命後《しちがつかくめいご》には，富裕《ふゆう》な市民層《しみんそう》が参政権《さんせいけん》を獲得《かくとく》し，二月革命後《にがつかくめいご》には男子《だんし》の普通選挙《ふつうせんきょ》が実現《じつげん》した。

4 国民国家の形成

革命の影響

1848年《ねん》のフランス二月革命《にがつかくめい》の影響《えいきょう》は，ヨーロッパ諸国《しょこく》に波及《はきゅう》し，「**諸国民《しょこくみん》の春《はる》**」と呼《よ》ばれる**自由主義《じゆうしゅぎ》・国民主義《こくみんしゅぎ》**運動《うんどう》が盛《も》り上《あ》がった。

国民国家の成立

ドイツ帝国の成立

ビスマルク❷

ドイツ帝国❷

ドイツでは，1834年《ねん》に，ドイツ連邦諸国間《れんぽうしょこくかん》で，関税同盟《かんぜいどうめい》を結《むす》び，経済的《けいざいてき》な統一《とういつ》が進《すす》められた。その後《ご》，関《かん》税同盟《ぜいどうめい》の中心《ちゅうしん》であるプロイセンで，国王《こくおう》ヴィルヘルム1世《せい》のもとで**ビスマルク**が首相《しゅしょう》になり，「**鉄血政策《てっけつせいさく》**」と呼《よ》ばれるドイツの統一政策《とういつせいさく》が進《すす》められた。やがて，ドイツ諸邦《しょほう》は，プロイセンを中心《ちゅうしん》に統一《とういつ》され，**1871年《ねん》**，**ドイツ帝国《ていこく》**が成立《せいりつ》した。

イタリア王国の成立

イタリア王国❷

イタリアでも国民国家《こくみんこっか》の形成《けいせい》が望《のぞ》まれ，イタリア北《ほく》西部《せいぶ》のサルディニアの首相《しゅしょう》カヴールは，国内《こくない》の近代化《きんだいか》を進《すす》めると共《とも》に，1859年《ねん》，隣国《りんごく》のオーストリアに戦《たたか》いを挑《いど》み，北《きた》イタリアを奪回《だっかい》した。

一方《いっぽう》，統一《とういつ》と独立《どくりつ》を目指《めざ》す青年《せいねん》イタリア党《とう》のガリバルディは，イタリア南部《なんぶ》の占領《せんりょう》に成功《せいこう》し，これをサルディニア国王《こくおう》に献上《けんじょう》したことにより，**1861年《ねん》イタリア王国《おうこく》**が成立《せいりつ》した。

5　帝国主義と植民地化

帝国主義の広がり

帝国主義❷

19世紀後半《せいきこうはん》から20世紀初《せいきはじ》めにかけて，資本主義《しほんしゅぎ》が発《はっ》達《たつ》した欧米《おうべい》の列強《れっきょう》は，武力《ぶりょく》を使《つか》って，アジア・アフリカの諸地域《しょちいき》に勢力《せいりょく》を拡大《かくだい》し植民地《しょくみんち》とした。このような政策《せいさく》を**帝国主義《ていこくしゅぎ》**という。

東南アジアの植民地拡大

オランダは，既《すで》に17世紀《せいき》から**インドネシア**方面《ほうめん》に進《しん》出《しゅつ》していた。1904年《ねん》にインドネシア全域《ぜんいき》の支配《しはい》を確立《かくりつ》し，**オランダ領東《りょうひがし》インド**を成立《せいりつ》させ，コーヒー・サトウキビなどの栽培《さいばい》で大《おお》きな利益《りえき》をあげた。

イギリスは19世紀《せいき》に**マレー半島《はんとう》**，**ボルネオ**（カリマンタン）**島《とう》**に進出《しんしゅつ》し，さらにビルマをインド帝国《ていこく》に編入《へんにゅう》した。

インドをめぐる戦《たたか》いでイギリスに敗《やぶ》れた**フランス**は，**ベトナム・カンボジア**方面《ほうめん》に進出《しんしゅつ》し，**インドシナ連邦《れんぽう》**（フランス領《りょう》インドシナ）を形成《けいせい》した。

タイだけが，イギリス・フランス両国《りょうこく》の外交政策《がいこうせいさく》によって侵略《しんりゃく》されずにすんだ。

米西戦争❷

ヨーロッパ諸国《しょこく》に遅《おく》れをとって海外進出《かいがいしんしゅつ》を始《はじ》めたアメリカは，**米西戦争《べいせいせんそう》**で**スペイン**から**フィリピン・グアム**を奪《うば》い，キューバを保護国化《ほごこくか》して，帝国主義諸国《ていこくしゅぎしょこく》の仲間入《なかまい》りを図《はか》った。

清の半植民地化

三角貿易❷

アヘン戦争❸

18世紀《せいき》には，中国産《ちゅうごくさん》の茶《ちゃ》をイギリスへ，イギリスの綿織物《めんおりもの》をインドへ，インド産《さん》のアヘンを中国《ちゅうごく》へ，それぞれ輸出《ゆしゅつ》する**三角貿易《さんかくぼうえき》**が行《おこな》われた。しかし，清朝政府《しんちょうせいふ》はアヘンの取締《とりしま》りを強化《きょうか》したため，**1840年《ねん》**，**アヘン戦争《せんそう》**が勃発《ぼっぱつ》した。

南京条約❷

アヘン戦争《せんそう》に敗《やぶ》れた清《しん》は，**1842年《ねん》**，イギリスと不平等《ふびょうどう》な**南京条約《なんきんじょうやく》**を結《むす》んだ。さらに，イギリス・フランス

アロー戦争❷
北京条約❷

と戦《たたか》ったアロー戦争《せんそう》にも敗《やぶ》れ，1860年《ねん》に北京条約《ぺきんじょうやく》を結《むす》び，その後《ご》，1895年《ねん》には，日清戦争《にっしんせんそう》にも敗退《はいたい》すると，列強《れっきょう》による植民地支配《しょくみんちしはい》を受《う》け入《い》れざるを得《え》ない状況《じょうきょう》に追《お》い込《こ》まれた。

要点整理

	条約名	戦争名
1842年	南京条約	アヘン戦争
1860年	北京条約	アロー戦争
1895年	下関条約	日清戦争

6 日本の近代化とアジア

日本の開国と討幕運動

江戸幕府の成立

17世紀《せいき》の初《はじ》め，徳川家康《とくがわいえやす》が征夷大将軍《せいいたいしょうぐん》（将軍《しょうぐん》）として江戸《えど》に幕府《ばくふ》を開《ひら》き，日本《にほん》を支配《しはい》した。以後《いご》，朝廷《ちょうてい》に政権《せいけん》が返還《へんかん》されるまでの約《やく》260年間《ねんかん》を，江戸時代《えどじだい》という。

鎖国と開国

鎖国❷
ペリー❷
日米和親条約❷
日米修好通商条約❸

江戸幕府《えどばくふ》は，貿易《ぼうえき》による利益《りえき》を独占《どくせん》するため，また，キリスト教禁止《きょうきんし》を目的《もくてき》に，鎖国《さこく》体制《たいせい》をとった。このため，海外《かいがい》から国内《こくない》への影響《えいきょう》は最小限《さいしょうげん》に抑《おさ》えられ，幕府《ばくふ》の支配体制《しはいたいせい》は強化《きょうか》された。

1853年《ねん》に日本《にほん》を訪《おとず》れたペリーは，アメリカ大統領《だいとうりょう》の国書《こくしょ》を幕府《ばくふ》に提出《ていしゅつ》した。1854年《ねん》，再《ふたた》び来日《らいにち》したペリー率《ひき》いる軍艦《ぐんかん》に屈《くっ》した幕府《ばくふ》は，日米和親条約《にちべいわしんじょうやく》を結《むす》び，下田《しもだ》（静岡《しずおか》），函館《はこだて》（北海道《ほっかいどう》）の2つの港《みなと》を開港《かいこう》した。また，下田《しもだ》には領事館《りょうじかん》がおかれた。

1858年《ねん》には日米修好通商条約《にちべいしゅうこうつうしょうじょうやく》を結《むす》び，5つの港《みなと》を開《ひら》くことなどが決《き》められた。この条約《じょうやく》は，日本《にほん》の**関税自《かんぜいじ》主権《しゅけん》がない**，**治外法権《ちがいほうけん》を認《みと》める**などの不平等《ふびょうどう》なものであった。

トライ！ 過去問演習　問題28 ☞ P158　過去問演習　問題29 ☞ P159

開国の影響

貿易《ぼうえき》が始《はじ》まると，日本《にほん》からは**生糸《きいと》**や茶《ちゃ》，海産物《かいさんぶつ》などが輸出《ゆしゅつ》され，主《おも》にイギリスから毛織物《けおりもの》や綿織物《めんおりもの》などが輸入《ゆにゅう》された。輸出《ゆしゅつ》の中心《ちゅうしん》であった生糸《きいと》は，生産《せいさん》を拡大《かくだい》していったが，生糸《きいと》の不足《ふそく》により国内《こくない》の絹織物業《きぬおりものぎょう》は打撃《だげき》を受《う》けた。また，安《やす》い綿織物《めんおりもの》の流入《りゅうにゅう》は，国内《こくない》の綿作《めんさく》や綿織物業《めんおりものぎょう》を圧迫《あっぱく》した。貿易収支《ぼうえきしゅうし》は，輸出超過《ゆしゅつちょうか》となって，国内市場《こくないしじょう》に出回《でまわ》る製品《せいひん》が減《へ》り，物価《ぶっか》が上《あ》がったため，民衆《みんしゅう》の生活《せいかつ》は圧迫《あっぱく》された。

江戸幕府の終焉

大政奉還❷

1867年《ねん》，討幕派《とうばくは》の動《うご》きに対《たい》して，将軍徳川慶喜《しょうぐんとくがわよしのぶ》は京都《きょうと》に赴《おもむ》き，政権《せいけん》を天皇《てんのう》に返還《へんかん》した。これを**大政奉還《たいせいほうかん》**という。

王政復古の大号令❷

1868年《ねん》，討幕派《とうばくは》は，天皇《てんのう》を中心《ちゅうしん》とした政府《せいふ》の樹立《じゅりつ》を宣言《せんげん》した。これを**王政復古《おうせいふっこ》の大号令《だいごうれい》**という。そして，徳川氏《とくがわし》を排除《はいじょ》して，討幕派《とうばくは》や公家《くげ》を中心《ちゅうしん》とした新《あら》たな政府《せいふ》を樹立《じゅりつ》した。これによって，江戸幕府《えどばくふ》は滅《ほろ》びた。

立憲国家の成立

自由民権運動と憲法の制定

自由民権運動❷

伊藤博文❷

大日本帝国憲法❷

1874年《ねん》，**板垣退助《いたがきたいすけ》**らは**国会開設意見書《こっかいかいせついけんしょ》**を政府《せいふ》に提出《ていしゅつ》した。これをきっかけに，専制的《せんせいてき》な政治《せいじ》を改《あらた》め，議会制《ぎかいせい》や憲法《けんぽう》の制定《せいてい》を求《もと》める，**自由民権運動《じゆうみんけんうんどう》**が始《はじ》まった。

1881年《ねん》，政府《せいふ》は，国会開設《こっかいかいせつ》を公約《こうやく》し，**伊藤博文《いとうひろぶみ》**を中心《ちゅうしん》に立憲君主制《りっけんくんしゅせい》の樹立《じゅりつ》へと動《うご》き出《だ》した。

政府《せいふ》は，君主権《くんしゅけん》の強《つよ》い憲法《けんぽう》をつくるため，伊藤博文《いとうひろぶみ》を留学《りゅうがく》させて，プロイセンの憲法理論《けんぽうりろん》を学《まな》ばせた。伊藤博文《いとうひろぶみ》は，帰国後《きこくご》に内閣制度《ないかくせいど》を導入《どうにゅう》し，**最初《さいしょ》の総理大臣《そうりだいじん》に就任《しゅうにん》**した。そして，**1889年《ねん》**2月《がつ》11日《にち》，**大日本帝国憲法《だいにっぽんていこくけんぽう》**が公布《こうふ》された。天皇《てんのう》は，統治権《とうちけん》を持《も》ち，軍隊《ぐんたい》を統率《とうそつ》し，条約《じょうやく》や講和《こうわ》の締結《ていけつ》を行《おこな》う権利《けんり》など強《つよ》い権限《けんげん》を持《も》っていた。帝国議会《ていこくぎかい》は，貴族院《きぞくいん》と衆議院《しゅうぎいん》の二院制《にいんせい》で，衆《しゅう》議院議員《ぎいんぎいん》は，国民《こくみん》のなかから選挙《せんきょ》で選《えら》ばれた。

日清戦争（1894～95年）

明治政府《めいじせいふ》は，富国強兵政策《ふこくきょうへいせいさく》を進《すす》め，琉球《りゅうきゅう》や朝鮮《ちょうせん》をめぐって，清《しん》と対立《たいりつ》していた。

下関条約❷
三国干渉❶

そして，**1894年《ねん》**に**日清戦争《にっしんせんそう》**がはじまった。戦《たたか》いに敗《やぶ》れた清《しん》は，**下関条約《しものせきじょうやく》**で，朝鮮《ちょうせん》の独立《どくりつ》，台湾《たいわん》・遼東半島《りゃおとんはんとう》の日本《にほん》への割譲《かつじょう》，賠償金《ばいしょうきん》の支払《しはら》いなどを認《みと》めた。

しかし，遼東半島《りゃおとんはんとう》の割譲《かつじょう》は，ロシア・フランス・ドイツからの返還要求《へんかんようきゅう》があり（**三国干渉《さんごくかんしょう》**），その圧力《あつりょく》に屈《くっ》した日本《にほん》はこの要求《ようきゅう》を受《う》け入《い》れた。

日露戦争（1904～05年）

義和団事件❷
日英同盟❷
日露戦争❷
セオドア・ローズヴェルト❷
ポーツマス条約❷
韓国併合❷

日清戦争《にっしんせんそう》で清《しん》が敗北《はいぼく》すると，欧米諸国《おうべいしょこく》による中国分《ちゅうごくぶん》割《かつ》はより進行《しんこう》した。

この動《うご》きに反発《はんぱつ》した中国国民《ちゅうごくこくみん》は，排外運動《はいがいうんどう》を行《おこな》い，北京《ぺきん》では**義和団事件《ぎわだんじけん》**が起《お》こった。義和団事件《ぎわだんじけん》を機《き》に中《ちゅう》国東北部《ごくとうほくぶ》を占領《せんりょう》したロシアに対《たい》し，イギリスは**1902年《ねん》**に日本《にほん》と**日英同盟《にちえいどうめい》**を結《むす》び，ロシアを牽制《けんせい》した。

中国《ちゅうごく》の東北地方《とうほくちほう》に関心《かんしん》を持《も》つ日本《にほん》とロシアは，**1904年《ねん》**に開戦《かいせん》し，**日露戦争《にちろせんそう》**を起《お》こした。しかし，日本《にほん》は財《ざい》政難《せいなん》によって戦争《せんそう》の継続《けいぞく》が難《むずか》しくなった。一方《いっぽう》，ロシアは革命《かくめい》によって社会不安《しゃかいふあん》が高《たか》まっていた。そのため，両国《りょうこく》はアメリカ合衆国大統領《がっしゅうこくだいとうりょう》の**セオドア・ローズヴェルト**の調停《ちょうてい》で，**ポーツマス条約《じょうやく》**を結《むす》んだ。この条約《じょうやく》で，日本《にほん》は韓国《かんこく》の指導《しどう》・監督権《かんとくけん》，旅順《りょじゅん》・大連《たいれん》の租借権《そしゃくけん》，南《みなみ》満州鉄道《まんしゅうてつどう》の利権《りけん》，樺太《からふと》の南半分《みなみはんぶん》などを得《え》た。その後《ご》，韓国《かんこく》の内政権《ないせいけん》も得《え》て，**1910年《ねん》**に韓国《かんこく》を植民地化《しょくみんちか》した（**韓国併合《かんこくへいごう》**）。

トライ！ 過去問演習 問題30 ☞ P160

大正デモクラシー

第一次世界大戦と大戦景気

第一次世界大戦《だいいちじせかいたいせん》は日本《にほん》に大戦景気《たいせんけいき》をもたらした。参《さん》戦国《せんこく》からの船《ふね》・鉄《てつ》の需要《じゅよう》に加《くわ》え，ヨーロッパの列強《れっきょう》が撤退《てったい》したアジアにむけた綿織物《めんおりもの》や，アメリカ合衆国《がっしゅうこく》にむけた生糸《きいと》の輸出《ゆしゅつ》が大幅《おおはば》に増《ふ》え，輸出超過《ゆしゅつちょうか》となった。

普通選挙の実現

普通選挙③

大正時代《たいしょうじだい》（1912～26年《ねん》）に入《はい》って，民主主義《みんしゅしゅぎ》や自由《じゆう》主義《しゅぎ》の風潮《ふうちょう》が広《ひろ》がり，この時代《じだい》は大正《たいしょう》デモクラシーと呼《よ》ばれた。

1925年《ねん》に，**普通選挙《ふつうせんきょ》**が実現《じつげん》し，**25歳以上《さいいじょう》の全《すべ》ての男《だん》性《せい》**に選挙権《せんきょけん》が与《あた》えられ，納税額《のうぜいがく》による制限《せいげん》はなくなった。

要点整理　18～19世紀初頭の重要事項年表

日本・アジア	アメリカ	ヨーロッパ
		18世紀後半　イギリス産業革命
	1776　独立宣言	
	1783　パリ条約	
	1787　アメリカ合衆国憲法成立	
		1789　フランス革命 人権宣言
		1804　ナポレオン第一帝政
		1814～15　ウィーン会議
	1819　フロリダ買収	
		1830　七月革命
1840　アヘン戦争		
1842　南京条約		
	1845　テキサス併合	
		1848　二月革命
1853　ペリー来航		
1854　日米和親条約		
1858　日米修好通商条約		
1860　北京条約		
	1861　南北戦争	1861　イタリア王国成立
1867　大政奉還		
1868　明治維新		
		1871　ドイツ帝国成立
1889　大日本帝国憲法		
1894　日清戦争		
1902　日英同盟		
1904　日露戦争		
1910　韓国併合		

2　20世紀の世界と日本

1　第一次世界大戦とロシア革命

大戦前夜

三国同盟と三国協商の対立

三国同盟❷

三国協商❷

　ドイツは，1882年《ねん》，オーストリア，イタリアと**三国《さんごく》同盟《どうめい》**を結成《けっせい》した。一方《いっぽう》，ドイツの皇帝《こうてい》ヴィルヘルム2世《せい》が露骨《ろこつ》な対外膨張政策《たいがいぼうちょうせいさく》（3B政策《せいさく》）を行《おこな》い始《はじ》めると，露仏同盟《ろふつどうめい》（ロシア・フランス），英仏協商《えいふつきょうしょう》（イギリス・フランス），英露協商《えいろきょうしょう》（イギリス・ロシア）が結《むす》ばれ，**三国協商《さんごくきょうしょう》**にまとまることとなった。そして，三国同盟《さんごくどうめい》と三国協商《さんごくきょうしょう》の対立《たいりつ》から，ますます軍備拡張競争《ぐんびかくちょうきょうそう》が激《はげ》しくなった。

パン＝スラヴ主義とパン＝ゲルマン主義

ヨーロッパの火薬庫❸

　バルカン半島《はんとう》に進出《しんしゅつ》を狙《ねら》うロシアは，**パン＝スラヴ主義《しゅぎ》**を展開《てんかい》し，ドイツ，オーストリアは**パン＝ゲルマン主義《しゅぎ》**で，これに対抗《たいこう》した。

　一触即発《いっしょくそくはつ》の状態《じょうたい》となったバルカン半島《はんとう》は，「**ヨーロッパの火薬庫《かやくこ》**」と呼《よ》ばれた。

大戦の勃発

サライェヴォ事件❷

第一次世界大戦❸

　1914年《ねん》，オーストリアの皇太子夫妻《こうたいしふさい》が，ボスニアの首都《しゅと》サライェヴォで，スラヴ系《けい》のセルビア人青年《じんせいねん》に暗《あん》殺《さつ》される，という**サライェヴォ事件《じけん》**が起《お》こった。これを機《き》に，オーストリアとセルビアで戦争《せんそう》が始《はじ》まると，やがて世界規模《せかいきぼ》に拡大《かくだい》し，**第一次世界大戦《だいいちじせかいたいせん》**となった。

　戦争《せんそう》は，各国《かっこく》が国民《こくみん》と経済力《けいざいりょく》を総動員《そうどういん》する，という総力戦《そうりょくせん》となった。植民地《しょくみんち》からも兵士《へいし》や物資《ぶっし》が大量《たいりょう》に動《どう》員《いん》された。

　1917年《ねん》，ドイツの無制限潜水艦作戦《むせいげんせんすいかんさくせん》への反発《はんぱつ》により，アメリカ合衆国《がっしゅうこく》が参戦《さんせん》し，大戦《たいせん》は協商国側《きょうしょうこくがわ》に有利《ゆうり》となった。

ドイツは，国内《こくない》で革命《かくめい》が起《お》き，共和政《きょうわせい》が成立《せいりつ》した。この政府《せいふ》は1918年《ねん》11月《がつ》に，休戦条約《きゅうせんじょうやく》に調印《ちょういん》し，第一次《だいいちじ》世界大戦《せかいたいせん》は同盟国側《どうめいこくがわ》の敗北《はいぼく》で終《お》わった。

要点整理　第一次世界大戦の構図

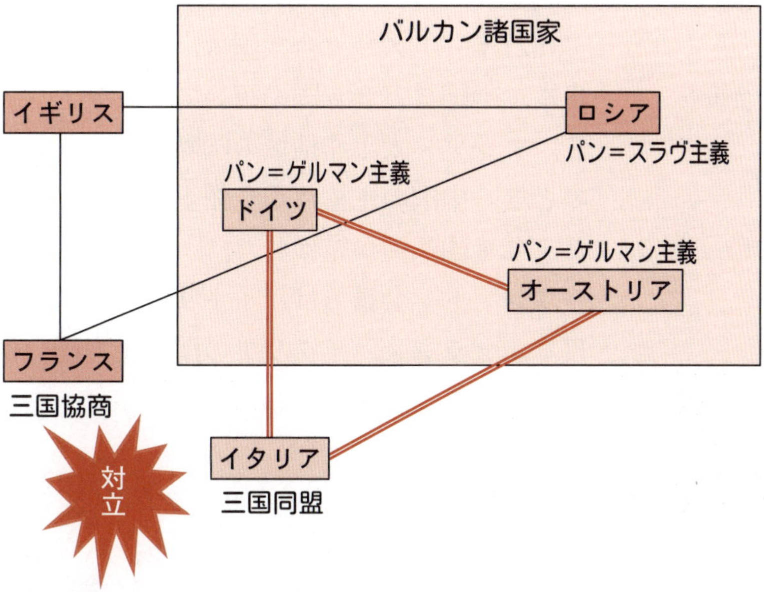

ヴェルサイユ体制の成立

ウィルソン❸
十四ヵ条の平和原則❷
ヴェルサイユ条約❸

1919年《ねん》，アメリカ合衆国大統領《がっしゅうこくだいとうりょう》**ウィルソン**の唱《とな》えた**十四《じゅうよん》ヵ条《じょう》の平和原則《へいわげんそく》**をもとに，第一次世界大戦講和《だいいちじせかいたいせんこうわ》のため，パリ講和会議《こうわかいぎ》が開《ひら》かれた。対《たい》ドイツ講和《こうわ》の**ヴェルサイユ条約《じょうやく》**は，ドイツの全海外植民地放棄《ぜんかいがいしょくみんちほうき》，アルザス・ロレーヌのフランスへの割譲《かつじょう》を取《と》り決《き》め，さらに，巨額《きょがく》の賠償金《ばいしょうきん》を課《か》すとともに，軍備《ぐんび》も厳《きび》しく制限《せいげん》した。

国際連盟の成立

国際連盟❸

パリ講和会議《こうわかいぎ》では，ウィルソンの十四《じゅうよん》ヵ条《じょう》の平和《へいわ》原則《げんそく》に基《もと》づき，**国際連盟《こくさいれんめい》**の設立《せつりつ》が決《き》められた。国際連《こくさいれん》盟《めい》は，1920年《ねん》に発足《ほっそく》し，スイスのジュネーブに本部《ほんぶ》が置《お》かれた。

しかし，提唱国《ていしょうこく》のアメリカ合衆国《がっしゅうこく》は，伝統的《でんとうてき》な外交《がいこう》

孤立主義❶

政策《せいさく》である「孤立主義《こりつしゅぎ》（モンロー主義《しゅぎ》）」を理由《りゆう》に不参《ふさん》加《か》。また，ソ連《れん》は社会主義《しゃかいしゅぎ》を理由《りゆう》に，ドイツは敗戦国《はいせんこく》を理由《りゆう》に参加《さんか》を認《みと》められず，国際連盟《こくさいれんめい》は，設立当初《せつりつとうしょ》から**大国《たいこく》の不参加《ふさんか》**という問題《もんだい》を抱《かか》えていた。

ワシントン体制と国際協調

ワシントン会議❷
九ヵ国条約❷
パリ不戦条約❷

1921年《ねん》，アメリカ合衆国《がっしゅうこく》は，イギリス，フランス，日本《にほん》，中国《ちゅうごく》など８ヵ国《こく》を招《まね》いて**ワシントン会議《かいぎ》**を開催《かいさい》し，アジア・太平洋地域《たいへいようちいき》の国際秩序《こくさいちつじょ》を成立《せいりつ》させた。このとき，中国《ちゅうごく》の主権尊重《しゅけんそんちょう》や領土保全《りょうどほぜん》などを約束《やくそく》しあった，**九《きゅう》ヵ国条約《こくじょうやく》**が結《むす》ばれた。

ワシントン会議《かいぎ》では，イギリス，アメリカ合衆国《がっしゅうこく》，日本《にほん》，フランス，イタリアの海軍主力艦《かいぐんしゅりょくかん》の保有《ほゆう》も制限《せいげん》された。ここで決《き》められた世界秩序《せかいちつじょ》は，ワシントン体《たい》制《せい》と呼《よ》ばれる。

1928年《ねん》には15ヵ国《こく》が参加《さんか》して，「国際紛争《こくさいふんそう》の解決手《かいけつしゅ》段《だん》としての戦争放棄《せんそうほうき》」を約束《やくそく》した，**パリ不戦条約《ふせんじょうやく》**（ケロッグ＝ブリアン条約《じょうやく》）が結《むす》ばれ，国際協調《こくさいきょうちょう》の機運《きうん》が高《たか》まった。

2 世界恐慌

世界恐慌の始まり

ウォール街❶
フーヴァー❷
世界恐慌❸

大戦後《たいせんご》のアメリカ合衆国《がっしゅうこく》では，過剰生産状態《かじょうせいさんじょうたい》が進《すす》む一方《いっぽう》で，大衆《たいしゅう》の購買力《こうばいりょく》が低下《ていか》し，さらに農業《のうぎょう》の不振《ふしん》も目立《めだ》ちはじめていた。これらが原因《げんいん》となって，**1929年《ねん》10月《がつ》24日木曜日《かもくようび》**，ニューヨークの**ウォール街《がい》**で株価《かぶか》が大暴落《だいぼうらく》した。当時《とうじ》のアメリカ合衆国大統領《がっしゅうこくだいとうりょう》の**フーヴァー**は，十分《じゅうぶん》な対策《たいさく》を行《おこな》わなかったこともあり，不景気《ふけいき》は全世界《ぜんせかい》へ広《ひろ》まり，**世界恐慌《せかいきょうこう》**となった。

各国の対応

ニューディール政策：アメリカの対応

フランクリン
=ローズヴェルト❸
ニューディール政策❸

1933年《ねん》，民主党《みんしゅとう》の**フランクリン=ローズヴェルト**が大統領《だいとうりょう》に就任《しゅうにん》すると，政府《せいふ》が経済《けいざい》に積極的《せっきょくてき》に介入《かいにゅう》して，景気《けいき》や国民生活《こくみんせいかつ》を立《た》て直《なお》そうとする，**ニューディール政策《せいさく》**を推進《すいしん》した。まず，**全国産業復興法《ぜんこくさんぎょうふっこうほう》**・**農業調整法《のうぎょうちょうせいほう》**を実施《じっし》し，過剰生産《かじょうせいさん》を解消《かいしょう》した。さらに，**テネシー川《がわ》流域開発公社《りゅういきかいはつこうしゃ》**の設立《せつりつ》など，公共事業《こうきょうじぎょう》によって失業者《しつぎょうしゃ》を救済《きゅうさい》した。

ブロック経済の展開：イギリス・フランスの対応

ブロック経済❷

イギリス・フランスは，海外《かいがい》の植民地《しょくみんち》や自治領《じちりょう》を1つのブロックとしてまとめることで恐慌《きょうこう》からの脱出《だっしゅつ》を図《はか》った。ブロック内《ない》の関税《かんぜい》を低《ひく》くして，同一《どういつ》ブロック内《ない》の貿易《ぼうえき》を活発《かっぱつ》にするとともに，ブロック外《がい》の国《くに》の製《せい》品《ひん》に高《たか》い関税《かんぜい》を課《か》して，貿易《ぼうえき》から締《し》め出《だ》そうとする**ブロック経済《けいざい》**を採用《さいよう》した。

ファシズムの萌芽：ドイツ・日本

ナチス❷
二・二六事件❷

ドイツでは，恐慌《きょうこう》で，没落《ぼつらく》した中間層《ちゅうかんそう》の人々《ひとびと》が，**ナチス**（国民社会主義《こくみんしゃかいしゅぎ》ドイツ労働者党《ろうどうしゃとう》）を支持《しじ》し始《はじ》めた。

日本《にほん》では，第一次世界大戦後《だいいちじせかいたいせんご》，不況《ふきょう》に陥《おちい》っており，世界恐慌《せかいきょうこう》の影響《えいきょう》で，さらに不況《ふきょう》が深刻化《しんこくか》した。1936年《ねん》には，陸軍《りくぐん》の青年将校《せいねんしょうこう》が大臣《だいじん》らを殺傷《さっしょう》する，**二《に》・二六《にろく》事件《じけん》**が起《お》こった。この事件《じけん》の後《あと》，軍《ぐん》の力《ちから》が増《ま》した日本《にほん》は，軍国主義《ぐんこくしゅぎ》となり，日本《にほん》の経済《けいざい》・社会《しゃかい》の行《い》き詰《づ》まりを解消《かいしょう》するため，東《ひがし》アジア各国《かっこく》を侵略《しんりゃく》し始《はじ》めた。

計画経済の遂行：無傷のソ連

スターリン❷

ソ連《れん》は，**スターリン**の独裁《どくさい》のもと，第一次《だいいちじ》，および第二次五ヵ年計画《だいにじごねんけいかく》により工業化《こうぎょうか》を進《すす》めた。アメリカ合衆国《がっしゅうこく》に次《つ》ぐ工業国《こうぎょうこく》となり，また世界恐慌《せかいきょうこう》の影響《えいきょう》を全《まった》く受《う》けなかった。

3　第二次世界大戦と冷戦

大戦前夜

ファシズムの台頭

ファシズム❷
ムッソリーニ❷
ファシスト党❷
ヒトラー❷

独裁体制《どくさいたいせい》を採《と》り，自民族《じみんぞく》や国家《こっか》を賛美《さんび》し，軍備拡張《ぐんびかくちょう》による対外侵略《たいがいしんりゃく》を肯定《こうてい》する**ファシズム**が台頭《たいとう》し始《はじ》めた。

イタリアでは，1922年以降《ねんいこう》，**ムッソリーニ**率《ひき》いる**ファシスト党《とう》**が政権《せいけん》を掌握《しょうあく》していた。世界恐慌《せかいきょうこう》が原因《げんいん》で国《こく》民《みん》の不満《ふまん》が高《たか》まると，ムッソリーニ政権《せいけん》は批判《ひはん》の目《め》をそらすため，エチオピア侵略《しんりゃく》を行《おこな》った。

ドイツでは，**ヒトラー**の指導《しどう》するナチス（国民社会《こくみんしゃかい》主義《しゅぎ》ドイツ労働者党《ろうどうしゃとう》）が，民主的《みんしゅてき》なものを批判《ひはん》して，国民《こくみん》の支持《しじ》を得《え》た。

枢軸の形成

国際連盟脱退❷
独ソ不可侵条約❷

日本《にほん》は，中国東北部《ちゅうごくとうほくぶ》に「満州国《まんしゅうこく》」を建国《けんこく》した。しかし，国際連盟《こくさいれんめい》に承認《しょうにん》されなかったため，**1933年《ねん》**に**国際《こくさい》連盟《れんめい》を脱退《だったい》**した。ドイツはイタリアと，1936年《ねん》，ベルリン＝ローマ枢軸《すうじく》を結成《けっせい》し，日本《にほん》と日独防共協定《にちどくぼうきょうきょうてい》を結《むす》んだ。さらに翌年《よくねん》，日独伊防共協定《にちどくいぼうきょうきょうてい》を結《むす》んだ。そして，**1938年《ねん》**，ドイツはイギリス・フランスに不信感《ふしんかん》を抱《いだ》いていたロシアと，**独《どく》ソ不可侵条約《ふかしんじょうやく》**を結《むす》んだ。

宣戦の布告

第二次世界大戦❸

ヒトラーは，日独伊防共協定《にちどくいぼうきょうきょうてい》を結《むす》んだ後《あと》，周辺国《しゅうへんこく》への侵犯《しんぱん》を開始《かいし》した。**1939年《ねん》**9月1日《がつついたち》，ドイツ軍《ぐん》がポーランドに侵攻《しんこう》すると，イギリス・フランスはポーランドを助《たす》けるため，ドイツに宣戦《せんせん》し，**第二次世界大戦《だいにじせかいたいせん》**が始《はじ》まった。

ソ連軍《れんぐん》も，ポーランドに侵入《しんにゅう》して占領《せんりょう》し，続《つづ》いて，バルト三国《さんごく》，フィンランドにも侵攻《しんこう》した。ドイツは，1940年《ねん》，パリを占領《せんりょう》してフランスを降伏《こうふく》させた。イタリアは，ドイツ有利《ゆうり》の戦況《せんきょう》を見《み》て，ドイツと手《て》を結《むす》び参戦《さんせん》した。

戦局の展開

チャーチル❶
ド＝ゴール❷

　イギリスは，新首相《しんしゅしょう》の**チャーチル**が戦争《せんそう》を指導《しどう》し，ドイツ軍《ぐん》のイギリス本土上陸《ほんどじょうりく》を断念《だんねん》させた。一方《いっぽう》，フランスの将軍《しょうぐん》**ド＝ゴール**は，降伏《こうふく》した本国政府《ほんごくせいふ》にかわり，ロンドンに自由《じゆう》フランス政府《せいふ》を組織《そしき》し，ドイツに抵抗《ていこう》してレジスタンス運動《うんどう》を続《つづ》けた。

　ドイツのバルカン半島侵入《はんとうしんにゅう》を契機《けいき》に，独《どく》ソ戦《せん》も始《はじ》まった。

要点整理　第二次世界大戦の構図

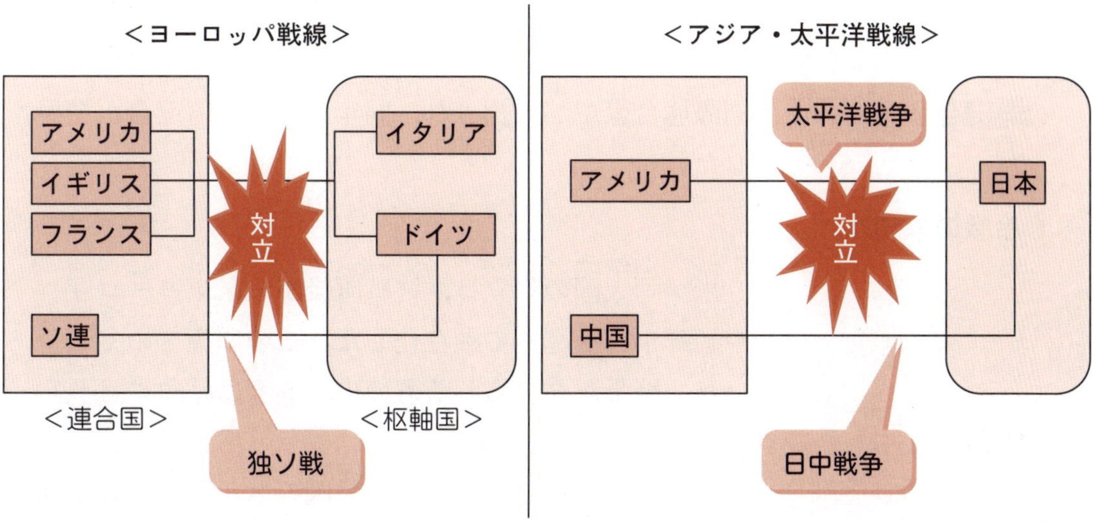

大戦の終結

枢軸国側の敗退

フランクリン＝ローズヴェルト❸
大西洋憲章❷

　1941年《ねん》，アメリカ合衆国大統領《がっしゅうこくだいとうりょう》の**フランクリン＝ローズヴェルト**とイギリス首相《しゅしょう》のチャーチルが，ナチス打《だ》倒《とう》と戦後《せんご》の平和構想《へいわこうそう》をうたう**大西洋憲章**《たいせいようけんしょう》を発表《はっぴょう》し，ソ連《れん》が賛成《さんせい》して協力関係《きょうりょくかんけい》が強《つよ》められた。

　1943年《ねん》，スターリングラードの戦《たたか》いで，ソ連軍《れんぐん》がドイツ軍《ぐん》を破《やぶ》ると，戦局《せんきょく》は連合軍《れんごうぐん》の優勢《ゆうせい》となり，同年《どうねん》には，枢軸国《すうじくこく》の一角《いっかく》を占《し》めるイタリアを無条件降伏《むじょうけんこうふく》させた。

　1945年《ねん》5月《がつ》，追《お》い詰《つ》められたヒトラーは自殺《じさつ》し，ド

ポツダム宣言❷

イツは無条件降伏《むじょうけんこうふく》をした。

同年《どうねん》7月《がつ》，アメリカ合衆国《がっしゅうこく》・イギリス・中国《ちゅうごく》は**ポツダム宣言《せんげん》**を発表《はっぴょう》して，日本《にほん》に無条件降伏《むじょうけんこうふく》を呼《よ》びかけた。しかし，日本《にほん》が「黙殺《もくさつ》」したため，広島《ひろしま》・長崎《ながさき》に原爆《げんばく》が投下《とうか》された。ソ連《れん》も日本《にほん》に対《たい》して宣戦《せんせん》を布告《ふこく》した。**1945年《ねん》8月《がつ》**，日本《にほん》はポツダム宣言《せんげん》を無条件受諾《むじょうけんじゅだく》し，第《だい》二次世界大戦《にじせかいたいせん》は連合国《れんごうこく》の勝利《しょうり》で終《お》わった。

国際連合の設立

国際連合憲章❷
サンフランシスコ会議❷
国際連合❸

1941年《ねん》の大西洋憲章《たいせいようけんしょう》に基《もと》づき，1944年《ねん》に，**国際連合《こくさいれんごう》憲章《けんしょう》**の草案《そうあん》がつくられた。そして，**1945年《ねん》**，連合国《れんごうこく》50ヵ国《こく》が参加《さんか》して開催《かいさい》された，**サンフランシスコ会議《かいぎ》**で国際連合憲章《こくさいれんごうけんしょう》が採択《さいたく》され，同年《どうねん》10月《がつ》に**国際連合《こくさいれんごう》**が発足《ほっそく》した。

冷戦の幕開け

冷戦❸

米《べい》ソ両大国《りょうたいこく》の対立《たいりつ》は，終戦直後《しゅうせんちょくご》から，東《ひがし》ヨーロッパや朝鮮半島《ちょうせんはんとう》を巡《めぐ》って顕在化《けんざいか》した。この覇権《はけん》をめぐる争《あらそ》いは，緊張《きんちょう》が強《し》いられるものの，実際《じっさい》に戦争《せんそう》には至《いた》らないため，「**冷戦《れいせん》**」と呼《よ》ばれた。

マーシャル・プラン❷
北大西洋条約機構（NATO）❸

西側《にしがわ》を代表《だいひょう》するアメリカ合衆国《がっしゅうこく》のトルーマン大統領《だいとうりょう》は，ギリシャやトルコにおける共産主義勢力《きょうさんしゅぎせいりょく》の伸張《しんちょう》を懸念《けねん》した。そして，ソ連《れん》を中心《ちゅうしん》とした共産党勢力《きょうさんとうせいりょく》を封《ふう》じ込める「**封《ふう》じ込《こ》め政策《せいさく》**」を行《おこな》うことを表明《ひょうめい》し，**マーシャル・プラン**によってヨーロッパの経済復興《けいざいふっこう》を支援《しえん》した。そのほか，西側《にしがわ》は，軍事同盟《ぐんじどうめい》としてアメリカ合《がっ》衆国《しゅうこく》と西欧諸国《せいおうしょこく》が**北大西洋条約機構《きたたいせいようじょうやくきこう》**（ＮＡＴＯ）を結《けっ》成《せい》することで，ソ連《れん》や社会主義国化《しゃかいしゅぎこくか》した東《ひがし》ヨーロッパ諸国《しょこく》を牽制《けんせい》した。

ワルシャワ条約機構❸

東側《ひがしがわ》を代表《だいひょう》するソ連《れん》は，マーシャル・プランに対抗《たいこう》して，**経済相互援助会議《けいざいそうごえんじょかいぎ》**（ＣＯＭＥＣＯＮ）を設立《せつりつ》した。また，ＮＡＴＯに対抗《たいこう》して，**ワルシャワ条約機構《じょうやくきこう》**を東欧諸国《とうおうしょこく》と結成《けっせい》した。

ベルリン封鎖❷

1948年《ねん》，ソ連《れん》は**ベルリン封鎖《ふうさ》**を行《おこな》った。これを機《き》に，1949年《ねん》，ドイツは資本主義体制《しほんしゅぎたいせい》の**ドイツ連邦共和国《れんぽうきょうわこく》**（西《にし》ドイツ）と社会主義体制《しゃかいしゅぎたいせい》の**ドイツ民主共和国《みんしゅきょうわこく》**（東《ひがし》ドイツ）に分裂《ぶんれつ》した。

アジアの代理戦争

朝鮮戦争

朝鮮戦争❸

朝鮮半島《ちょうせんはんとう》では，日本《にほん》の撤退後《てったいご》，米《べい》・ソ軍《ぐん》が進出《しんしゅつ》し，**北緯38度線《ほくいどせん》**を境《さかい》に北《きた》をソ連《れん》が，南《みなみ》をアメリカ合衆国《がっしゅうこく》が分割占領《ぶんかつせんりょう》した。そして1948年《ねん》，資本主義体制《しほんしゅぎたいせい》をとる**大韓民国《だいかんみんこく》**（韓国《かんこく》）と，社会主義体制《しゃかいしゅぎたいせい》をとる**朝鮮民主主義人民共和国《ちょうせんみんしゅしゅぎじんみんきょうわこく》**（北朝鮮《きたちょうせん》）が誕生《たんじょう》した。

1950年《ねん》，北朝鮮軍《きたちょうせんぐん》が突然《とつぜん》，境界線《きょうかいせん》を越《こ》えて韓国《かんこく》に侵攻《しんこう》し，**朝鮮戦争《ちょうせんせんそう》**が始《はじ》まった。

国連安全保障理事会《こくれんあんぜんほしょうりじかい》は，アメリカ軍《ぐん》を中心《ちゅうしん》とする**国連軍《こくれんぐん》**を韓国軍支援《かんこくぐんしえん》のために派遣《はけん》し，戦争《せんそう》に介入《かいにゅう》した。これに対《たい》し，中国《ちゅうごく》からは，北朝鮮軍《きたちょうせんぐん》を支援《しえん》するため義勇軍《ぎゆうぐん》が参戦《さんせん》した。戦況《せんきょう》は膠着《こうちゃく》し，1953年《ねん》に，板門店《はんもんてん》で**休戦協定《きゅうせんきょうてい》**が結《むす》ばれた。そして，朝鮮《ちょうせん》の分断《ぶんだん》は固定《こてい》されることとなった。

インドシナ戦争とベトナム戦争

ホー＝チ＝ミン❷

フランスの植民地《しょくみんち》であったベトナムでは，大戦後《たいせんご》，インドシナ共産党《きょうさんとう》の**ホー＝チ＝ミン**が，ベトナム民主共和国《みんしゅきょうわこく》（北《きた》ベトナム）の建国《けんこく》を宣言《せんげん》した。しかし，それを認《みと》めないフランスは，南部《なんぶ》にベトナム国《こく》（南《みなみ》ベトナム）を建《た》て，ベトナム民主共和国《みんしゅきょうわこく》との間《あいだ》でインドシナ戦争《せんそう》を開始《かいし》した。

フランスは，1954年《ねん》の**ジュネーブ休戦協定《きゅうせんきょうてい》**によってインドシナから去《さ》った。しかし，東南《とうなん》アジアにおける社会主義国《しゃかいしゅぎこく》の誕生《たんじょう》を嫌《きら》ったアメリカ合衆国《がっしゅうこく》は，南《みなみ》ベトナム政府《せいふ》を支持《しじ》し，ソ連《れん》・中国《ちゅうごく》が支持《しじ》するベトナム民主共和国《みんしゅきょうわこく》（北《きた》ベトナム）への対決姿勢《たいけつしせい》を鮮明《せんめい》にした。

ベトナム戦争❷
ニクソン大統領❷
ベトナム（パリ）和平協定❷
サイゴン陥落❷

南《みなみ》ベトナムにはアメリカ合衆国《がっしゅうこく》が支援《しえん》する政権《せいけん》が続《つづ》いた。そして，1965年《ねん》，アメリカ合衆国《がっしゅうこく》は北《きた》ベトナムに爆撃《ばくげき》を開始《かいし》し，**ベトナム戦争《せんそう》**が始《はじ》まった。

泥沼化《どろぬまか》した戦争《せんそう》により，アメリカ合衆国《がっしゅうこく》は，国内外《こくないがい》からの激《はげ》しい非難《ひなん》に晒《さら》されるようになり，加《くわ》えて，戦費《せんぴ》の拡大《かくだい》が財政《ざいせい》を圧迫《あっぱく》し始《はじ》めたことから，**1973年《ねん》**，**ニクソン大統領《だいとうりょう》**は**ベトナム（パリ）和平協定《わへいきょうてい》**を結《むす》んで，米軍《べいぐん》をベトナムから撤退《てったい》させた。**1975年《ねん》**，南《みなみ》ベトナム政府《せいふ》の拠点《きょてん》であった**サイゴンが陥落《かんらく》**した。これにより，ベトナム戦争《せんそう》は終結《しゅうけつ》し，翌年《よくねん》，ベトナムは統一《とういつ》された。

冷戦の展開と平和共存

再緊張

キューバ革命❷
キューバ危機❸
プラハの春❷

1959年《ねん》，**キューバ革命《かくめい》**によって，カストロらは社会《しゃかい》主義政権《しゅぎせいけん》を建《た》てた。アメリカ合衆国《がっしゅうこく》はキューバと断交《だんこう》したため，キューバはソ連《れん》に接近《せっきん》した。**1962年《ねん》**，キューバにソ連《れん》のミサイル基地《きち》が建設《けんせつ》されたことを原因《げんいん》に，**キューバ危機《きき》**と呼《よ》ばれる核戦争勃発《かくせんそうぼっぱつ》の危機《きき》に直面《ちょくめん》したが，アメリカ合衆国《がっしゅうこく》の**ケネディ**大統領《だいとうりょう》とソ連《れん》の**フルシチョフ**が直接交渉《ちょくせつこうしょう》の結果《けっか》，戦争《せんそう》は回避《かいひ》された。

また，**1968年《ねん》**，チェコ・スロヴァキアでは，ソ連《れん》による統制《とうせい》に反対《はんたい》し民主化《みんしゅか》を求《もと》める，「**プラハの春《はる》**」という運動《うんどう》が起《お》こった。ソ連《れん》は，これを徹底的《てっていてき》に弾圧《だんあつ》して，国際世論《こくさいせろん》から強《つよ》い批判《ひはん》を浴《あ》びた。

多極化の時代

東西《とうざい》の冷戦《れいせん》が続《つづ》く中《なか》，アジア・アフリカなどの新興《しんこう》独立国《どくりつこく》は，東西両陣営《とうざいりょうじんえい》に属《ぞく》さない**第三勢力《だいさんせいりょく》**を形成《けいせい》した。また，米《べい》ソ両大国《りょうたいこく》が軍備拡張競争《ぐんびかくちょうきょうそう》に明《あ》け暮《く》れている間《あいだ》に，日本《にほん》やＥＣ諸国《しょこく》は高度経済成長《こうどけいざいせいちょう》を遂《と》げた。そのことによって，アメリカ経済《けいざい》の相対的《そうたいてき》な低下《ていか》は現実《げんじつ》のものになった。アメリカ・ソ連以外《れんいがい》の勢力《せいりょく》が並立《へいりつ》する**多《た》極化《きょくか》の時代《じだい》**を迎《むか》えた。

4 アジア・アフリカ諸国の独立

中華人民共和国の成立

毛沢東❷
中華人民共和国❷

第二次世界大戦後《だいにじせかいたいせんご》，再燃《さいねん》した国民党《こくみんとう》と共産党《きょうさんとう》の内戦《ないせん》に，**毛沢東《もうたくとう》**が指導《しどう》する共産党《きょうさんとう》が勝利《しょうり》し，1949年《ねん》，**中華《ちゅうか》人民共和国《じんみんきょうわこく》**が成立《せいりつ》した。

アフリカ諸国の独立と諸問題

アフリカの年❷
アパルトヘイト❷

アフリカでも，戦後《せんご》，独立《どくりつ》が進《すす》み，1960年《ねん》は17ヵ国《こく》が独立《どくりつ》して，「**アフリカの年《とし》**」と呼《よ》ばれた。

南《みなみ》アフリカ共和国《きょうわこく》では，かつて**アパルトヘイト**という黒人《こくじん》を差別《さべつ》する人種隔離政策《じんしゅかくりせいさく》が行《おこな》われてきたが，1991年《ねん》，アパルトヘイト政策《せいさく》は撤廃《てっぱい》された。

5 石油危機から冷戦体制の崩壊

占領下の日本

軍国主義の払拭

連合国軍総司令部（GHQ）❷
五大改革指令❷
財閥解体❶
独占禁止法❷

連合国軍総司令部《れんごうこくぐんそうしれいぶ》（GHQ）は，①女性《じょせい》の解放《かいほう》，②労働者団結権《ろうどうしゃだんけつけん》の保障《ほしょう》，③教育《きょういく》の民主化《みんしゅか》，④秘密警察制度《ひみつけいさつせいど》の廃止《はいし》，⑤経済機構《けいざいきこう》の民主化《みんしゅか》，という五大改革《ごだいかいかく》を推《お》し進《すす》めるよう日本政府《にほんせいふ》に指示《しじ》した（**五大改革指令《ごだいかいかくしれい》**）。

経済《けいざい》の民主化《みんしゅか》のために，**財閥解体《ざいばつかいたい》**と農地改革《のうちかいかく》が行《おこな》われた。財閥解体《ざいばつかいたい》で15の財閥《ざいばつ》を解体《かいたい》し，財閥《ざいばつ》の復活《ふっかつ》を防《ふせ》ぐ**独占禁止法《どくせんきんしほう》**が制定《せいてい》された。

日本国憲法の制定

日本国憲法❷

日本国憲法《にほんこくけんぽう》は，1946年《ねん》11月《がつ》に公布《こうふ》され，**1947年《ねん》5月《がつ》**から施行《しこう》された。**国民主権《こくみんしゅけん》・基本的人権《きほんてきじんけん》の尊重《そんちょう》・平和主義《へいわしゅぎ》（戦争放棄《せんそうほうき》）**の3原則《げんそく》が掲《かか》げられた。

社会運動

戦後《せんご》の混乱下《こんらんか》，労働運動《ろうどううんどう》や農民運動《のうみんうんどう》が活発《かっぱつ》になった。GHQは，労働運動《ろうどううんどう》を容認《ようにん》する方針《ほうしん》をとった。そのため，労働組合法《ろうどうくみあいほう》・労働基準法《ろうどうきじゅんほう》などが制定《せいてい》され，労働組《ろうどうくみ》合《あい》の結成《けっせい》がにわかに増加《ぞうか》した。

また，選挙法《せんきょほう》が改正《かいせい》され，**20歳以上《さいいじょう》の成年男女《せいねんだんじょ》に選《せん》挙権《きょけん》**が与《あた》えられた。1947年《ねん》4月《がつ》，新憲法下《しんけんぽうか》での初《はじ》めての総選挙《そうせんきょ》（衆議院議員選挙《しゅうぎいんぎいんせんきょ》）が行《おこな》われた。

日本の経済復興

主権の回復

サンフランシスコ講和会議❷
サンフランシスコ平和条約❷
日米安全保障条約❸
国連加盟❷

1951年《ねん》，**サンフランシスコ講和会議《こうわかいぎ》**が開《ひら》かれ，日本《にほん》はアメリカ合衆国《がっしゅうこく》をはじめとする48カ国《こく》との間《あいだ》で，**サンフランシスコ平和条約《へいわじょうやく》**に調印《ちょういん》した。翌年《よくねん》，日本《にほん》は独《どく》立国《りっこく》としての主権《しゅけん》を回復《かいふく》した。

日本《にほん》の吉田茂首相《よしだしげるしゅしょう》は，サンフランシスコ平和条約調《へいわじょうやくちょう》印《いん》と同日《どうじつ》，アメリカ合衆国《がっしゅうこく》と**日米安全保障条約《にちべいあんぜんほしょうじょうやく》**を締結《ていけつ》した。これにより，独立後《どくりつご》も，アメリカ合衆国軍《がっしゅうこくぐん》は日《に》本国内《ほんこくない》に駐留《ちゅうりゅう》し続《つづ》けることになった。また，**1956年《ねん》，ソ連《れん》との国交《こっこう》を回復《かいふく》**すると，**国連加盟《こくれんかめい》**も実現《じつげん》した。こうして，日本《にほん》は国際社会《こくさいしゃかい》へと復帰《ふっき》した。

自由民主党の長期政権

自由民主党❶
日本社会党❶
55年体制❶

1955年《ねん》，左派《さは》と右派《うは》に分裂《ぶんれつ》していた日本社会党《にほんしゃかいとう》が，再統一《さいとういつ》され，一方《いっぽう》，保守勢力《ほしゅせいりょく》の自由党《じゆうとう》と日本民主党《にほんみんしゅとう》も合同《ごうどう》し，自由民主党《じゆうみんしゅとう》を結成《けっせい》した（保守合同《ほしゅごうどう》）。

保守勢力《ほしゅせいりょく》である**自由民主党《じゆうみんしゅとう》**と，革新勢力《かくしんせいりょく》である**日本《にほん》社会党《しゃかいとう》**の，二党《にとう》を中心《ちゅうしん》とする政治体制《せいじたいせい》である「**55年体《ごじゅうごねんたい》制《せい》**」が成立《せいりつ》した。しかし，政権《せいけん》を担当《たんとう》したのは，おもに自由民主党《じゆうみんしゅとう》であり，1990年代《ねんだい》まで，日本社会党《にほんしゃかいとう》が政《せい》権《けん》に参加《さんか》することはなかった。

高度経済成長時代

戦後《せんご》の日本経済《にほんけいざい》は，朝鮮戦争《ちょうせんせんそう》にともなう**特需景気《とくじゅけいき》**をきっかけとし，1950年代半《ねんだいなか》ばには戦前《せんぜん》の水準《すいじゅん》を回復《かいふく》した。1960年代《ねんだい》に入《はい》ると，**池田勇人《いけだはやと》**内閣《ないかく》による「**所得倍《しょとくばい》増《ぞう》**」計画《けいかく》のもと，日本経済《にほんけいざい》は急速《きゅうそく》な発展《はってん》を続《つづ》けた。

トライ！ 過去問演習 問題31 ☞ P160

1955〜73年《ねん》までの約《やく》20年間《ねんかん》における実質経済成長率《じっしつけいざいせいちょうりつ》は，年平均約《ねんへいきんやく》10％（高度経済成長《こうどけいざいせいちょう》）であった。

1965年《ねん》から70年《ねん》には，**いざなぎ景気《けいき》**と呼《よ》ばれる，57ヵ月《げつ》にもわたる好景気《こうけいき》をむかえた。日本経済《にほんけいざい》は急成長《きゅうせいちょう》を続《つづ》け，1968年《ねん》には，日本《にほん》の国民総生産《こくみんそうせいさん》が，資本主義《しほんしゅぎ》諸国《しょこく》ではアメリカ合衆国《がっしゅうこく》に次《つ》いで，第《だい》2位《い》となった。

石油危機：高度経済成長の終焉

石油輸出国機構（OPEC）❷
オイルショック❸
先進国首脳会議（サミット）❶

1973年《ねん》，第《だい》4次中東戦争《じちゅうとうせんそう》を契機《けいき》に，**石油輸出国機構《せきゆゆしゅつこくきこう》（OPEC）**が石油価格《せきゆかかく》を4倍《ばい》に引《ひ》き上《あ》げた。それと同時《どうじ》に，イスラエル支持国《しじこく》である欧米諸国《おうべいしょこく》や日本《にほん》への，石油供給量《せきゆきょうきゅうりょう》の制限《せいげん》を実施《じっし》した。このため，石油《せきゆ》に依存《いぞん》する，日本《にほん》や欧米《おうべい》などの先進資本主義国《せんしんしほんしゅぎこく》の経済《けいざい》は大打撃《だいだげき》を受《う》けた（石油危機《せきゆきき》，**オイルショック**）。

オイルショックに起因《きいん》する，インフレーションと経済停滞《けいざいていたい》による混乱《こんらん》で，欧米諸国《おうべいしょこく》は大《おお》きな財政赤字《ざいせいあかじ》を抱《かか》えるようになった。このような経済混乱《けいざいこんらん》に対《たい》し，日本《にほん》を含《ふく》めた先進資本主義諸国《せんしんしほんしゅぎしょこく》は，1975年《ねん》，**先進国首脳会議《せんしんこくしゅのうかいぎ》（サミット）**を開催《かいさい》し，世界不況《せかいふきょう》への対応《たいおう》を協議《きょうぎ》した。

冷戦の終結

ソ連の崩壊

緊張緩和（デタント）❶
ゴルバチョフ❷
ペレストロイカ❷
ソ連解体❷

1970年代半《ねんだいなか》ば，ソ連《れん》とアメリカ合衆国《がっしゅうこく》の関係《かんけい》は**緊張緩和《きんちょうかんわ》（デタント）**へと向《む》かった。しかし，1979年《ねん》，ソ連《れん》のアフガニスタン侵攻《しんこう》を契機《けいき》に，米《べい》ソ両大国《りょうたいこく》は「新冷戦《しんれいせん》」の時代《じだい》を迎《むか》えた。

1985年《ねん》，経済的《けいざいてき》に行《い》き詰《づ》まったソ連《れん》は，改革派《かいかくは》の**ゴルバチョフ**の指導下《しどうか》，**ペレストロイカ**とよばれる国内《こくない》体制《たいせい》の立《た》てなおし政策《せいさく》を推進《すいしん》した。改革《かいかく》にともなう民主化《みんしゅか》・自由化《じゆうか》の風潮《ふうちょう》の中《なか》，**1991年《ねん》に ソ連《れん》は解体《かいたい》**され，独立国家共同体《どくりつこっかきょうどうたい》（CIS）が成立《せいりつ》した。ソ連《れん》の影響下《えいきょうか》にあった東欧諸国《とうおうしょこく》も，社会主義体制《しゃかいしゅぎたいせい》を放棄《ほうき》する動《うご》きにでた。

冷戦の終結

ベルリンの壁崩壊❷
マルタ会談❶
東西ドイツ統一❷

1989年《ねん》11月《がつ》，東西冷戦《とうざいれいせん》の象徴《しょうちょう》であった**ベルリンの壁《かべ》崩壊《ほうかい》**が起《お》き，12月に，アメリカ合衆国《がっしゅうこく》のブッシュ大統《だいとう》領《りょう》（父《ちち》）とソ連《れん》のゴルバチョフ書記長《しょきちょう》との間《あいだ》で**マルタ会談《かいだん》**が行《おこな》われ，**冷戦《れいせん》の終結《しゅうけつ》**が宣言《せんげん》された。

翌年《よくねん》，**1990年《ねん》**10月《がつ》に，**東西《とうざい》ドイツが統一《とういつ》**され，冷戦《れいせん》は終結《しゅうけつ》した。

現代のアジア

イスラーム復興の動き

湾岸戦争❷
同時多発テロ❶

イラクは，1990年《ねん》に，石油資源《せきゆしげん》を狙《ねら》ってクウェートに侵攻《しんこう》した。**1991年《ねん》**に，アメリカ合衆国《がっしゅうこく》はイラクとの間《あいだ》に**湾岸戦争《わんがんせんそう》**を起《お》こして，イラクにクウェート併合《へいごう》を諦《あきら》めさせた。

イスラーム圏《けん》の過激《かげき》な活動家《かつどうか》たちは，現体制《げんたいせい》への不《ふ》満《まん》・反帝国主義《はんていこくしゅぎ》の見地《けんち》から，社会変革《しゃかいへんかく》を訴《うった》え，テロを続発《ぞくはつ》させるようになる。**2001年《ねん》**9月《がつ》11日《にち》，アメリカ合《がっ》衆国《しゅうこく》のニューヨークや首都《しゅと》ワシントンなどで**同時多発《どうじたはつ》テロ**が起《お》こり，多《おお》くの犠牲《ぎせい》を出《だ》した。

アメリカ合衆国《がっしゅうこく》のブッシュ大統領《だいとうりょう》（子《こ》）は，このテロ以降《いこう》，対《たい》テロ対策《たいさく》を前面《ぜんめん》に出《だ》した政策《せいさく》を続《つづ》け，テロの首謀者《しゅぼうしゃ》たちが居住《きょじゅう》するアフガニスタンを攻撃《こうげき》した。2003年《ねん》には，イラクが大量破壊兵器《たいりょうはかいへいき》を保有《ほゆう》しているとして，イラクを攻撃《こうげき》したのもその一環《いっかん》であった。

資料　20世紀の重要事項年表

日本	ヨーロッパ・アメリカ	アジア・アフリカ
1914　第一次世界大戦（～18）		
	1917　ロシア革命	
	1919　パリ講和会議	
	1920　国際連盟発足	
	1921　ワシントン会議	
	1928　パリ不戦条約	
	1929　世界恐慌	
1933　国際連盟脱退	1933　ニューディール政策	
1936　二・二六事件		
	1938　独ソ不可侵条約	
1939　第二次世界大戦（～45）		
	1945　ポツダム宣言	
1945　日本無条件降伏	1945　国際連合発足	
1946　日本国憲法公布		
	1948　ベルリン封鎖	
		1949　中華人民共和国成立
		1950　朝鮮戦争
1951　サンフランシスコ平和条約		
		1953　朝鮮戦争休戦協定
1960年代～　高度経済成長		1960　アフリカの年
	1962　キューバ危機	
		1966　文化大革命
	1968　プラハの春	
1973　オイルショック		
		1975　サイゴン陥落
	1989　ベルリンの壁崩壊 マルタ会談	
	1990　東西ドイツ統一	
	1991　ソ連解体	1991　湾岸戦争
	2001　同時多発テロ	

過去問演習

Ⅰ　政治・経済・社会

問題１　先進国では高齢化問題が心配されているが，そうした問題に対する政策として**有効ではないもの**を，次の①〜④の中から一つ選びなさい。　　（平成19年　第２回）

① 定年退職者に学習の機会を与えるよう，大学に高齢者向けの特別入学枠を設ける。
② 高齢者の再雇用政策を促進し，同時に年金制度の見直しを図る。
③ 高齢者が自発的な健康管理をおこなえるよう，医療保険への加入を本人の意思に任せる。
④ 体の自由が利かなくなった高齢者の生活に適したバリア・フリーの公営住宅を増設する。

解答☞P161

問題２　「市場の失敗」と言われる事例の説明として最も適当なものを，次の①〜④の中から一つ選びなさい。　　（平成26年　第２回）

① 環境汚染をともなう私企業の生産活動は，私的費用（経済的費用）が社会的費用を超過するので，社会的に最適な水準を下回る。
② 消費者が対価を払わずにサービスを受けることが容易にできる場合，企業が市場を通じて当該サービスを十分に提供することは難しい。
③ 労働集約的な産業では，少数の企業しか存続し得ないので，競争的な市場が成立しにくい。
④ 特許の取得などによる他社製品との差別化が難しい産業では，過当競争が生じ，利潤が低下する傾向がある。

解答☞P161

問題 3　次の文章を読み，下の問い(1)，(2)に答えなさい。　（平成26年　第1回）

国際連合（UN）は，世界平和の維持と諸国間の友好の促進などを目的として1945年に発足した国際機関であり，[a] の原理に基づいて世界平和の維持を図っている。国際憲章は国際連合の主要機関として，総会，安全保障理事会，[b] 理事会，信託統治理事会，国際司法裁判所，事務局を設けている。その他に，国際連合との間に連携協定を有し，緊密な連携を保つ国際機関である国連専門機関が存在している。

(1)　上の文章中の空欄 [a]，[b] に当てはまる語の組み合わせとして最も適当なものを，次の①～④の中から一つ選びなさい。

	a	b
①	世界政府	人権
②	世界政府	経済社会
③	集団安全保障	人権
④	集団安全保障	経済社会

(2)　下線部に関して，国連専門機関として**正しくないもの**を，次の①～④の中から一つ選びなさい。

①　世界知的所有権機関（WIPO）

②　国際刑事裁判所（ICC）

③　世界保健機関（WHO）

④　国連教育科学文化機関（UNESCO）

解答 ☞P161

問題４　次の文を読み，下の問い⑴，⑵に答えなさい。　（平成20年　第１回）

公共財は多くの人が同時に利用でき，費用を払った人も払わなかった人も共通に利益を受けられる財やサービスであり，民間企業ではなく政府がその財やサービスを提供する必要があると考えられている。

⑴　公共財を民間企業ではなく政府が提供する理由として最も適当なものを，次の①〜④の中から一つ選びなさい。

①　民間企業の間で過当な競争が生じるため
②　民間企業にまかせると雇用の確保ができないため
③　民間企業だけでは適切な供給がおこなわれないため
④　民間企業にまかせると一つの企業が独占してしまうため

⑵　公共財の例として最も適当なものを，次の①〜④の中から一つ選びなさい。

①　国立大学での教育
②　国営の鉄道事業
③　低所得者に対する無料医療
④　外国からの攻撃に対する国防

解答 ☞P161

問題5　次の表は，一国経済における家計部門を示している。この場合の家計部門の可処分所得として正しい値を，下の①～④の中から一つ選びなさい。　（平成25年　第2回）

所得	600
消費	350
租税	50
社会保険料	50
貯蓄	150

注）これ以外の費目は0とする。

① 450

② 500

③ 550

④ 600

解答☞P161

問題6　外国為替市場でＸ国通貨がＹ国通貨に対して上昇しているとする。その要因として最も適当なものを，次の①～④の中から一つ選びなさい。　（平成26年　第2回）

① Ｘ国の方がＹ国よりも，物価上昇率が低かった。

② Ｘ国よりもＹ国の景気がよくなった。

③ Ｘ国のＹ国に対する貿易収支が赤字になった。

④ Ｘ国の国内金利がＹ国の国内金利より低くなった。

解答☞P161

問題7　国債の発行に関する記述として最も適当なものを，次の①～④の中から一つ選びなさい。

（平成25年　第2回）

① 国債は，基本的に中央銀行が引き受けた後，市中に売却される。

② 国債が大量に発行されると，デフレーションの危険が高まる。

③ 国債の発行は，将来世代への増税の可能性を低くする。

④ 国債が大量に発行されると，資金が国に集中し，民間投資資金が少なくなる。

解答 ☞P161

問題8　通貨や金融制度に関する記述として正しいものを，次の①～④の中から一つ選びなさい。

（平成26年　第1回）

① 中央銀行が公開市場操作によって民間部門のマネーサプライを増加させる機能のことを信用創造機能という。

② 通貨は，中央銀行券と硬貨からなる現金通貨と，当座預金など金融機関に預金として存在する預金通貨によって構成される。

③ 日本銀行は日本における唯一の発券銀行であるとともに，金融政策を実施する主体であり，民間企業へ直接融資をおこなう。

④ 日本は1971年までは金本位制度を採用していたが，ブレトン・ウッズ（Bretton Woods）体制の崩壊と同時に金兌換《だかん》を停止し，管理通貨制度へと移行した。

解答 ☞P161

問題9　国際収支について述べた文として正しいものを，次の①～④の中から一つ選びなさい。　（平成20年　第1回）

① 所得収支には，ODA などの無償援助の資金や国際機関への出資金が含まれる。

② 資本収支には，資本輸出に伴う利子収支や配当金の受け取りなどが含まれる。

③ 貿易収支には，外国貿易の輸送費や海外旅行などの交通費が含まれる。

④ 経常収支は，貿易収支，サービス収支，所得収支，経常移転収支の合計額である。

解答☞P162

問題10　1985年9月に先進5か国財務相・中央銀行総裁会議（G5）が開催され，行き過ぎたドル高を是正するため，各国が協調して行動することが確認された。このG5に**参加していない**国を，次の①～④の中から一つ選びなさい。　（平成26年　第2回）

① イギリス

② フランス

③ 西ドイツ

④ イタリア（Italy）

解答☞P162

問題11　経済連携協定（EPA）とは貿易の自由化に加え，投資，人の移動，知的財産の保護や競争政策におけるルール作り，さまざまな分野での協力の要素などを含む，幅広い経済関係の強化を目的とする自由貿易協定（FTA）のことである。

2012年末において，日本との間でEPAが発効している国を，次の①～④の中から一つ選びなさい。　（平成25年　第2回）

① 中国（China）

② ロシア

③ インド（India）

④ ブラジル（Brazil）

解答☞P162

問題12　法の支配（rule of law）に関する説明として最も適当なものを，次の①～④の中から一つ選びなさい。（平成26年　第1回）

① 「議会で制定されるすべての法は自然法に合致しなければならない」という18世紀の原理

② 「権力者による恣意《しい》的な支配を否定し，治める者も治められる者も法によって拘束されなければならない」という原理

③ 「法律である限り，市民は悪法にも従わなければならない」というソクラテス（Socrates）が提示した市民社会の道徳原理

④ 「政治や行政をおこなうにあたり，為政者は議会で定められた法の内容，形式，手続きに従わなければならない」という原理

解答 ☞P162

問題13　アメリカの大統領制に関する説明として正しいものを，次の①～④の中から一つ選びなさい。（平成26年　第2回）

① 大統領は国民の直接選挙によって選ばれる。

② 大統領は議会の解散権を持つ。

③ 大統領は議会に対する法案提出権を持つ。

④ 大統領は議会が可決した法案に対する拒否権を持つ。

解答 ☞P162

問題14　三権分立に関する記述として最も適当なものを，次の①～④の中から一つ選びなさい。（平成19年　第2回）

① 日本は二院制をとっているため，三権分立制を採用しているとはいえない。

② 議院内閣制は，議会で首相を選出するため，行政権と立法権が融合している。

③ 議会の多数派が内閣を構成する日本の議院内閣制は，アメリカの大統領制以上に厳格な三権分立制といえる。

④ 日本国憲法はアメリカ合衆国憲法と同様，三権分立を厳格に定めているため，内閣総理大臣は議会での審議に参加できない。

解答 ☞P162

問題15　自由民主党総裁を首相として，1990年代後半に二次にわたって政権を担当し，省庁再編などの行政改革に力を入れた内閣として正しいものを，次の①〜④の中から一つ選びなさい。　（平成26年　第1回）

①　細川内閣

②　村山内閣

③　橋本内閣

④　小泉内閣

解答 ☞P162

問題16　現代の日本は，普通選挙制度を採用しているが，国民が実際に国政選挙で選挙権を持つためには，備えていなければならない条件がある。その条件として正しいものを，次の①〜④の中から一つ選びなさい。　（平成26年　第2回）

①　日本国内に居住していること

②　満20歳以上であること

③　納税者であること

④　選挙人名簿への登録を申請していること

解答 ☞P162

問題17　次の一節は，フランス人権宣言（1789年）第7条の一部である。この一節が表している基本的人権の内容として最も適当なものを，下の①〜④の中から一つ選びなさい。　（平成25年　第2回）

何人《なんぴと》も，法律により規定された場合でかつその命ずる形式によるのでなければ，訴追《そつい》され，逮捕され，または拘禁《こうきん》され得ない。

出典：高木八尺・末延三次・宮沢俊義編『人権宣言集』岩波書店

①　抵抗権

②　平等の権利

③　表現の自由

④　法定手続きの保障

解答 ☞P163

問題18 日本国憲法が保障する自由権の中には，

X：精神の自由

Y：経済活動の自由

が存在する。次の権利A～DはXとYのいずれに属するか。その組み合わせとして最も適当なものを，下の①～④の中から一つ選びなさい。　（平成20年　第1回）

A：自由に学問をする権利

B：財産を侵されない権利

C：職業を選択する権利

D：集会や結社を自由におこなう権利

	A	B	C	D
①	X	X	X	Y
②	X	Y	Y	X
③	Y	X	X	Y
④	X	Y	X	Y

解答☞P163

問題19 直接請求権とは，住民自治を実現するために，住民が自らの意思を直接反映させうる権利のことである。日本における直接請求権の具体例として**誤っているもの**を，次の①～④の中から一つ選びなさい。　（平成21年　第2回）

① 地方交付税の増額を請求する。

② 条例の制定を請求する。

③ 地方議会の解散を請求する。

④ 地方議会議員や地方自治体の長の解職を請求する。

解答☞P163

問題20　環境問題に関する記述として**誤っているもの**を，次の①～④の中から一つ選びなさい。　（平成21年　第1回）

①　地球温暖化の大きな原因は，化石燃料の使用によって二酸化炭素が増加し，温室効果が起こることであるといわれている。

②　オゾンホールは，極地方の上空のオゾン層が二酸化炭素によって破壊されることによって生じる。

③　京都議定書は，1990年を基準として二酸化炭素などの温室効果ガスの排出量の削減を定めている。

④　オランダ（Netherlands）や北欧諸国は，二酸化炭素排出源に炭素税などの環境税を課し，排出量の削減を試みている。

解答 ☞P163

問題21　自然環境保護に関する国際条約の名称とその内容の組み合わせとして正しいものを，次の①～④の中から一つ選びなさい。　（平成26年　第2回）

	名称	内容
①	バーゼル条約	絶滅の恐れのある動植物の国際取引の禁止
②	ラムサール条約	水鳥の生息地である湿地の保全・保護
③	ワシントン条約	オゾン層の保護
④	ウィーン条約	有害廃棄物の国境を越える移動・処分に対する規制

注）バーセル条約（Basel Convention），ラムサール条約（Ramsar Convention），
ワシントン条約（Washington Convention），ウィーン条約（Vienna Convention）

解答 ☞P163

Ⅱ 地　理

問題22 東京を9月1日の午後11時（標準時は東経135度に基づく）発の航空便でシンガポール（Singapore）を経由してシドニー（Sydney）へ旅をした。シンガポールまでは7時間を要した。同地で3時間の乗り継ぎ待ちをした後，シドニーに向けて出発した。シドニーまでは7時間を要した。シドニー到着時の現地時間（標準時は東経150度に基づく）として正しいものを，次の①～④の中から一つ選びなさい。

（平成25年　第2回）

① 9月2日　午後5時
② 9月2日　午後2時
③ 9月2日　午前5時
④ 9月2日　午前2時

解答☞P163

問題23 次の表は，1970年，1980年，1990年，2000年，2009年の各年における，日本，フランス，イギリス，ドイツ（Germany）の食料自給率（カロリーベース）を示している。この中でフランスの食料自給率を示しているものを，次の表の①～④の中から一つ選びなさい。

（平成25年　第2回）

単位：%

	1970年	1980年	1990年	2000年	2009年
①	104	131	142	132	121
②	60	53	48	40	40
③	68	76	93	96	93
④	46	65	75	74	65

農林水産省ウェブサイトより作成

解答☞P163

問題24　次の図は，2009年の５か国の発電電力量に占める電源構成を示している。図のA～Dに当てはまる国名の組み合わせとして最も適当なものを，下の①～④の中から一つ選びなさい。　　　　　　　　　　　　　　　　　　　　　　　（平成25年　第２回）

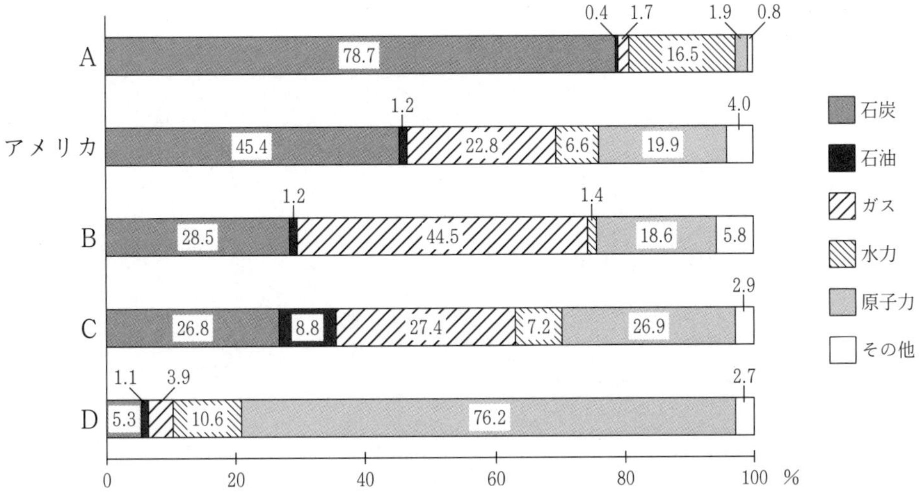

『エネルギー白書2012』より作成

	A	B	C	D
①	中国	フランス	日本	イギリス
②	中国	イギリス	日本	フランス
③	日本	フランス	中国	イギリス
④	日本	イギリス	中国	フランス

注）フランス（France）

解答 ☞P163

問題25　次の地図は，等高線を用いて山地の地形を描いたものである。図中の点A〜Dの海抜高度の説明として正しいものを，下の①〜④の中から一つ選びなさい。

（平成26年　第２回）

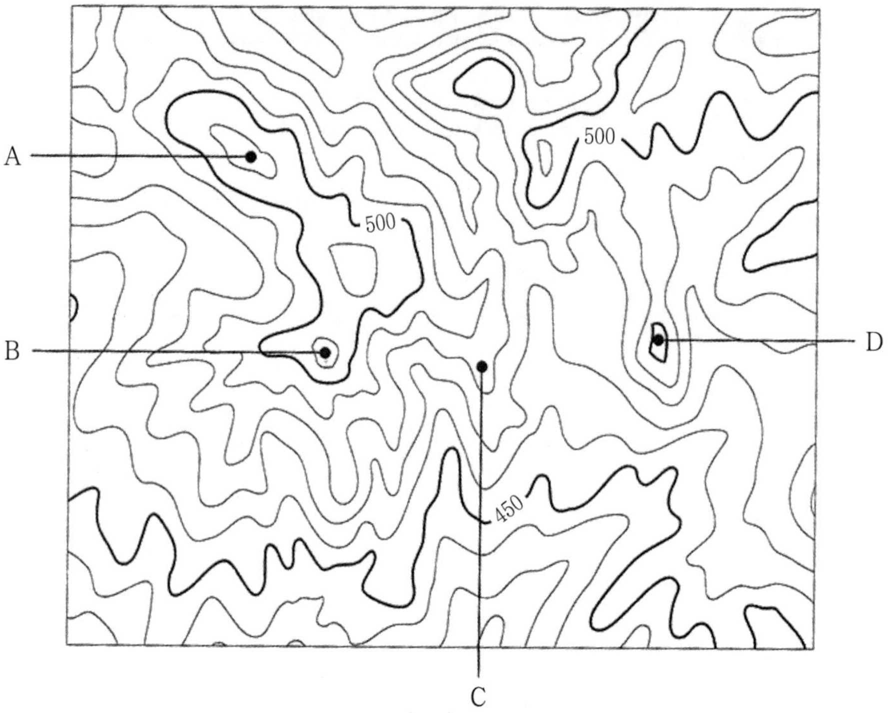

① A とＢは同じ海抜高度である。

② C とＤは同じ海抜高度である。

③ 最も海抜高度が高いのはＣである。

④ 最も海抜高度が低いのはＤである。

解答 ☞P163

Ⅲ　歴　　史

問題26　アメリカの独立に関する次の問い(1)，(2)に答えなさい。　（平成21年　第2回）

(1)　イギリスの植民地であったアメリカが独立を目指すようになった経緯の説明として最も適当なものを，次の①～④の中から一つ選びなさい。

①　産業革命の進展により，イギリスがアメリカに綿花の栽培を義務付けたため
②　イギリスがアメリカに大規模な課税政策を打ち出したため
③　アメリカがフランス植民地を併合し，天然資源と労働力を確保したため
④　アメリカで工業化が進み，イギリスに依存せずに経済が成り立つようになったため

解答 ☞P164

(2)　アメリカ独立宣言は，近代民主政治の基本原理を示したものといわれる。アメリカ独立宣言の説明として最も適当なものを，次の①～④の中から一つ選びなさい。

①　憲法に基づく議会制民主主義が示された。
②　複数の政党による政党政治が示された。
③　基本的人権を尊重し，圧政に対する抵抗権が示された。
④　国王による支配の正統性と諸外国との平和共存が示された。

解答 ☞P164

問題27　次の文章中の空欄 a ～ c に当てはまる語の組み合わせとして最も適当なものを，下の①～④の中から一つ選びなさい。　（平成25年　第2回）

イスラム教（Islam）は， a を聖典とし， b を徹底している。イスラム教は，主に二つの宗派に分かれるが，イランは c が多数を占める。

	a	b	c
①	コーラン（クルアーン）	カースト制度	シーア派
②	コーラン（クルアーン）	偶像崇拝の禁止	シーア派
③	リグ・ヴェーダ	カースト制度	スンニ派
④	リグ・ヴェーダ	偶像崇拝の禁止	スンニ派

注）コーラン（Koran），クルアーン（Qur'an）カースト制度（caste），
シーア派（Shia），リグ・ヴェーダ（Rig Veda），スンニ派（Sunni）

解答 ☞P164

問題28　1990年代初頭に勃発した湾岸戦争（Gulf War）の説明として最も適当なものを，次の①～④の中から一つ選びなさい。　（平成26年　第2回）

① 国連安全保障理事会の武力行使容認決議がないまま戦争が開始された。

② イラク（Iraq）は石油資源の確保などを目的にイスラエル（Israel）に侵攻し，併合を宣言した。

③ アメリカやイギリスに加えて，アラブ（Arab）諸国も参加する多国籍軍が編成された。

④ 戦争は約2か月で終了し，停戦協定が結ばれてフセイン（Saddam Hussein）体制は崩壊した。

解答 ☞P164

問題29　次の文章を読み，下の問い(1)，(2)に答えなさい。

（平成21年 第2回）

[a]は，明治維新後の日本の近代国家建設に大きな役割を果たした。彼は1882年からヨーロッパで憲法調査をおこない，1885年には初代の[b]に任命された。また，彼は1900年に立憲政友会を結成し，その総裁として政党内閣を組織し，明治憲法のもとで政党政治への道を開いた。

(1)　上の文章中の空欄[a]に当てはまる人名として正しいものを，次の①～④の中から一つ選びなさい。

①　伊藤博文
②　大隈重信
③　福沢諭吉
④　山県有朋

解答 ☞P164

(2)　上の文章中の空欄[b]に当てはまる役職として正しいものを，次の①～④の中から一つ選びなさい。

①　日本銀行総裁
②　衆議院議長
③　大審院長
④　内閣総理大臣

解答 ☞P164

問題30　王権神授説を批判し，統治の起源や目的を論じる中で，自然権を守るために契約に基づく政府の樹立を主張し，名誉革命を擁護した著作は何か。その著書と著作の組み合わせとして正しいものを，次の①～④の中から一つ選びなさい。（平成26年　第2回）

	著者	著作
①	フーゴー・グロティウス	『戦争と平和の法』（1625年）
②	トマス・ホッブズ	『リヴァイアサン』（1651年）
③	ジョン・ロック	『統治二論』（1690年）
④	ジャン＝ジャック・ルソー	『社会契約論』（1762年）

注）フーゴー・グロティウス（Hugo Grotius），トマス・ホッブス（Thomas Hobbes），ジョン・ロック（John Locke），ジャン＝ジャック・ルソー（Jean-Jacques Rousseau）

解答☞P164

問題31　第二次世界大戦直後のヨーロッパ（Europe）に関する記述として最も適当なものを，次の①～④の中から一つ選びなさい。（平成25年　第2回）

① ファシズム（fascism）から解放されたイタリアでは共産党が単独で政権をとった。

② フランスでは国民投票の結果，王政が廃止された。

③ イギリスでは「ゆりかごから墓場まで」といわれる社会保障制度が整備された。

④ ハンガリー（Hungary）やルーマニア（Romania）などの東ヨーロッパ諸国はアメリカからの経済援助を受け入れ，ソ連と対立した。

解答☞P164

過去問演習　解答解説

問題 1　　正解　③

日本では，年齢を問わず，全国民が健康保険制度に加入する国民皆保険制度が適用されている（P16）。さらに，40歳以上の全国民に，介護保険の加入が義務づけられている（P10）。

問題 2　　正解　②

②一般道路，警察，国防などの公共財は，市場を通じた供給が困難である（市場の失敗）。そのため，政府が財政を通じて供給する（P26）。①外部不経済の局面では，社会的費用が私的費用を超過する（P28）。③競争的な市場が成立しにくいのは資本集約的な産業である（寡占，P26）。④市場経済における競争原理の説明であり，市場の失敗の例ではない（P21）。

問題 3　　正解　⑴　④　　⑵　②

⑴ a 国際連合は集団安全保障の理念に基づく国際平和機関として設立された（P81）。経済社会理事会と本問中の 5 機関，合わせて計 6 機関が国連の主要機関を構成している（P82）。
⑵ICC は国連の常設司法機関である ICJ とは全く別の裁判所である。また国連からも独立し連携協定を有していないため国連専門機関ではない（P83）。

問題 4　　正解　⑴　③　　⑵　④

⑴一般道路，上下水道，警察，消防，国防などの公共財は，私企業では供給が困難であるため，市場を通じて適切に供給することが困難である。そのため，政府が財政を通じて供給する（P26）。⑵①大学教育，②鉄道事業は，民間企業がその運営を実際におこなっている。③はサービスを受ける対象者が限定されている点が不適。

問題 5　　正解　②

可処分所得は，所得から税及び社会保険料を控除したものである。よって，600 − (50 + 50) = 500となる。

問題 6　　正解　①

通貨高は国際収支の黒字や国内の金利上昇，好景気によって起こる（P55）。また物価上昇率が低いことは貨幣価値が高いことを意味するので，通貨高につながる。

問題 7　　正解　④

①国債はまず民間の銀行が買い取り，売れ残った場合中央銀行が買い取る。②国債の大量発行は中央銀行の増刷の要因となり，インフレを誘発し，また，③信用低下にともなう価格の暴落と同時に，金利上昇を招き，国民の負担が増大する恐れがある（P47）。

問題 8　　正解　②

①銀行が預金と貸し出しを連鎖的に繰り返すことで，預金通貨が増えていく仕組みを信用創造という（P31）。③日本銀行は民間企業に直接融資を行うことはできない。④ブレトン・ウッズ体制は金とドルの兌換，ドルと各国通貨を結び付けた固定相場制であり，金本位制は日本では採用されていなかった（P87）。

問題 9　　正解　④

①無償の資金援助は，経常移転収支に含まれる。②利子や配当金の収支は所得収支に含まれる。③輸送費や海外旅行などの交通費は，サービス収支に含まれる。貿易収支は，商品の輸出入による収支である（P53）。

問題10　　正解　④

G5 とは，アメリカ・イギリス・西ドイツ（当時）・フランス・日本の 5 カ国のことを指す。1985年，アメリカが純債務国に転落したことを受け，G5 は，外国為替市場への介入によってドル高を是正することを合意した（P57）。

問題11　　正解　③

選択肢の中で，2012年末までに日本との間で EPA が発行している国は③インドのみであり，2015年現在においてもこれは同じである。

問題12　　正解　②

絶対主義の下では，国王自らが法の制定を行い，国民の自由を法で拘束した。これを「人の支配」という。しかし，17世紀のイギリスでは，国王も国民も等しく拘束し，権力の濫用を防ぐ，「法の支配」という考え方が登場した（P60）。よって，内容に合致するのは②。

問題13　　正解　④

大統領は④の大統領拒否権を持つ。①直接選挙ではなく間接選挙。②・③それぞれ事実と反する。大統領制とは，立法府と行政府を厳格に分離・独立させている政治制度である。アメリカ合衆国で最初に採用された（P65）。

問題14　　正解　②

①日本は三権分立制を採用している（P67）。②アメリカ大統領は国民の選挙によって直接選ばれる点が，日本の議院内閣制に比べ，より厳格な三権分立制といえる（P65）。④内閣総理大臣は，国会議員のなかから指名されるため，議会の審議に参加する（P68）。

問題15　　正解　③

1990年代後半に二度にわたって政権を担当した首相は橋本龍太郎。行政改革に力を入れた。①・②二度発足していない。④発足したのは2000年代に入ってからである。

問題16　　正解　②

国政選挙での選挙権を持つためには，満20歳以上であれば良い。都道府県議会や市町村議会の選挙であれば，これにその地域に 3 か月以上居住していることが条件として加わる。

問題17　　正解　④

法律で定められていること以外では，訴追・逮捕・拘禁はされないというのが法定手続きの保障であり，この一節と合致する。法定手続きの保障は日本国憲法でも定められている。

問題18　　正解　②

精神の自由には，思想・良心の自由，信教の自由，表現の自由，学問の自由などがある。経済活動の自由には，財産権，職業選択の自由，居住・移転の自由などがある（P74）。

問題19　　正解　①

直接請求権は，地方自治における住民の権利である。地方交付税は国が地方自治体に財源の充当をする制度であり，住民が国にその増額等を直接請求することはできない。②はイニシアティブ，④はリコールと呼ぶ（P78）。

問題20　　正解　②

オゾンホールは，フロンガスにより，オゾン層が破壊されることによって生じる（P88）。

問題21　　正解　②

それぞれ正式名称は，①「有害廃棄物の国境を越える移動及びその処分の規制に関するバーゼル条約」，②「特に水鳥の生息地として国際的に重要な湿地に関する条約」③「絶滅のおそれのある野生動植物の種の国際取引に関する条約」，④「オゾン層の保護のためのウィーン条約」。

問題22　　正解　①

P100の計算式に当てはめると，シドニーと東京の時差は（150 − 135）÷ 15 = 1時間である。一方，東京を出発してからシドニーに到着するまでの所要時間は7 + 3 + 7 = 17時間である。ゆえに，東京を出発した時刻である9月1日午後11時から1 + 17 = 18時間進んだ，9月2日午後5時が答えとなる。

問題23　　正解　①

食糧自給率については，P110の資料が参考となる。問の4国の中では，ヨーロッパ最大の小麦輸出国であるフランスの食糧自給率が最も高く，日本が最も低い。

問題24　　正解　②

石炭資源の豊富な中国は，石炭火力による発電が大きなシェアを占める（A）。フランスでは原子力による発電が大きなシェアを占める（D）。イギリスは北海ガス田の開発や電力自由化に伴い，ガス発電の比率が40%を超えている（C）。

問題25　　正解　①

地図から主曲線は10m間隔であることが読み取れるので，海抜高度はA：510m，B：510m，C：480m，D：500mとなる。よって正解は①。

問題26　　正解　⑴　②　　⑵　③

⑴18世紀後半，イギリスは財政難解消のため，植民地であったアメリカに砂糖法，印紙法，茶法などを出し，課税を強化した。この課税強化をきっかけとして，アメリカ植民地のイギリス本国からの独立の機運が高まった。1773年にはボストン茶会事件が起きている（P118）。⑵アメリカ独立宣言は，「基本的人権」や「圧政に対する抵抗権」が示されている（P119）。

問題27　　正解　②

「リグ・ヴェーダ」はアーリヤ人が生んだ，古代インドの聖典の一つ。「カースト制度」も，そのアーリヤ人が生み出した制度で，人々をバラモン（司祭），クシャトリヤ（王侯・戦士），バイシャ（商人），シュードラ（隷属民）という身分に分けるもの。

問題28　　正解　③

①国連安全保障理事会は，湾岸戦争開戦前の1990年11月に武力行使容認会議を可決した。②イラクは1990年，クウェートに侵攻した。④湾岸戦争は約２か月で終了し停戦協定は結ばれたが，フセイン体制は崩壊しなかった（P140）。

問題29　　正解　⑴　①　　⑵　④

⑴ヨーロッパ（プロイセン）で憲法調査をおこなったのは伊藤博文（P125）。⑵彼は帰国後，初代の内閣総理大臣に任命された。

問題30　　正解　③

ジョン・ロックの「統治二論」は「市民政府二論」とも呼ばれ，彼はその中で「人間は各自の自然権を守るために契約によって国家（政府）を形成する」と説いた。また，彼はその中で，国民の抵抗権（革命権）も認めている（P61）。

問題31　　正解　③

①イタリアでは大戦後，共産党や社会党などによる連立内閣が誕生した。②大戦後に国民投票の結果王政が廃止されたのはイタリアであり，フランスは大戦後，第四共和制に移っていった。④大戦後，ハンガリーやルーマニアなどの東ヨーロッパ諸国は，ソ連に支配された。

索　引

あ

い

う

え

お

か

索　引

さ

し

す

せ

索　引

索　引

る

れ

ろ

わ

中・韓・英訳付き「重要用語チェックリスト」を入手しよう！

中国語・韓国語・英語訳付きの「重要用語チェックリスト」が，(株)凡人社のホームページからダウンロードして入手できます。試験の直前期には，ひとつ一つの用語の内容を説明できるまで繰り返し学習し，本番の試験に臨んでください。

「速効 総合科目」重要用語チェックリスト 中国語

数字は本文掲載頁です

I 政治・経済・社会

1 現代の社会

□□	プライバシーの権利《けんり》 ❷	隐私权	9
□□	知《し》る権利《けんり》 ❷	知情权	9
□□	個人情報保護法《こじんじょうほうほごほう》 ❶	个人情报保护法	9
□□	情報公開法《じょうほうこうかいほう》 ❷	情报公开法	9
□□	高度経済成長《こうどけいざいせいちょう》 ❷	高度经济成长	10
□□	高齢化社会《こうれいかしゃかい》 ❷	老龄化社会	10
□□	高齢社会《こうれいしゃかい》 ❷	老龄社会	10
□□	生産年齢人口《せいさんねんれいじんこう》 ❶	生产年龄人口	10
□□	バリアフリー ❶	无障碍	11
□□	少子化《しょうしか》 ❶	生育减少	11

「速効 総合科目」重要用語チェックリスト 韓国語

数字は本文掲載頁です

I 政治・経済・社会

1 現代の社会

□□	プライバシーの権利《けんり》 ❷	프라이버시의 권리	9
□□	知《し》る権利《けんり》 ❷	알 권리	9
□□	個人情報保護法《こじんじょうほうほごほう》 ❶	개인정보보호법	9
□□	情報公開法《じょうほうこうかいほう》 ❷	정보공개법	9
□□	高度経済成長《こうどけいざいせいちょう》 ❷	고도경제성장	10
□□	高齢化社会《こうれいかしゃかい》 ❷	고령화사회	10
□□	高齢社会《こうれいしゃかい》 ❷	고령사회	10
□□	生産年齢人口《せいさんねんれいじんこう》 ❶	생산연령인구	10
□□	バリアフリー ❶	배리어 프리	11
□□	少子化《しょうしか》 ❶	저출산	11

「速効 総合科目」重要用語チェックリスト 英語

数字は本文掲載頁です

I 政治・経済・社会

1 現代の社会

□□	プライバシーの権利《けんり》 ❷	Right of privacy	9
□□	知《し》る権利《けんり》 ❷	Right to the truth	9
□□	個人情報保護法《こじんじょうほうほごほう》 ❶	Personal Information Protection Law	9
□□	情報公開法《じょうほうこうかいほう》 ❷	Freedom of Information Act	9
□□	高度経済成長《こうどけいざいせいちょう》 ❷	Period of rapid economic growth	10
□□	高齢化社会《こうれいかしゃかい》 ❷	aging society	10
□□	高齢社会《こうれいしゃかい》 ❷	aged society	10
□□	生産年齢人口《せいさんねんれいじんこう》 ❶	productive population	10
□□	バリアフリー ❶	barrier free	11
□□	少子化《しょうしか》 ❶	declinin	11

「重要用語チェックリスト」は下記からダウンロードして入手してください。

URL: http://www.bonjinsha.com/

凡人社 検索

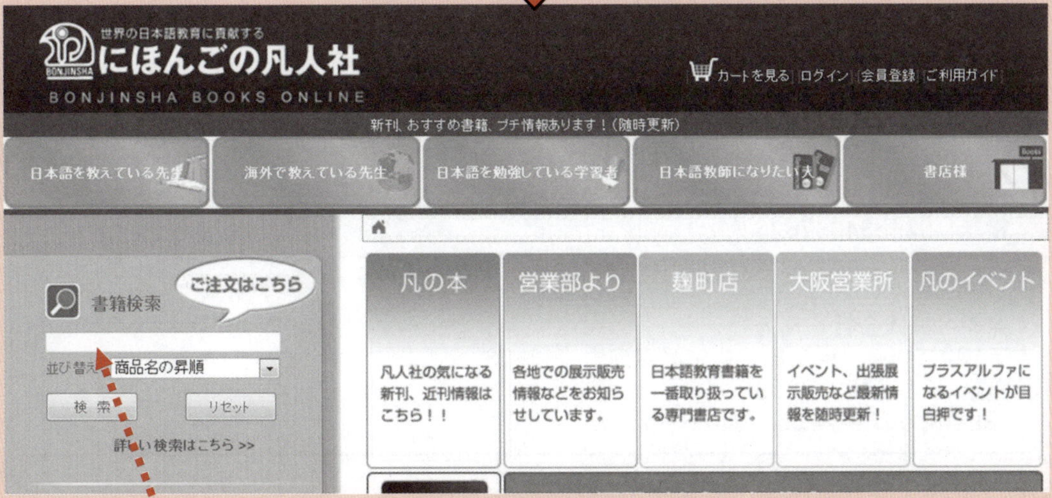

検索欄に **速効 総合科目** と入力してください。

編集･発行　　株式会社　ウイングネット

「株式会社 ウイングネット」は，市進学院・市進予備校を運営する「市進ホールディングス」の関連事業会社として，全国の塾・予備校に向け，映像授業の配信事業を展開しています。小学生から高校生まで幅広い学年を対象とした映像コンテンツ数は，2,500講座，70,000授業を数え，全国の加盟校で受講する生徒の学力向上，志望校合格に大きく寄与しています。

関連事業会社　　市進ホールディングス

小学生から高校生までの学習・受験指導をおこなっています。市進学院・市進予備校・個太郎塾を擁し，首都圏に200以上の教室・校舎を展開しています。

日本留学試験対策　速効　総合科目【第2版】

2011年2月14日　初版第1刷発行
2015年5月14日　初版第6刷発行
2016年12月22日　第2版第1刷発行
2019年8月30日　第2版第2刷発行

編集 発行　（株）ウイングネット
〒113-0033　東京都文京区本郷5-25-14
電話　03-5840-7623
URL　http://www.ichishinwingnet.co.jp/

発売　株式会社　凡人社
〒102-0093　東京都千代田区平河町1-3-13
電話　03-3263-3959
URL　http://www.bonjinsha.com/

ISBN 978-4-89358-917-0